아동·청소년을 위한 예술치료의 이론과 실제

홍은주 · 박희석 · 김영숙 공저

Art Therapy with Children
and Adolescents

학지사

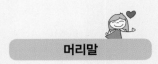

머리말

"놀이하는 창조적 작업이 없으면 우리는 죽은 삶을 사는 것과 같다."

최근 심리치료 분야에서는 언어적 표현을 대신한, 다양한 표현예술을 통한 치료에 대해 관심이 높아지고 있다. 예술은 우리 안에 잠재한 무한한 창조적 에너지를 표현할 수 있는 좋은 매체라 할 수 있다. 특히 아이들은 세상에 나오면서부터 어떠한 방법으로든 자신을 끊임없이 표현하려 하며 자신과 관련된 의미를 주변 환경과의 관계 속에서 찾으려 한다. 미술, 음악, 문학, 연극 등의 예술은 이러한 아동의 욕구에 부합하는 창조성과 자기 표현의 매개체로서 아주 유용하다.

이 책은 아동·청소년이라는 대상에 맞추어 여러 예술적 매체의 치료적 접근 이론뿐 아니라 현장에서 실제로 활용될 수 있는 다양한 예술치료적 프로그램을 적용하기 쉽게 소개하였고, 아동 치료에서 표현 매체를 다루는 접근방식이 무한함을 보여 주고 있다.

총 14개 장으로 구성하여 1장과 2장에서는 예술치료에 대한 전반적인 이론을 다루었으며, 3장부터 14장까지는 미술, 음악, 문학, 모래놀이, 연극, 심리극 등 각각의 예술치료 분야별 기본 이론과 프로그램, 실제 사례를 세 명의 저자가 각 전문 분야에 맞추어 집필하였다.

이 책에서 다루는 예술을 이용하는 다양한 치료적 접근방식에 대한 이론과 실제적 측면들이 아동복지 및 사회복지, 유아교육, 재활심리 분야의 전공생뿐 아니라 아동과 관련된 현장의 전문가들에게 많은 도움이 될 것이라 기대한다. 다양한 곳에서 우리 아이들에게 직접적으로 도움이 되는 지침서로 활용되기를 바라는 마음이다.

끝으로 바쁘신 가운데에도 책 출간에 도움을 주신 학지사 김진환 사장님과 한승희 부장님, 편집에 애써 주신 백소현 선생님께 깊은 감사의 말씀을 드린다.

2017년 6월
저자 대표 홍은주

차 례

제1장

예술치료의 개념

개요

눈부신 과학기술의 발전에 힘입어 새로운 치료약물과 획기적인 치료 방법을 개발해 온 현대의학의 노력에도 여전히 그 원인조차 규명되지 못한 신체적·정신적·정서적 장애들이 존재하며, 이러한 장애를 극복하기 위한 노력들이 다각도로 진행되고 있다. 예술치료(arts therapy)도 그 노력의 일환으로 대두하였으며 국내외에서 그 효과에 대한 사례들이 보고되면서 널리 확산하고 있다.

예술치료의 장점을 적절하게 사용하고 그 효과를 극대화하기 위해서는 무엇보다 예술치료가 무엇인지에 대한 올바른 이해가 선행되어야 한다.

이 장에서는 예술치료의 개념에 대한 이해를 돕기 위해 예술과 치료의 의미를 먼저 살펴보고 예술치료의 개념에 대해 소개한다.

학습 목표

예술치료의 개념을 이해하고 예술치료의 특성 및 효과에 대해 설명할 수 있다.

주요 용어

예술   치료

1. 예술(Art)의 의미

예술의 의미를 살펴보기에 앞서 '예술(art)'이라는 단어의 어원을 살펴보면, 라틴어 'Ars'에서 그 유래를 찾을 수 있다. 'Ars'는 희랍어 'Techne'를 번역한 말이다. 그런데 'Techne'라는 말은 영어 'Technique'의 어원이기도 하다. 이에서 짐작할 수 있듯이, 예술(Art)의 어원이 된 'Techne'라는 말의 의미에는 오늘날 우리가 예술이라고 부르는 활동도 포함되지만, 우리가 기술이라고 부르는 활동, 그리고 학문(Science)이라고 부르는 활동도 함께 포함되었다. 예컨대, 목수의 기술, 의사의 기술, 장사꾼의 기술, 항해술, 웅변술 등이 모두 'Techne'라고 불리었다. 그런 한편, 우리가 예술에 포함하는 모든 활동을 'Techne'라고 부르지도 않았다. 'Techne'에 속하는 예술은 회화, 조각, 건축과 같은 시각예술로, 시, 음악, 무용, 연극 등은 'Techne'에 포함되지 않았다. 'Techne'의 이러한 의미가 '예술(Art)'이라는 말에 그대로 이어져, '예술(Art)'에 대한 이와 같은 이해 방식은 르네상스 시기까지 계속되었다. 우리가 이해하는 바와 같은 예술의 개념은 18세기에 와서야 비로소 성립된 것이다.

1) 사전적 의미로서의 예술

'예술(art)'이라는 용어의 사전적 의미를 살펴보면, '다른 사람들과 공유할 수 있는 심미적 대상, 환경, 경험을 창조하는 과정에서 기술과 상상력을 동원·발휘하는 인간의 활동과 그 성과'로 요약될 수 있다. 또한 사용된 매개물이나 제작물의 형태에 의해서 전통적으로 범주화된 몇 가지 표현양식 중의 하나를 지칭하기도 한다. 따라서 회화·조각·영화 제작·무용 등 여러 가지 미적 표현양식을 개별적으로 예술이라고 말하며, 이 모든 것을 통틀어서 예술이라 부르기도 한다. 예술이라는 용어는 더 나아가 어떤 특정한 대상이나 환경, 경험을 하나의 미적 표현의 실례로 두드러지게 내세울 때 쓰이기도 하는데, 예를 들면 "그런 드로잉이나 태피스트리는 예술이다."라고 말할 수도 있다(브리태니커 백과사전).

이와 같이 예술은 경험과 상상력을 통해 아름다움을 표현하기 위한 인간의 활동이나 그 작품을 말하며, 순수 예술과 교양 예술로 나누어지나 때에 따라 건축 디자인이나 광고 디자인 등 실용적인 분야도 예술에 포함되고, 어떤 사물이 우수하거나 아름답게 생겼을 때에 그것을 이르는 말로 사용되기도 한다.

2) 심리학적 의미로서의 예술

예술에 대한 프로이트(S. Freud, 1856~1939)의 기본적인 생각은 "예술가란 과다한 본능적인 충동 때문에 현실과 쉽게 화해할 수 없는 존재"라는 입장에서 출발한다. 인간은 끊임없이 문명을 창조하고 있지만, 인간이 지닌 창조적인 힘은 생존을 위해 본능적인 성적 충동의 완벽한 만족을 포기하도록 강요당한다. 프로이트는 이 좌절된 본능이 비이성적·정신적·심리적 에너지로 변화하여 문명의 초석이 된 것으로 보며, 이렇게 성적 에너지가 비성적 에너지로 전환되는 것을 '승화(sublimation)'라고 표현하였다. 또한 문명이 발전하면 할수록 인간은 점점 많은 승화 작용을 하게 되지만 본래 타고난 성적 충동에 대해서는 더욱 좌절감을 느끼게 된다고 하였다. 바로 여기에서 예술가는 일종의 방어 기제(defense mechanism)를 통해 그의 욕구의 만족을 보상해 주는 대체물을 찾게 되고, 이것이 곧 '예술'이라는 것이다. 즉, 예술가는 그의 비현실적인 요구들을 정신적인 영역에서 실현 가능한 것으로 전환시킴으로써 벌과 병을 모면하게 하고, 예술이라는 영역의 구성은 인간의 상상의 공간인 인간 내면의 구성에 상응하는 것으로서 승화에 관여한다고 하였다. 말하자면, 프로이트의 승화 이론은 예술적인 것의 역동적인 충동 이론을 미학에 적용한 것으로, 예술작품은 이드적 충동이 승화된 것이고 감각적 충동을 대변하는 것이며 본질적으로 그것을 만들어 낸 이의 무의식이 투사된 것으로 간주된다(이종건, 1996).

예술이 무의식적인 본능적 충동 또는 사회적으로 인정받을 수 없는 욕구의 표현이라고 한다면, 예술이 성적 이미지로 가득 찬 상징 언어를 대변할 수 있다는 것은 자명한 사실이다. 그러나 오직 억압된 성욕이나 어떤 공격적 충동에 대한 간접적인 표현에만 적용되는 예술 이론은 너무나 편협한 것이라고 할 수밖에 없다. 예술에 대한 프로이트의 시각은 어떠한 개인을 예술가로 이끄는 본성을 잘 설명하고 있으나 창작 과정을 예술가 개인에게만 관련시킨다는 데 한계점이 있다. 이에 반해 융(C. G. Jung, 1875~1961)은 예술성 자체는 개인에 의해 창조되었다 하더라도 거기에는 개인적인 것 이상의 것이 있음을 지적하였다.

융에 의하면, 개인적인 무의식은 무의식의 체계에서 그렇게 중요한 것이 아니다. 이를 예술과 관련시켜 생각하면 예술작품의 본질은 초개인적, 전 인류적인 정신과 심정에의 호소이지 개인적인 특성이 예술작품의 기준이 되는 것은 아니라고 보았다. 융의 시각에서 '예술'이란 원형 이미지의 구현이며 인간을 가늠하는 일종의 본능적 충동이고, 예술가는 변덕스러운 자의를 충족시키는 개인이 아니라 인류의 무의식적, 심리적 생활을 이끌고 형성해 가는 집합적 인간이다(강윤문, 2004).

3) 심미적 경험을 일으키는 과정으로서의 예술

예술 활동은 무엇보다도 '과정(process)'을 강조해야 한다는 사실과 관련해서는 예술은 기교나 결과 혹은 산출물로서의 예술이 아니라 심미적 경험을 일으키는 과정으로서의 의미가 크다. 예술적 · 심미적 경험으로서의 정서적 경험은 자발적이며 주의집중도가 높다. 이러한 경험에는 호기심과 독창성, 성취감이 혼재해 있기 때문에 어떠한 경험보다도 동적인 요소가 강하고 경험자가 사물을 직접적으로 대하게 됨으로써 어떠한 경험보다도 자율적이며 공감의 깊이가 큰 것이다. 예술적 · 심미적 경험은 단순히 이해하고 '안다(knowing)'는 사실에 앞서 감각과 지각으로 직접적으로 느껴서 적극적으로 '갖게 되는(having)' 경험이다(강윤문, 2004).

다음은 예술의 심미적 경험이 주는 내재적 가치에 대한 비어즐리(A. V. Beardsley)의 의견이다(강윤문, 2004: 18).

- 심미적 경험은 긴장을 해소시켜 주고 파괴적 충동을 완화시킨다.
- 심미적 경험은 자아 내부의 여러 갈등을 해소시켜 통일과 조화를 이루게 한다.
- 심미적 경험은 지각과 분별력을 순화시켜 준다.
- 심미적 경험은 상상력을 개발시켜 주며, 스스로를 타인의 입장에 서 보게 하는 능력이 있다.
- 심미적 경험은 정신건강에 도움을 준다.
- 심미적 경험은 상호 공감과 이해를 배양시켜 준다.
- 심미적 경험은 인간생활에 대한 이상을 제공해 준다.

4) 자기실현 과정으로서의 예술

예술 활동은 '형식의 원리'와 '창조의 원리'의 상호작용을 통하여 미적 체험의 정신적 국면을 이룬다. 리드(H. Read, 1893~1968)는 예술은 원형 이미지의 구현이라는 융의 의견을 빌려 인간 정신의 통찰력을 예술작품의 창조와 의미에 관련시켰다. 그는 예술 활동이 감각적 인식을 제공하고 개인 심리에 축적된 경험, 전 인류의 공통적인 집단 심리, 그리고 자연과 우주 속에서의 인간의 경험을 구체화한다고 말하였다. 또한 예술 활동이 깊숙한 내적 심리의 이미지와 패턴을 구체화하기 때문에 예술의 본질적 가치는 '자기실현', 곧 '개성화(individuation)'라고 주장하였으며, 예술작품은 의식적이든 무의식적이든 간에 자기 내부의 다양한 영역 사이에서의 균형과 변증법을 나타낸다고 하였다. 따라서 예술은 완전하고 통합된 개성을 생생하게 보여 주는 예술가의 능동적인 자기실현이라는 것이다.

심리학 이론에서는 자아의 최고 목표를 자아실현으로 보고 예술적 표현을 지고의 자아실현이라고 말한다. 예술적 표현 활동은 이드의 욕구와 집단 무의식을 상징의 형식으로 다듬는 적극적인 심리적 과정으로, 예술과 예술작품은 단순히 미적 표현만이 아닌 존재의 총화에 부가하는 어떤 창조성이 내포하며 인간의 무의식적 통합 과정에서 결정되는 발언을 중요시한다. 그리하여 예술은 한가한 사람이 하는 안일한 작업이 아닌 가장 처절한 혼의 투쟁이며 맹렬한 생명의 무대로서 인간성을 미화하고 심화하며 정화시키는 것에서 한 걸음 더 나아가 소외된 인간성을 회복시키는 수단이다. 그리하여 예술은 인간 본래의 삶과 희망과 욕구에 의한 인간의 모든 힘, 즉 감성과 지성이 투여되는 새로운 삶에 대한 탐색 수단이며 자기실현의 수단이다(강윤문, 2004).

5) 자발적인 표현 수단으로서의 예술

예술 활동은 인간의 가시세계를 의식 속에 불러일으킬 뿐 아니라 인간성을 실현하고 표현하고자 하는 작용에 의해 이루어진다. 인지학(anthroposophy)의 창시자인 슈타이너(R. Steiner, 1861~1925)는 예술적인 경험은 학습을 한다는 부담에서 벗어나 내적 성장을 하도록 자유롭고 자발적인 표현을 장려한다고 하였다. 그는 교육예술의 목적은 예술 그 자체가 아니라 교육의 과제로서 아동의 영혼과 신체의 통합, 그리고 우주와 인간과 일체감을 얻게 하는 것이라고 하였으며, 발달장애 아동과 일반 아동의 심리적 특징을 기본적으로 구분하지 않고 정상 아동과 이상 아동의 본질은 같다고 보았다. 그러므로 치료를 필요로 하는 것이 모든 아동의 본질이며 '교육은 곧 치료'라고 하여 교육과 치료를 같은 것으로 보았다(김성숙, 2001). 따라서 발도로프 학교에서는 치료와 성장 교육목표가 궁극적으로 인간의 본질 실현을 지향하도록 수업의 예술적 형성과 교육예술의 실천을 제시하였다(임용자, 2000). 예술을 경험하게 하는 것은 정서적 교감을 나누고, 매체와 상호작용을 하면서 감정을 느끼고, 자신에 대한 자각이 일어나 심리적 · 신체적 역동성을 가지고 자신을 표현할 수 있도록 돕는다.

또한 아동의 미술 교육을 강조한 리드는 아동미술을 인간 탐구의 원초적인 예술로 보고 예술을 통한 아동의 자발적 표현을 도움으로써 자기반성이 가능하고 성숙한 사회인이 되도록 도울 수 있다고 하였다. 그리고 사회적 병리의 근원은 개인이 지니고 있는 자발적 창조 능력의 억압에 있고 자발성의 결여가 인격의 분해에서 유래하고 있으므로 예술 활동을 이용한 자발적인 자기표현을 통해 미적 감수성의 자연스러운 성장을 도모함으로써 조화와 균형이 잡힌 도덕적 인간을 육성할 수 있다고 하였다(강윤문, 2004).

2. 치료(Therapy)의 의미

세계보건기구(WHO)에서는 "건강은 단지 질병이 없거나 허약하지 않은 상태가 아니라 신체적 · 정신적 · 사회적으로 완전한 상태(Health is defined as a state of complete physical, mental and social well-being and not merely the absence of disease or infirmity)"라고 정의하고 있으며, 여기에 '영적으로 평온한 상태'를 추가로 반영하였다. 이와 같이 건강의 개념은 기존 신체 중심의 개념에서 마음의 영역과 사회적 생활 영역을 포함하고 있으며 이제는 영적인 범위까지 그 의미를 확장해 가고 있다. 우리의 몸은 단순히 살과 뼈로 구성된 물질로서 존재할 뿐만 아니라 정신과 영혼을 담고 있는 소중한 그릇이며, 정신과 마음, 신체는 서로 유기적인 관련을 맺고 서로 밀접한 영향을 주고받는 관계다. 그러므로 우리가 진정으로 '건강'하기 위해서는 신체적 · 정신적 · 사회적 · 영적 건강 상태를 유지해야 한다.

1) 사전적 의미로서의 치료

우리가 건강을 유지하기 위하여 질병이나 상처, 몸의 기능이상 등을 낫게 하기 위한 의학적 행동이나 수단을 '치료'라고 한다. 넓은 뜻으로는 병의 예방, 건강의 회복 · 유지 및 병후의 처리 · 지도 등도 포함된다. 또한 치료와 치료에 앞서는 진단, 더 나아가서는 건강 증진 및 재활(rehabilitation) 등을 통틀어 의료(medical care)라 한다. 이상과 같이 치료의 적용범위는 매우 넓으며, 치료나 의료의 대상에 감염자 · 발병자뿐만 아니라 건강한 상태의 개체를 포함하기도 한다. 원래 생물체에는 병원체의 침입(감염)이나 상해 작용에 대한 자연적인 방어 능력과 질병 · 상처에 대한 자연적인 치유 · 회복 능력도 갖추어져 있다. 치료는 그와 같은 자연적 · 천부적인 방어 · 치유 능력을 최대한 활용하고 강화 · 촉진하는 것을 주된 목표로 삼는다(야후 백과사전).

우리는 건강을 유지하기 위하여 다양한 접근 방법의 치료를 받게 된다. 그런데 우리말로 '치료'라고 해석되는 용어는 참으로 다양하며, 그 의미를 명확하게 정의하는 것은 쉬운 일이 아니다. 예술치료에서는 '치료'의 개념으로 의사가 행하는 의술(medical treatment)의 의미가 아닌 'Therapy'의 개념을 사용한다.

'치료', 곧 'Therapy'의 의미를 한마디로 정의하는 것은 매우 어렵다. 치료 안에서의 여러 경험은 복잡하게 얽혀 있으며, 교육과 발달, 성장과 치유, 그리고 '치료적인 것'으로 알려진 여러 현상으로부터 '치료(therapy)'의 의미를 구별해 내기란 쉬운 일이 아니다.

2) 어원적 의미로서의 치료

'치료', 즉 'Therapy'라는 단어의 어원인 그리스어 'Therapeia'는 '참석하다' '돕다' 또는 '취급하다'의 의미로부터 시작되었다. 여러 가지 상황을 고려하면 이 모든 말이 치료의 필수 요소로 작용한다. 하지만 그러한 말들이 곧 정의는 아니다. 치료의 적절한 정의를 성립하기 위해서는 여러 가지 이슈가 명확해져야 한다. 치료는 '참석한다' '돕는다', 또는 '취급한다' 등의 어떠한 내용도 모두 포함하는가? 혹은 어떤 이가 그 같은 지원을 필요로 한다면 치료에 해당하는가? 참가하고 돕고 취급하는 사람은 누구나 치료사가 될 수 있는가? 아니면 특별히 훈련받은 사람이어야만 하는가? 이같은 지원이 주어졌을 때 그 과정은 어떠하며 그러한 과정의 결과로 어떤 변화가 일어나는가?(최병철 역, 2003)

그 어원과 적용을 통해 살펴보면 'Therapy'는 '시중 들어 주며, 간호하고, 돌보고, 양육하고, 의학적으로 치유하는' 넓은 의미를 지니고 있으며 기본적으로 'Health giving service'라는 의미다. 또한 내담자의 문제에 초점을 맞추어 상세한 진단과 그의 상태를 기초로 계획을 세우는 목표 지향적 임상작업이라는 좁은 의미로 정의되기도 한다. 이러한 임상적 의미는 내담자에게 현재의 힘든 상황을 극복할 수 있는 길을 찾아 나갈 수 있도록 방향을 제시함으로써 삶의 질을 향상시킨다는 적극적인 의미로 해석되어 '치료'라고 번역된다.

예술치료에서 사용하는 '치료(therapy)'는 주로 합성어로 사용되며 '치료' '요법'이라는 말로 이해될 수 있다. 여기에서 '치료(therapy)'는 '보조하다' 또는 '사람을 도와주다'를 의미하는 용어로, 내담자의 전반적인 건강 상태가 부조화에서 조화로운 방향으로 이동하는 것을 의미한다. 이는 증상의 완화 또는 환자의 행동의 수정 및 변화를 의미하며, 일반 의학에서 말하는 치료(cure)같이 증상이 완전히 사라지는 것을 의미하지 않는다.

'치료(therapy)'라는 개념이 정신 · 심리 · 행동 장애의 교정에 적용될 때, 현대의 다양한 치료(작업치료, 미술치료, 음악치료, 놀이치료, 연극치료, 무용/동작치료 등)와 심리치료적 접근을 포함하게 된다.

3. 예술과 치료의 만남: 예술치료

예술은 인류의 역사와 더불어 시작되었고 인간의 문화적 · 사회적 발달 안에서 인간의 삶과 밀접한 관계를 지니고 발전하여 왔다. 현대 문명이 발달하면서 인간이 물질화 · 기계화되어 가고 인간 정신이 피폐해지면서 여러 가지 정신적 · 심리적 · 신체적 문제가 발생하게 되었고, 예술이 인간에게 미치는 영향에 대한 관심이 고조되기 시작하였다. 근자에 이르러 예술의 치료적 효과가 입증되기 시작하면서 '예술치료'는 하나의 전문적인 치료 영역으로 발전하고 있다.

예술치료 분야가 전문화되기 이전부터 이미 예술의 영역 안에서는 여러 영역의 예술치료 분야가 기능별로 전문화되어 왔다(임용자, 2004). 지난 20세기 동안 미술치료, 음악치료, 연극치료, 무용/동작치료가 새로운 분야로 대두하여 발전해 왔으며, 이들 영역과 심리치료 분야가 통합되면서 더욱 활발한 연구와 성과가 나타나고 있다. 또한 심리치료 영역에 문학 분야가 도입되면서 시치료, 독서치료, 글쓰기치료 등의 문학치료 영역이 새롭게 등장하고 있다.

1) 예술치료의 정의

예술치료는 여러 분야의 예술과 현대 의학, 상담 이론과 심리치료 이론이 통합되어 접근하는 다각적인 치료 기법이다.

보이스(Beuys, 1991)는 인간이 지닌 창의성을 기반으로 "예술은 바로 치료다."라고 하였고, 인간은 예술을 통해 자신을 성장시키며 사회적 활동에도 참여할 수 있게 된다고 하였다. 곧 예술 활동은 그 자체로 치료적 효과가 있다고 보아 예술은 치료의 보조 수단이 아닌 주요 수단이라고 하였다.

또한 김진숙(1993)은 "예술치료는 내면의 세계를 창작 과정과 창작을 통하여 외부 세계로 외면화하는 것"이라고 표현하였는데, 예술치료에서 예술(art)은 내면세계 혹은 과거의 경험을 잇는 다리 역할을 하는 동시에 치료자와 내담자를 연결하는 역할을 한다고 하였다. 또한 예술은 언어분화 상태 이전의 유아의 상태로 안전한 퇴행을 가능하게 하고, 치료자는 상징적인 어머니로서 그동안 해결되지 못한 병리적인 역동과 대상관계 상황을 회복하게 도와주는 역할을 한다고 하였다. 그는 예술치료의 구체적인 방법으로 내담자들이 호소하는 내용을 성실히 들어주는 것, 적당한 시기에 적당한 창작 방법을 활용하여 증상이 치유나 경감되도록 유도하는 것, 전인격적인 개인이 되도록 도와주는 것, 보다 건전한 성격으로 전환하도록 도와주는 것, 남의 감정에 대한 이해심이 증진되도록 도와주는 것 등(Robbins & Seaver, 1979)을 제시하였다.

페졸드(Petzold, 1991)는 "예술치료는 육체적-영적-정신적 존재이며, 삶에서 의식적·무의식적 노력을 하고 사회적·생태학적 조건과 연계를 이루는 전체적 존재로서의 인간에게 이론에 근거하여 창의적인 매체와 예술 방법을 적절하게 적용함으로써 그의 태도와 행동에 영향을 주어 병을 치료하고 완화하며, 인간성을 개발하고 윤택하게 하는 것을 목적으로 한다."라고 정의하였다(정여주, 2005).

이처럼 예술치료는 예술작품이 외부적인 상황의 묘사보다는 한 개인의 정신에 뿌리를 둔 살아 있는 창작 과정의 소산이라는 것에 중점을 두고 음악, 미술, 무용, 연극, 레크리에이션 및 문학 등과 같은 창작예술을 통해서 신체적·정신적·정서적·영적 영역에서 어려움을 겪고 있는 사람들의 상담이나 치료, 또는 일반인들의 정신건강을 위해 활용되고 있다. 즉, 인간 내면의 세계를 예술 매체를 이용한 창작 과정과 창작품을 통하여 외부세계로 드러냄으로써 부정적인 감정을 치료하는 것이라 정의할 수 있다.

2) 예술치료의 효과

예술치료 장면에서 이루어지는 예술치료의 효과를 김진숙(2001)과 김상희(2004)의 의견을 참고하여 살펴보면 다음과 같다. 첫째, 예술치료를 통해 내담자는 자신의 신체를 조절하는 능력을 배운다. 미술치료에서 미술 매체를 사용하기 위해서는 그리거나 색칠하고, 접고 구부리고 자르는 등의 신체 활동이 수반되는 경우가 많다. 또한 음악치료 장면에서의 악기 연주 활동, 무용/동작치료 등에서의 신체 표현 활동은 내담자의 신체적 활동을 지지하고 격려하게 된다. 또한 예술치료 활동을 통한 감정의 변화는 호르몬의 분비를 조절하여 생리적 기능을 조절하는 역할을 한다. 그러므로 예술치료는 내담자의 운동 능력과 생리적 기능을 향상시킬 수 있다.

둘째, 예술치료는 지나친 부분은 낮추고 결여된 부분은 보충하는 등의 심리적인 정화 차원을 포함한 심층 심리적인 차원의 조화를 통하여 우선적으로 나타나는 심리적인 증상을 완화시켜 준다. 예술치료는 감정의 안전한 표현을 통해 내담자의 정서 발달과 안정을 돕는다. 즉, 예술 활동을 통해 기분 좋은 감정뿐만 아니라 심리적으로 억압된 공포나 분노, 질투 등의 불쾌하고 표현하기 어려운 감정과 생각들을 치료실이라는 안전한 공간에서 미술, 음악, 무용/동작, 연극 등으로 안전하게 표출할 수 있다. 또한 치료사와의 교류를 통해 심리적 균형을 이룰 수 있다.

셋째, 예술치료는 내면세계의 표현 수단으로서 예술 활동을 통해 모르고 있던 자신의 부분, 편견이나 투사 등으로 정신 속에 억압되어 있던 부분이 표출되기 때문에 잠재해 있던 부분을 성찰하는 기회를 마련한다는 점에서 전인적인 인격의 소유자가 되게 한다. 내담자는 예술 활동 중 미술에서는 색과 형으로, 음악에서는 리듬으로, 무용/동작에서는 신체 동작으로 자아를 강하게 하여 본능적 충동을 통제하는 능력을 키운다. 즉, 예술 활동 시 떠오르는 무의식적인 이미지를 통하여 내담자는 무의식과 접촉할 수 있고, 발달 초기의 억압된 자아를 찾을 수 있다.

넷째, 예술치료는 내담자가 의사소통 기술을 기르도록 돕는다. 즉, 예술 활동 속에서 언어적·비언어적 의사소통 방법을 발전시켜 나간다. 예술치료 장면에서 예술은 일종의 기호이고 상징이며 비언어적 의사소통의 도구다. 예술 활동은 비언어적 의사소통의 도구로서 언어적 표현에 어려움을 겪는 내담자와 치료사를 연결하는 다리의 역할을 하며, 나아가 세상과 소통하게 하는 다리의 역할을 담당하게 된다.

다섯째, 예술치료는 내담자의 창의성을 자극하여 환경에 대한 다각적인 탐색 및 광범위한 사회적 기술을 습득하게 한다. 즉, 융통성 있는 사고로 창의성을 증진시켜 준다. 그렇기 때문에 예술치료 시 예술은 남과 구별되는 개인의 고유한 정신을 탐구하는 도구이며, 예술치료는 자기의 근원적인 삶을 찾아가는 긴 여정이다.

여섯째, 예술치료는 인간관계 속의 문제들을 집단치료의 형식으로 시행되는 예술치료를 통하여 편안하고 안전하게 다룸으로써 남을 이해할 수 있는 원만한 성격을 기를 수 있게 한다. 예술치료를 통해 내담자는 대인관계 능력과 사회성을 향상시키게 된다. 즉, 내담자는 예술치료 장면에서 재현되는 치료사와의 관계 형성을 통해 자신과 타인에 대한 역할을 이해하고 조정하며 인간관계를 형성하는 훈련을 할 수 있다.

일곱째, 예술치료는 예술 작업을 통하여 내담자의 발달적인 맥락의 문제들을 효율적으로 평가할 수 있게 하고, 적절한 미술 재료 및 접근 방법을 통하여 내담자로 하여금 보다 분화된 발달단계로 향하게 한다. 예술치료는 내담자의 지적 발달을 돕는다. 즉, 예술적 유희활동을 통해 많은 인지 능력을 향상시키고, 예술의 원리와 기능을 배우기도 하며, 즐거운 활동에 몰입하는 경험을 통해 집중력을 향상시킬 수 있다.

이와 같이 예술치료의 효과는 장애를 겪고 있는 개인의 부족하거나 결여된 부분의 보충뿐만 아니라, 정상적인 개인을 높은 수준의 자아발전으로 이끄는 것까지 포함한다.

4. 예술치료의 특성

1) 예술치료의 비언어성

예술치료에서 예술 매체는 구어가 지니는 한계를 넘어선다. 때문에 치료 시 안전한 퇴행, 불확실한 것의 구체화, 불충분함의 보상, 고정관념에서의 해방, 심리적인 투시력이나 육체적인 경험을 통한 자기구현 등의 정신건강에 도움을 주는 요소들을 지니고 있다(신창중, 2004). 또한 예술치료에서 예술은 일종의 기호이고 상징이며 의사소통의 도구다. 즉, 예술은 구어와는 달리 솔직한 감정을 표현하게 한다. 미술은 시각적 언어를, 음악은 청각적 언어를, 무용 동작은 신체적 언어를, 연극은 행위의 언어를 사용하기 때문에 약물이나 구어가 갖는 부작용을 최소화할 수 있다. 또한 예술은 구어 이전의 속성을 지닌 생득적 언어 매체다. 그렇기 때문에 예술치료 시 심리적 저항과 방어를 감소시키고 지체된 정신발달의 촉구 및 무의식의 탐구와 성찰, 그리고 적절한 치료적 환경 조성을 이끈다.

예술 활동은 내면세계에 잠재해 있는 정서와 감정을 배출할 수 있는 능동적이고 안전한 표현 수단으로 사용될 수 있는데, 이를 가능하게 하는 예술의 가장 큰 특성은 예술이 비언어적 표현 수단이라는 것이다. 초기 음악치료의 지도자인 개스턴 박사(E. Thayer Gaston: 김수지 외 역, 2002)는 다음과 같이 설명하였다.

> "기능적인 관점에서 볼 때, 음악은 기본적으로 의사소통의 수단이다. 음악은 말보다는 좀 더 미묘하다. 사실상, 그것은 잠재성과 가치를 부여하는 음악이 갖는 무언의 의미다. 만약 언어로 모든 의사소통이 가능하다면 음악은 필요가 없을 것이다."
> (Gaston 1958: 143)

음악뿐만 아니라 모든 예술 활동은 비언어적인 의사소통의 수단으로 이용될 수 있다. 비언어적 의사소통의 수단으로서 예술 활동은 건강을 유지하기 위해 표현해야만 하는 감정을 드러내는 데 매우 유용하게 쓰인다. 예술은 언어보다 쉽게 감정에 접근할 수 있는 표현 수단이며 언어로는 표현할 수 없는 것을 대변해 준다. 또한 예술 활동은 적대적이고 받아들여질 수 없는 욕구를 표현하는 배출구로서 사용될 수 있다. 이는 프로이트 방어 이론의 '승화' 기제와도 연결되는 것으로, 사회적으로 부적절한 감정을 받아들일 수 있는 행동, 곧 예술 활동으로 대체함으로써 승화하는 것이다. 이와 같이 비언어적인 의사소통으로서의 예술 활동은 더 안전한 자기표현을 가능하게 함으로써 인간의 자발적인 자기표현을 도와준다.

미술치료, 음악치료, 무용/동작치료, 연극치료 등은 이러한 비언어 차원 단계에서의 경험, 즉 감각(sensory), 상징적인 동작(motor), 리듬(kinesthetic), 색상과 문양(Symbolic)을 이용한 치료 방법인 만큼 비언어적 차원에 기인하는 심리적인 문제에 효과적으로 접근할 수 있다는 장점이 있다.

2) 예술치료의 창조성: 창조성이 지닌 힘

창조성을 한마디로 정의하기란 쉬운 일이 아니다. 심리학 교수인 칙센트미하이(M. Csikszentmihalyi, 1934~)는 1996년에 『창조성(Creativity)』이라는 자신의 저서에서 "창조성은 새로운 것의 생산을 수반한다."라고 하였다. 그는 창조하기 위해 필요한 요소들은 이미 존재하는 것일지라도 그 결과물은 유일한 것이라고 하였다(Nathan & Mirviss, 1998).

네이선과 미르비스(Nathan & Mirviss, 1998)가 말하는 창조성에 대해 논의하면 다음과 같다. 인간은 누구나 창조적 특징을 가지고 태어나고, 유아기의 인간은 오로지 감각 기능을 이용하여 세상의 모든 것을 받아들이고 이해하며 꿈과 환상을 창조한다. 그러나 이러한 창조성의 발현은 선천적 장애에 의해 방해받기도 하고 상황의 변화나 환경의 요구에 의해 방해받기도 한다. 인간은 성장하면서 사회의 기대에 부응하기 위해 사회가 요구하는 '일차원적이고 올바른 답'을 찾기 시작하게 되고, 타고난 창조성을 억압하고 외면하게 되며 결과적으로 상상력과 창조성의 결핍은 정신적 공허함을 느끼게 한다.

예술치료는 각 영역에서 사용하는 예술의 창작 기법은 다르지만 창조성의 계발을 통하여 치료적 접근을 하고 있다는 데 공통점이 있다. 예술치료는 장애가 있는 사람들이 창조적 활동, 예술적인 활동을 통하여 그들의 감정들과 두려움을 표현하고 이해하며 다스리는 것을 경험하게 하고, 상담의 실제와 자아 성장, 자기성찰을 위해서도 활용되고 있다(Nathan & Mirviss, 1998).

(1) 창조적인 사람의 특징

예술치료사들의 중요한 역할 중 하나는 선천적 장애와 상황이나 환경적 장애에 의해 가려진 인간의 창조성을 재발견하고 경험하도록 도와주는 것이다. 예술치료사가 창조성을 재발견하고 경험하도록 돕기 위해서는 이를 용이하게 하는 특징들에 대해 알고 있어야 한다. 창조성이 있는 사람들은 다음과 같은 특징이 있다(Nathan & Mirviss, 1998).

- 호기심, 놀라움과 흥미(curiosity, wonder and Interest)
- 경험에 열려 있기(openness to experience): 잠재적 창의성을 찾는 데 도움을 준다.
- 배우는 즐거움(enjoying of learning): 배움은 새로운 지식, 아이디어, 생각과 느낌을 가져다주며 이는 창조성에 도움을 준다.
- 모호함을 인내하기(tolerance of ambiguity): 모호함을 인내하면 세상의 복잡함을 알게 된다.
- 위험을 감수하기(risk taking): 편안함에 안주하는 것을 넘어서 위험을 감수할 수 있다면 자존감을 향상시킬 수 있다.
- 놀이/재미와 규율(playfulness and discipline): 놀이는 아이디어를 탐색하기 위한 것이며, 탐색이 끝나면 인내로 마무리를 지어야 한다.
- 환상과 현실(fantasy and realism): 창의성은 환상을 현실과 잘 조율하는 것이다.
- 열정과 객관성(passion and objectivity): 열정은 동기 부여에 중요한 역할을 하지만 일에서는 객관성 또한 요구된다.

(2) 창조성과 즐거운 경험

창조성을 계발하기 위해 가장 좋은 방법은 즐거운 경험을 하고 이에 몰입하는 것이다. 예술치료사들은 누구나 자신의 내담자들이 창조적 경험을 즐기기를 원하며 이를 위해 노력한다. 예술치료에서 치료의 도구로 사용되는 예술 매체는 내담자에게 즐거운 경험을 제공할 수 있다는 장점이 있다. 칙센트미하이는 경험이 즐거울 때 나타나는 아홉 가지 요소에 대해 다음과 같이 소개하였다(Nathan & Mirviss, 1998).

- 분명한 목표: 자신이 다음에 무엇을 해야 할지 아는 사람
- 행동에 대한 즉각적인 피드백: 자신의 행동이 적절한지 아닌지를 즉각적으로 인지
- 도전 과제와 능력의 균형: 도전 과제의 수준이 너무 높으면 좌절하고 너무 낮으면 지루하다.
- 의식에서 산만함을 배제: 즐거운 경험은 몰입의 결과
- 실패에 대한 걱정이 없다.
- 자의식이 사라진다: 사람은 자신을 잊으려는 노력을 통해 더욱 발전한다.
- 시간관념이 뒤틀린다: 우리는 하는 일에 따라 시간관념이 달라진다. 즐거운 경험을 하는 동안에는 시간을 잊게 된다.
- 활동이 자기 목적적으로 된다.

(3) 창조성을 방해하는 요소

비즈니스 컨설턴트인 로저 폰 외흐(Roger Von Oech)는 『꽉 막힌 머리를 후려쳐라 (A Whack on the Side of the Head)』라는 자신의 저서에서 창조성을 방해하는 열 가지 요소에 대해 이야기하였다. 이를 그는 'Mental locks(정신적 자물쇠)'라고 표현하였는데 그것은 다음과 같다(Nathan & Mirviss, 1998).

- 정답이어야 해: 실제 생활에는 우리가 정답이라고 배운 것 외에 수많은 정답이 있을 수 있음을 잊지 말아야 한다.
- 이건 논리적이지 않아: 모든 것이 논리적일 필요는 없다. '수평적 사고'는 여러 가지 아이디어를 연결시켜 준다.
- 규칙을 준수하라: 규칙은 우리를 사회화시키지만 또한 우리를 제한하기도 한다.
- 실용적이어라: 반드시 모든 것이 실용적이어야 할 필요는 없다. 실용적이지

않다는 이유만으로 상상력을 제한하지 말아야 한다.

- 모호함을 피하라: 실제 생활에서는 여러 가지 의미를 가진 대상이 있을 수 있다. 이를 그대로 인정하고 획일화하지 말아야 한다.
- 틀리면 안 된다: 실수를 통해 배우는 것은 아프지만 값진 것이다.
- 놀이는 하찮은 것이다: 아니다. 노는 것은 뇌를 다양하게 사용하고 사고를 확장시킨다.
- 이건 내 분야가 아니야: 경계를 넘나드는 것은 통찰력을 향상하게 한다.
- 멍청한 짓을 하지 마라: 때로는 멍청한 짓을 하는 것이 새로운 관점과 발상의 전환을 가져온다.
- 난 창의적이지 못해: 자신의 성취를 위한 예언을 하라.

(4) 창조성을 촉진하기 위한 예술치료사의 역할(Nathan & Mirviss, 1998)

예술치료사들은 누구나 자신의 내담자들이 창의적 경험을 통해 성장하기를 희망할 것이다. 이를 위해서는 먼저 그들이 예술치료 장면에서 즐거운 경험에 몰입할 수 있도록 도와주어야 한다. 예술치료사는 비판적이지 않고 객관적인 태도를 유지하며 정직함과 따뜻함을 가지고 내담자를 이해하려고 노력하여야 하며 그들의 프라이버시를 존중해 줄 수 있어야 한다. 예술치료사가 자신의 내담자들의 창조성을 촉진하기 위해서는 다음과 같은 노력이 필요하다.

첫째, 자신이 창조적이지 못하다고 생각하는 내담자들에게는 그들이 이미 성취한 일 중에서 창조성이 표현된 것을 보여 주고 재인식시켜 주어야 한다. 내담자가 스스로 창조적이지 못한 사람이라고 생각할 경우, 창조의 과정으로서의 예술 활동이 주는 즐거운 경험에 몰입하기 어렵다. 그러므로 예술치료사는 그들이 스스로에 대한 생각을 수정할 수 있도록 객관적인 자료를 제공하여야 하며, 이는 내담자 스스로의 창조적 경험일 때 가장 큰 힘을 발휘하게 된다.

둘째, 구조적 활동과 자유로운 활동이 균형을 이루도록 도와주어야 한다. 지나친 구조는 창조적 표현을 어렵게 하고 지나친 자유는 오히려 불안을 제공함으로써 창조성을 방해할 수 있다. 예술치료사는 자신의 내담자가 처해 있는 심리적 상황을 파악하여 적절한 구조와 함께 자유로운 활동을 보장함으로써 창조성의 발현을 촉진할 수 있다.

셋째, 내담자가 창조적 표현을 두려워한다면 내담자의 뜻을 존중하고 그 감정에 공감하며 끈기 있게 참아 주고 기다려야 한다. 예술치료사가 명심해야 할 가장 중요한 지침 중의 하나는 내담자마다 진행 속도가 다를 수 있음을 인정하고 이해하며 내담자 개개인의 속도를 존중하는 것이다. 예술치료사는 치료적 열정을 가지고 내담자를 대하되 충분한 인내심을 가지고 따뜻하며 지지적인 태도로 내담자의 표현을 지지하고 격려할 수 있어야 한다.

넷째, 창조성이 난국에 부딪히면 발상의 전환을 위해 새로운 것에 도전하도록 격려하여야 한다. 예술치료사는 내담자의 속도를 따라가되 적절한 시기에 발상의 전환을 위한 계기를 제공하고 이를 시도해 보도록 격려할 수 있어야 한다. 예술치료사가 중립적인 위치에서 내담자를 기다려 주어야 할 때인지 새로운 시도를 격려해야 할 때인지를 판단하는 것은 매우 어려운 일이다. 이는 내담자의 감정에 대해 열려 있고 충분한 객관적 자료를 확보하며 치료 회기를 되돌아보는 등 충분한 임상적 경험을 쌓은 치료사만이 가능한 일이라고 하겠다.

다섯째, 활기차고 재미있는 시간을 제공할 수 있어야 한다. 즐거운 경험에 몰입하는 것은 창조적 표현을 촉진하는 가장 좋은 방법이다. 예술치료사는 내담자의 치료적 자원과 선호하는 매체 등에 대한 정보를 수집하여 내담자가 활기차고 재미있는 시간을 보낼 수 있는 치료적 환경을 제공할 수 있어야 한다.

3) 예술치료의 자율성과 가변성

사회적 의사소통을 위한 예술의 변형은 '부정의 부정'이라는 자기성찰의 과정을 통해 끊임없이 이루어진다. 완전한 예술이란 존재하지 않으며 예술은 부정되고 또 부정됨으로써 계속 검토되고 개선된다. 영원성과 시간성이라는 상반되는 두 가지 성격을 동시에 포함하는 자율적 예술은 언제나 새로운 것을 지향하지만 항상 이전의 예술적 경험으로부터 출발한다. 그러므로 예술을 접하는 개인은 이전의 것과는 전혀 다른 것으로 수용해서는 안 되며, 기존의 것에서 나온 하나의 새로운 모습으로 비판적으로 수용하게 된다(장혜진, 2002).

이와 같은 예술의 특성은 예술 활동의 과정을 통해 인간의 정신을 변화시킨다. 인간의 정신세계는 소우주라고 해도 좋을 만큼 신비롭고 복합적이기 때문에 각각의 내담자가 지니고 있는 문제는 고유하다. 그러므로 내담자는 예술치료 시 자신만의 예술활동을 통해 '부정의 부정'이라는 자기성찰의 과정을 거쳐 내면을 표현하고 스스로를 찾는 여행을 떠난다. 이 여행은 한순간에 끝나는 것이 아닌 언제 끝날지 모르는 여정이 되며, 언제나 새로운 것을 지향하지만 항상 이전의 예술치료 경험으로부터 출발하게 된다. 이때 내담자들은 자신에게 필요한 예술 매체를 접하고 치료사와의 좋은 관계 형성 속에서 예술 활동을 통하여 진정한 자아를 만나고 변화하게 된다.

참고문헌

강윤문(2004). 허버트 리드의 창조성 이론을 통한 미술교육 방향 연구. 전주교육대학교 교육대학원 석사학위 청구논문.

김동연, 이재연, 홍은주 공역(2001). 아동미술심리이해. 서울: 학지사.

김상희(2004). 예술치료사의 직무만족도에 관한 연구. 원광대학교 보건환경대학원 석사학위 청구논문.

김성숙(2001). 교육은 치료다. 서울: 물병자리.

김수지, 고일주, 권혜경 공역(2002). 음악 치료학 개론. 서울: 권혜경 음악치료센터.

김재은 역(1998). 예술심리학. 루돌프 아른하임 저. 서울: 이화여자대학교 출판부.

김진숙 역(2001). 미술심리치료총론. 쥬디 루빈 저. 서울: 도서출판 KEAPA Press.

김진숙(1993). 예술심리치료의 이론과 실제. 서울: 중앙적성출판사.

김현정(2001). 자율성 개념 분석의 비판적 연구. 한국교원대학교 대학원 석사학위 청구논문.

신창중(2004). 유희충동을 활용한 예술치료의 통합적 접근방안. 한남대학교 대학원 석사학위 청구논문.

윤현섭(1998). 예술심리학. 서울: (주)을유문화사.

이종건(1996). 아도르노에 있어서 예술의 자율성 연구. 계명대학교 대학원 석사학위 청구논문.

임용자(2000). 발달 및 치료 도구로서의 유리드미. 한국심리학회지: 상담 및 심리치료. 12(2). 185-203.

임용자(2004). **표현예술치료의 이론과 실제**. 서울: 문음사.

정여주(2005). **미술치료의 이해**. 서울: 학지사.

주리애(2003). **미술치료요리책**. 서울: (주)아트북스

최병철 역(2003). **음악치료**. 서울: 학지사.

Csikszentmihalyi, M. (1996). *Creativity*. NewYork, NY: Harper Collins Publishers, Inc.

Nathan, A. A., & Mirviss, S. (1998). *Therapy Techniques Using the Creative Arts*. Idyll Arbor, Ins.

제2장
예술치료의 역사와 심리학

개요

예술치료는 미술치료, 음악치료, 춤/동작치료, 연극/심리극치료, 모래놀이치료, 문학치료 등을 아우른다. 이 장에서는 먼저 예술치료의 역사와 더불어 예술치료의 의미를 살펴본다. 그리고 예술치료의 토대가 되는 심리학의 이론 가운데 프로이트의 정신분석, 융의 분석심리학 및 로저스의 인본주의 심리학을 중심으로 살펴본다.

학습 목표

예술치료의 역사와 예술치료의 의미를 이해하고, 예술치료의 근간이 되는 몇 가지 심리학의 이론을 살펴봄으로써 예술치료의 학문적 토대를 다진다.

주요 용어

예술치료	정신분석학	가치 조건화	의식
무의식	분석심리학	개인무의식	집단무의식
원형	인본주의 심리학	치료사의 태도	

1. 예술치료의 역사와 의미

1) 예술치료의 역사

오래전부터 다양한 예술의 치유력은 인정되어 왔으며, 수세기 동안 미술, 음악 및 춤/동작이 다양한 상황에서 여러 문화에 의해 치료적으로 활용되어 왔다. 물론 예술 치료의 기원을 고대 샤먼의 주술치료에 두는 것에는 어떤 예술치료 분야든 뜻을 같이 하고 있다. 고대 이집트에서는 의학이 음악 또는 연극과 하나의 의미로 연결되어 육 체적 · 심리적 병마를 물리치는 데 사용되었다. 우리나라의 굿 역시 민족 역사의 시작 과 함께 가장 오래된 예술적인 치료 의식이라고 볼 수 있다.

비교종교학자 엘리아데(M. Eliade)는 고대 샤먼의 기원을 중앙아시아로 보고 있 다. 한국을 위시한 동북아시아의 무속 문화에 직접적인 영향을 미쳤으며, 소아시아를 거쳐 고대 희랍으로 건너간 주술적 연희자이자 종교적 지도자이던 샤먼은 디오니소 스의 제전에 망아의 축제의 주체자로 그 모습을 나타냈다. 이런 관점에서 커비(E. T. Kirby)나 대부분의 학자는 연극의 시조를 샤머니즘으로 보고 있다. 고대 희랍의 연극 전성시대에 평론가이던 아리스토텔레스가 유명한 연극평론집 『시학』에서 밝힌 그의 정화(catharsis) 이론은 현대 심리치료에서 아직도 적용될 수 있는 이론이다. 무속이 고대 희랍 연극의 아버지라고 한다면 아리스토텔레스는 연극치료 이론의 아버지라고 볼 수 있겠다(김진숙, 1993).

무속을 예술치료의 원형적인 모습이라는 입장에서 보면, 미술치료의 경우는 고대 샤먼의 주거지인 동굴 속에서 찾아볼 수 있다. 이것은 주술적인 목적의 암각화, 무화, 무구, 부적 등을 제작하여 상징적으로 사용함으로써 오는 치료 효과와 상징적인 색상을 이용하여 치병을 한 경우다. 우리나라 무당들이 오방신장기를 이용하여 공수를 하는 것과 나바호 인디언이 모래그림을 이용하는 것도 그 예다. 이처럼 미술의 시각적 예술은 우리에게 심상과 은유를 제공해 준다. 우리는 그 심상과 은유를 통해 치료적 효과가 있다고 믿는다.

춤/동작치료와 음악치료의 경우, 주술치료로 사용된 것처럼 보이는 안무를 시도한 흔적이 동굴 바닥에 그려져 있는 표식들이 있다. 또 그 춤을 위하여 사용되어 오던 악기들의 발견 등으로 그들이 춤과 음악을 주술치료에 사용했다는 것을 알 수 있다. 특히 한국의 굿에서 무가와 춤이 중요한 치병의 효과가 있다고 하는 것은 많은 학자에 의해 지적된 바 있다. 이처럼 춤과 음악은 감정을 해소하고 신체의 에너지를 높여주며 집단 공동체의 혼을 일깨운다.

샤먼의 주술적인 치료와 현대 예술치료의 관계에 대해 관심을 가지고 있는 맥니프(McNiff)와 조셉 모레노(Joseph Moreno)는 무당이 쓰는 악기 중에서 특히 북을 저승 여행을 떠나게 하는 말(trance horse)에 비유할 정도로 음악이 주술적인 치료에서 중요한 역할을 해 오고 있다고 하였다. 또한 고대의 제의식에서 행해진 무가와 춤 역시 치료에 중요한 역할을 하였다. 샤먼의 주거지인 동굴 속에서 찾아볼 수 있는 암묵화, 무화 등 상징적인 그림들이 정화의 기능을 해 온 것에서 알 수 있듯이 예술행위는 그 자체로서 치료적 역할을 하기도 하였다.

이처럼 표현예술은 아주 오래된 예술형식이며, 오늘날 이 세상에서 요구하는 통합과 균형을 회복하기 위해 재탄생되었다. 인류는 오랜 옛날부터 춤과 노래, 그림그리기와 이야기 만들기가 동일한 과정의 각 부분이라는 것을 알고 있었다. 그리고 바로 이 표현적인 예술이 인간을 창조적이고 완전하게 해 준다는 것도 알고 있었다. 그들은 예술을 서로 연결해서 사용했고, 나아가 이것을 자연의 힘과도 연결하였다(N. Rogers, 1993).

말키오디(Malchiodi, 2005)에 의하면, 의학, 인류학, 예술에 관한 많은 문헌에서 예술의 표현적 양식들을 치료에 적용한 초기의 사례들을 찾을 수 있다고 한다. 이집트인들은 정신병이 있는 노인들에게 예술 활동을 하도록 장려하였으며, 그리스인들은 치료적 회복을 위하여 연극과 음악을 사용하였다. 그리고 『성경』의 사울 왕 이야기는 음악의 진정 효과에 대하여 묘사하고 있다. 그 후 르네상스 시대 유럽에서 영국의 의사이며 작가인 로버트 버튼(Robert Burton)은 심상이 건강과 행복에 영향을 미친다는 것을 이론화하였으며, 이탈리아 철학자인 드 펠트리(de Feltre)는 아이들의 건강한 성장과 발달에 춤과 놀이가 중심적 역할을 한다고 주장하였다.

예술과 의학의 결합은 1803년과 1813년 사이에 프랑스의 후작 드 사드(De Sade)가 정신질환을 위한 하나의 치료 방법으로 춤 추기, 음악 듣기, 오페라, 무용 공연, 긴장 완화를 위한 목욕 등의 내용을 가지고 정규적으로 공연을 한 것과, 19세기 말 브랑케(Blanche)가 외부의 여러 작가 및 환자와 함께 매주 정기 문예토론을 한 것에서 시작되었다.

1900년대에 이러한 예술 양식들은 전문화된 심리치료 학문으로 발전하였다. 제2차 세계대전 이후 정신병에 대한 새로운 인식은 예술치료의 발달에 직접적으로 영향을 끼친 미국에서 전개되었다. 병역으로부터 거절되거나 정서장애로 해임된 사람이 200만 명에 달했다. 그때 전쟁 전후의 외상자극(전쟁신경증)이 있는 퇴역군인들의 사회복귀는 큰 이슈가 되었다. 당시 정신분석은 일반적으로 인정된 치료 방법이었지만, 일대일의 정신분석치료는 퇴역군인의 문제를 다루는 데 비효과적이었다. 그것은 치료를 필요로 하는 군인들에게 효과적인 해결책이 아니었으며, 정신분석이 기타 이론과 표현치료 접근 방법과 함께 적용되었을 때 치료를 요하는 사람들에게 효과적인 해결책이 되었다. 표현예술치료는 시간제한적인 집단작업과 치료접근을 통해 전쟁신경증을 나타내는 군인들의 사회복귀를 용이하게 하는 방법으로 개발되었다(옥금자, 2007).

심리치료사들과 예술가들이 그림, 음악 만들기, 그리고 동작과 같은 비언어적인 자기표현이 심각한 정신질환자들에게 도움이 될 것이라는 사실을 깨닫게 된 1930년대와 1940년대에는 창조적 예술치료가 더욱 널리 세상에 알려지게 되었다. '언어치료'를 적용할 수 없는 많은 환자로 인해 예술치료는 점점 치료의 한 분야로 부상하게 되었다. 미술, 음악, 연극, 동작, 그리고 다른 표현예술치료 전문가들을 위한 전문적인 협회가 설립되었고, 예술치료에 기반을 두고 전문가들을 훈련하는 대학 프로그램들도 급속히 개발되었다. 국내에서도 여러 대학과 대학원에서 예술치료와 관련된 학과가 생겼고 예술치료와 관련이 있는 학회나 협회가 구성되어 활발히 학문적·실천적인 활동이 이루어지고 있다.

또한 예술은 정신장애를 진단하고 치료하는 데 사용되어 오고 있다. 정신장애자들이 만든 작품에 대한 최초의 연구는 환자의 예술작품을 진단도구로 사용하고자 하는 시도에서 출발하였다. 20세기의 정신의학에서 예술작품이 점점 이와 같은 방식으로 사용되면서 진단에 사용하기 위해 그림검사가 개발되었고, 정신장애를 치료하는 한 부분으로 예술치료가 정착하게 되었다. 환자들은 스케치하고, 그림을 그리고, 조각 작품을 만들고, 글을 쓰고, 노래를 부르고, 춤을 추도록 격려되었다. 그리고 만들어진 작품들은 그 환자들이 겪는 장애의 특별한 형태를 진단하는 데 사용되었다(Winner, 1982). 현재 이러한 예술치료적 행위들은 진단적 도구로, 형식으로 사용되고 있을 뿐만 아니라 개인의 문제를 해결하는 데도 적극적으로 사용되고 있다.

국내에서 초기에 정신병원의 환자들을 위주로 운영되던 예술치료가 지금은 아동, 청소년, 성인, 노인 등 다양한 연령층에 적용되고 있다. 예술치료가 적용되는 장소도 아동시설, 청소년비행시설, 노인요양시설, 장애인복지관, 사회복지관, 재활병원 등 다양한 계층으로 확산되고 있다. 특히 예술치료 형식에서 미술치료, 음악치료, 춤/동작치료, 연극치료, 문학치료 등 개별적으로 운영되던 예술치료 형식이 점차 통합적인 방식의 통합예술치료 형식으로 바뀌고 있다.

2) 예술치료의 의미

예술치료는 심리치료와 상담의 독특한 한 영역으로 간주되며, 여러 개별적 접근이 있다. 미술치료, 음악치료, 연극치료, 춤/동작치료, 문학치료, 모래놀이치료 등으로 구분하여 그 의미를 살펴보면 다음과 같다(Malchiodi, 2005).

미술치료(art therapy)는 치료 과정에서 매체, 심상, 그리고 창조적 과정이 도입되고, 개인의 창조적 결과물인 미술작품은 환자나 내담자의 발달, 능력, 개성, 흥미, 관심, 갈등 등이 반영된 것으로 간주하며 이 반응들을 존중한다. 미술 작업 과정은 정서적 갈등 조정, 자각력 증대, 사회적 기술의 발달, 행동관리, 문제해결, 현실감 증진, 불안 감소, 자존감을 증진시키는 치료적 수단이다.

음악치료(music therapy)는 건강이나 교육상의 문제가 있는 개인에게 심리적 · 신체적 · 인지적 혹은 사회적 기능에 긍정적 변화를 가져오기 위하여 음악을 사용한다. 음악치료의 주요 목표는 내담자 능력의 몇몇 영역을 치료사가 평가할 수 있도록 하는 것이다. 이 영역은 내담자의 지각적 운동 기술을 포함하여 전반적이면서도 섬세한 동작에 이르는 감각 동작 기능, 그리고 그 내담자의 행동이 적절한 지도 평가하게 된다. 음악치료의 핵심은 개인을 재활시키거나 집단에 혜택을 주는 것이다. 또한 음악적 활동은 치료사가 내담자의 사회적 기술을 향상시키는 것은 물론 창조적이면서도 흥미 있는 환경에서 연령에 적합한 행동을 할 수 있도록 돕는 것이다. 음악치료는 '허용된' 탈출구이며, 다른 방법을 통해서는 자신의 에너지나 정서를 표현하는 데 어려움을 겪는 내담자들에게 아주 효과적이다(Nathan & Mirviss, 1998).

연극치료(drama therapy)는 증상을 완화시키고, 정서와 신체의 통합, 자기성장이라는 치료목표를 달성하기 위하여 드라마나 연극의 과정들과 결과물, 그리고 연상을 체계적이고 집중적으로 사용한다. 연극치료는 내담자가 문제를 해결하고, 정화를 경험하며, 깊고 넓은 내적 경험을 확장하고, 심상의 의미를 이해하며, 역할 간의 상호작용을 통해 융통성을 증진시키는 동안 개인적 역할을 관찰하는 능력을 강화시키기 위하여 자신의 이야기를 말로 표현하도록 돕는 적극적인 방법을 사용한다.

연극치료의 다른 형식으로 보는 심리극(psychodrama)은 사회적(외현) 차원보다 심리내적(내면) 차원에 초점을 둔다. 심리극에서, 주연 역할을 한 개인(주인공)은 시각화할 수 있고 만질 수 있는 내적인 연극에서 그가 보고 참여할 수 있는 실연을 통해서 갈등을 탐구한다. 심리극은 주인공 삶의 여러 측면 사이를 이동할 수 있는데, 즉 그의 과거에서 현재나 미래로 갔다가 다시 거꾸로 갈 수도 있다. 심리극은 해결되지 못한 내적 갈등의 근원을 밝히기 위해 아동기의 외상이나 고통스러운 기억과 같은 비교적 깊은 정서적 문제들에 초점을 둔다. 심리극은 안전한 환경에서 사람들이 유용하게 갈등을 해결하는 행위 방법이다(Nathan & Mirviss, 1998).

춤/동작치료(dance/movement therapy)는 몸과 정신이 서로 관련되어 있다고 가정하며, 심리치료에서 개인의 정서적 · 인지적 · 신체적 통합을 촉진하기 위하여 동작을 사용하고 있다. 즉, 춤과 동작을 치료방안으로 다루는 치료사들은 인지과정과 감정, 동작 등의 상호 연관성을 찾으려고 노력한다. 춤/동작치료의 주된 목표는 내담자가 보다 더 능숙하게 신체의 통합과 인식을 할 수 있도록 도와주는 것이다. 따라서 춤/동작치료는 감정, 인지, 신체적 기능과 행동을 변화시키는 데 효과가 있다.

문학치료(literary therapy)는 시와 도서를 통한 증상의 치유나 자기성장을 위하여 의도적으로 시나 다른 형태의 문학을 사용하는 것을 말한다. 변학수(1998)는 문학이 독자의 심미적 · 정서적 공감에 호소하는 구조를 담고 있다는 데에서 나아가 적극적이고 구체적인 문학 활동을 포함하기 위해 '문학치료'라는 용어를 썼고, 문학치료를 문학, 즉 읽기와 쓰기를 통한 치료라고 정의하였다. 그리고 문학치료는 독서치료(책 읽기)와 글쓰기치료(텍스트 만들기)로 구성된다고 보았다.

모래놀이치료(sandtray therapy)는 내담자가 예전과는 완전히 다른, 새로운 형태의 치료 방법으로 좀 더 깊이 있는 내면의 심층을 탐색하도록 모래놀이와 더 큰 규모의 장식들을 사용하는 창조적 형태의 심리치료 분야다. 내담자는 일련의 모래그림을 구성함으로써 자신의 심리적 상황을 표현하거나 통합하는 데 도움을 받게 된다.

2. 예술치료와 심리학

예술치료는 다양한 심리학적 배경이 있다. 특히 정신분석, 분석심리학, 개인심리학, 게슈탈트 심리학, 인본주의 심리학, 행동주의 심리학, 인지심리학 등 많은 이론을 배경으로 한다. 여기에서는 가장 대표적인 프로이트 정신분석, 융의 분석심리학, 그리고 로저스의 인본주의 심리학을 중심으로 설명하고자 한다.

1) 정신분석

정신분석은 지그문트 프로이트(S. Freud)에 의해 창시되었다. 그는 1986년에 '정신분석(psychoanalysis)'이라는 용어를 처음 사용하였고, 자유연상 기법을 환자의 치료에 본격적으로 도입하였다. 정신분석은 인간 정신의 무의식(unconscious)을 탐구하는 학문으로 인간을 이해하는 중요한 철학적 접근이다. 따라서 정신분석은 내담자가 겪고 있는 심리적 문제의 의미와 원인을 더욱 근본적이고도 심층적으로 이해할 수 있다.

(1) 자각의 수준

프로이트 정신분석의 핵심은 사람들이 억압하여 무의식에 숨겨 버린 내용을 이해하는 것이다. 프로이트는 지형학적 모델을 통해 자각의 수준을 구분하였다. 그가 제안한 자각의 세 수준은 의식(conscious), 전의식(preconscious), 무의식(unconscious)이다. 이는 정신적 기능을 개념화하는 기본 원리가 의식과 관계되는 생각의 깊이 또는 층을 다루는 것이기 때문에 지형학적 이론이라 한다.

① 의식

의식은 개인이 현재 자각하고 있는 생각을 포함한다. 의식의 내용은 새로운 생각이 정신에 들어오고 오래된 생각은 정신에서 물러나면서 계속 변한다. 당신이 생각하여 현재 어떤 것을 이야기할 때, 당신은 아마도 의식의 일부분을 표현하고 있다고 할 수 있다. 프로이트는 우리가 자각하고 있는 의식은 빙산의 일각에 불과하다며 우리가 자각하지 못한 부분이 많다는 것을 강조하였다.

② 전의식

전의식은 의식과 무의식의 중간에 있는 지각으로, 주의를 기울이면 쉽게 의식으로 가져올 수 있는 정신의 부분이다. 엄격히 말하면, 전의식은 무의식의 부분이지만 저장된 기억, 지각, 생각이 쉽게 의식으로 변화될 수 있는 의식의 아래 부분이다.

③ 무의식

무의식은 프로이트가 가장 중요하게 생각한 자각의 수준이다. 무의식은 정신의 가장 깊은 수준에서 작동하는 것으로 우리가 자각하지 못하는 경험과 기억으로 구성된다. 무의식은 정신분석의 초점이 되는 부분이다. 프로이트에 따르면, 무의식은 본능에 의해 지배되며 모든 행동의 배후에서 작동하는 주요한 추진력으로 우리의 행동 방향을 결정하는 소망과 욕망이 자리 잡고 있는 곳이다.

(2) 본능

프로이트는 원초아의 에너지가 선천적 욕구인 무의식적 본능으로부터 일어난다고 주장하면서 원초아를 삶의 본능(life instincts)과 죽음의 본능(death instincts)으로 구분하였다.

① 삶의 본능

프로이트는 '삶의 본능'에 성, 배고픔 및 자기보호 등 개인과 종족의 생존에 관련된 모든 본능을 포함시켰다. 프로이트는 성의 본능을 성격 발달에서 가장 중요한 추동으로 간주하였으며, 성의 본능에 의해 야기되는 에너지를 리비도(libido)라고 불렀다. 이러한 리비도가 어떤 한 가지 대상이나 사람에 집중되어 나타나는 것을 '리비도의 카테식스(cathexis)'라고 한다. 삶의 본능은 성과 관련이 있으며 그것은 단순히 남녀간의 성욕을 의미하는 것이 아니라 인간에게 쾌락을 주는 모든 행동이나 생각을 포함한다.

② 죽음의 본능

프로이트는 인간의 삶과 존엄성이 파괴된 제1차 세계대전을 겪으면서 '죽음의 본능' 개념을 발전시켰다. 죽음의 본능에 대해서는 별로 알려져 있지 않으나, 죽음의 본능이 자기 자신에게 향해 있을 때는 주로 자기파괴나 자살로, 그리고 다른 사람에게 향해 있을 때는 공격성이나 전쟁으로 나타난다고 가정하였다.

(3) 성격 구조

프로이트는 성격이 세 개의 주요 체계로 구성되어 있다고 생각하였다. 즉, 원초아(id), 자아(ego), 초자아(superego)다. 각 체계는 그 자체의 기능이 있으나, 이 셋은 상호작용하여 행동을 지배한다.

① 원초아

원초아는 성격의 가장 원초적인 부분으로, 이것으로부터 자아와 초자아가 그 뒤에 발달한다. 이것은 신생아에게 존재하며, 기본적인 생물학적 추동들, 즉 먹고 마시고 배설물을 제거하고 고통을 피하고 성적 쾌감을 얻으려는 욕구로 구성되어 있다. 프로이트는 공격성 또한 하나의 기본적인 생물학적 추동이라고 생각하였다. 원초아는 이러한 추동들에 대한 즉각적인 만족을 추구하여, 어린아이처럼 쾌락 원칙(pleasure principle)에 따라 작용한다. 즉, 이것은 외부적 상황들에 상관없이 고통을 피하고 쾌락을 얻으려고 노력한다.

② 자아

아동은 자신의 추동들이 항상 즉각적으로 충족될 수 없다는 것을 곧 배우게 된다. 배고픔은 어떤 사람이 음식을 제공할 때까지 참아야만 한다. 방광이나 아랫배의 압력을 제거하는 만족은 화장실에 도달할 때까지는 지연되어야만 한다. 어떤 추동들은 부모에게서 처벌을 일으킬 수 있다. 새로운 성격의 부분인 자아는 아동이 현실의 요구를 고려하는 것을 배우게 됨에 따라 발달한다. 자아는 현실 원칙(reality principle)에 따른다. 즉, 추동들의 충족은 적절한 환경 조건들이 발견될 때까지 지연되어야만 한다. 예컨대, 현실세계를 고려하면서 자아는 조건이 적합할 때까지 성적 추동의 충족을 지연시킨다. 이것은 근본적으로 성격의 '집행자'다. 이것은 무슨 행동이 적절하고 어느 원초아의 추동들이 어떤 방식으로 충족되어야 할 것인가를 결정짓는다. 자아는 원초아의 욕구들, 세상의 현실 및 초자아의 욕구들 사이를 중재한다.

③ 초자아

성격의 셋째 부분인 초자아는 부모와 다른 사람들이 아동에게 가르쳐 준 사회의 가치와 도덕의 내면화된 표상이다. 이것은 근본적으로 개인의 양심이다. 초자아는 어떤 행동이 옳은지 그른지를 판단한다. 원초아는 쾌락을 추구하고, 자아는 현실을 검증하고, 초자아는 완전을 추구한다. 초자아는 부모가 주는 보수와 처벌에 대한 반응 속에서 발달한다. 이것은 아동이 처벌받거나 비난받는 모든 행위와 아울러 아동이 보수를 받은 모든 행위를 통합시킨다.

이러한 보수와 처벌을 통해 부모의 표준을 초자아에 통합시킴으로써 아동은 스스로 행동을 통제하게 된다. 아동은 어떤 사람이 훔치는 것은 나쁜 행동이라고 말하는 것을 더 이상 필요로 하지 않는다. 그들의 초자아가 그들에게 말해 준다. 초자아의 기준이나 그렇게 하려는 추동조차 부모의 사랑을 잃게 되는 데 대한 불안을 야기시킨다. 프로이트에 의하면, 이러한 불안은 주로 무의식적이다. 그 의식적 정서가 바로 죄의식이다. 만일 부모의 기준이 너무 엄격하면, 그 사람은 죄의식에 사로잡히고 모든 공격적이거나 성적인 추동들을 억제할 수 있다. 이에 비해 용납 가능한 사회적 행동에 대한 어떤 기준들로 통합시키지 못한 사람은 행동적 자제들이 적고 과도하게 방종하거나 범죄적 행동을 하게 될 수 있다. 이러한 사람은 초자아가 약한 것으로 간주되고 있다.

(4) 불안과 방어기제들

프로이트는 원인에 대한 명확한 대상이 없이 두려움을 느끼는 것을 불안으로 보았으며 모든 불안의 원형이 출생트라우마(birth trauma)라고 생각하였다. 그가 제안한 세 가지 유형의 불안은 현실불안(reality anxiety), 신경증불안(neurosis anxiety), 도덕불안(moral anxiety)이다.

여기서 **현실불안**은 자아가 현실을 지각하여 두려움을 느끼는 불안으로 실제적 위험에서 우리를 보호하는 데 기여한다. **신경증불안**은 현실을 고려하여 작동하는 자아와 본능에 의해 작동되는 원초아 간의 갈등에서 비롯된 불안이다. 이러한 불안은 막대한 힘을 가진 원초아에 의해 추동적으로 표출된 행동이 처벌받지 않을까 하는 무의식적 두려움이다. **도덕불안**은 원초아와 초자아 간의 갈등에서 비롯된 불안으로 본질적으로 자신의 양심에 대한 두려움이다. 만약 당신이 자신의 도덕적 원칙에 위배되는 본능적 추동을 표현하도록 동기화되면, 초자아는 당신으로 하여금 수치와 죄의식을 느끼도록 한다.

원초아의 욕망들은 어떤 방식으로든 표현되어야만 하는 강력한 힘들이다. 처벌받게 될 짓을 하려는 추동을 가진 사람은 불안해진다. 불안을 감소시키는 한 방법은 그 추동을 위장된 형태로 표현하는 것이며, 그럼으로써 사회의 처벌과 초자아의 비난을 피하게 된다. 예컨대, 공격적 추동은 스포츠카 경주나 정치적 대의를 위해 투쟁하는 것으로 대치될 수 있다. 억압이라고 하는 또 다른 불안 감소의 방법은 추동을 의식에서 무의식으로 밀어 넣는 것이다.

방어기제(defense mechanism)라고 하는 이러한 불안 감소 방법들은 고통스러운 불안으로부터 자신을 방어하는 수단들이다. 이것들은 긴장 감소에서 결코 완전히 성공적이지 못하며, 그 잔여분이 신경증(neurosis)이나 불안의 형태로 넘쳐 흐르게 되고, 이것은 프로이트가 지적한 바와 같이 우리가 문명화되는 데 대해서 지불해야만 하는 대가다. 아마 원초아의 자유로운 표현에 아무런 제약을 가하지 않는 사회는 불안이나 긴장이 전혀 없는 사람을 만들 것이다. 그러나 그러한 사회는 생존하지 못할 것이다. 모든 사회는 집단의 복지를 위해서 행동에 다소 제약을 가해야만 한다. 여기서 방어기제들을 간단히 살펴보면 다음과 같다(홍대식, 1990).

① 억압

의식하기에는 너무나 충격적이고 고통스러운 경험들을 아예 무의식 속으로 억누르는 것을 말한다. 억압의 극단적인 예로 고통스러운 경험과 관련된 특정한 시기의 기억들을 아예 마음에서 지우는 기억상실증을 들 수 있다.

② 부인

부인은 고통을 주는 사실이나 경험을 있는 그대로 인정하지 않고 부정하는 것이다. 예컨대, 사랑하는 사람의 죽음이나 배신을 인정하려 들지 않고 사실이 아닌 것으로 여기는 것이다.

③ 투사

자신의 심리적 속성이 마치 타인에게 있는 것처럼 생각하고 행동하는 것이 투사다. 예컨대, 자기가 화난 것은 생각하지 못하고 상대방이 자기에게 화를 냈다고 생각하는 것이다.

④ 치환

치환 혹은 전치는 전혀 다른 대상에게 자신의 욕구를 발산하는 것이다. 자신이 없는 사람이 강아지를 끔찍하게 귀여워하는 것이 그 예다. "종로에서 뺨 맞고 한강에서 화풀이" 하는 것도 치환의 예로 볼 수 있다.

⑤ 반동 형성

"미운 자식 떡 하나 더 준다."는 우리 속담처럼 무의식적 소망과는 반대되는 방향으로 행동하는 것이 반동 형성이다. 즉, 개인의 내면에서 수용할 수 없는 추동을 정반대로 적극적으로 표현하는 것이다.

⑥ 퇴행

퇴행은 위협적인 현실에 직면하여 덜 불안을 느낀, 그리고 책임감이 적은 이전 발달 단계의 행동을 하는 것이다. 예컨대, 아이가 학교에 가야 한다는 위협에 직면하여 잠자리에 오줌을 싸는 행동이다.

⑦ 합리화

합리화는 자신의 행동에 대해 그럴듯한, 그러나 부정확한 평계를 사용하여 받아들여질 수 있도록 행동을 재해석하는 것이다. '이솝우화'에서 포도를 딸 수 없던 여우가 포도가 실 것이라고 결론을 내린 것이 합리화의 예다.

⑧ 승화

승화는 전치의 한 형태로, 수용될 수 없는 추동이 사회적으로 받아들여질 수 있는 추동으로 대체되는 것을 말한다. 타인에 대한 공격성이 권투선수가 되어 훌륭한 시합을 하는 것으로 대체되는 것이 그 예다.

(5) 성격발달

프로이트는 성적 본능이 가장 중요한 본능이며, 그 원인과 대상은 인간이 성숙해 감에 따라 변한다고 믿었다. 그는 심리성적 발달 단계에 맞추어 이러한 변화를 설명하였다. 즉, 인간의 성적 본능은 아동기가 그 결정적인 시기이며, 아동기의 여러 단계에서 일어나는 경험이 성인이 되었을 때의 성격에 큰 영향을 준다고 하였다. 각 단계에서 리비도는 다른 성욕자극대에 위치하고 있다.

① 구강기

생후 첫해인 구강기에 성적 활동은 입 주위에 집중되어 있는데, 여기가 바로 유아가 자신의 환경과 접촉하는 곳이다. 유아의 원초아는 깨물고 빨고 내뱉음으로써 쾌락을 얻는다. 나중에 이러한 행위는 공격성, 역심, 경멸로 각각 반영될 수 있다.

② 항문기

항문기는 유아기의 두 번째 해부터 시작된다. 이 단계의 아동은 대변을 배설하거나 보유하는 데서 쾌락을 발견한다. 프로이트는 부모가 배변 훈련에 너무 엄격하면 아동은 자제하는 것에 가치를 두게 될 것이며 인색하고 수전노 같은 어른이 될 것이라고 하였다. 또한 부모가 배변통제력을 갖추지 못한 아동에게 배변통제를 강요하면 아동은 무자비하고 나쁜 성질의 성인이 될 수도 있다고 하였다.

③ 성기기

3세 이후에 시작되는 성기기에는 생식기 영역이 성적 쾌감과 흥미의 대상이 된다. 이 시기의 아동은 반대 성의 부모에 대한 현저한 애착을 보이면서 동성의 부모를 질투하게 된다. 프로이트는 이 같은 애착과 질투를 남아에 대해서는 '오이디푸스 콤플렉스', 그리고 여아에 대해서는 '엘렉트라 콤플렉스'라고 불렀다. 이 단계에서의 갈등은 아이의 반대 성의 부모와 관련한 근친상간 욕망에 대한 환상과 관련이 있다. 즉, 어머니는 남자아이의 사랑의 대상이 된다. 남자아이는 환상과 행동을 통해 어머니에 대한 성적 소망을 나타낸다. 반면에 남자아이는 아버지를 어머니에 대한 경쟁자이며 위협적인 존재로 여긴다. 또한 아버지와 어머니가 특별한 관계에 있음을 지각하고, 아버지에 대한 질투심과 적대감을 갖게 된다. 연약한 아이가 힘 있는 적대자인 아버지로부터 자신의 성기가 잘리지 않을까 하는 두려움을 갖게 되는 것을 거세불안(castration anxiety)이라고 한다. 남자아이는 자신을 아버지와 동일시(identification)함으로써 이러한 오이디푸스 콤플렉스를 극복한다. 더불어 사회적 규범, 도덕적 실체라고 할 수 있는 아버지에 대한 동일시를 통해 초자아를 형성하게 된다.

④ 잠복기

잠복기는 6세에서 사춘기까지로 실제로는 심리성적 단계가 아니다. 이 시기에 성적 본능은 휴면을 취한다. 아이들은 이 기간에 학교생활, 취미, 스포츠, 우정관계 등을 통해 성적 추동을 승화한다.

⑤ 생식기

사춘기에서 생식기라고 불리는 마지막 단계를 경험하게 된다. 이 단계에서 성적 추동이 다시 깨어나며, 청소년과 성인은 구애 과정을 통해 유아기와 아동기에 충족하지 못한 욕망을 만족시킬 수 있다. 이 단계에서 청소년의 발달 특징은 급격한 신체적 성장과 더불어 호르몬의 변화다. 즉, 생식할 능력을 갖춘 존재로서 인간은 타인과의 관계를 통해 만족을 추구하며 직접적으로 성행위를 충족하지 못할 경우 자위 행위를 통해 긴장을 해소하면서 쾌락을 경험한다.

프로이트는 구강기, 항문기, 성기기에 성인이 되었을 때의 성격을 결정짓는 주사위가 던져진다고 믿었다. 그러나 프로이트의 성욕에 대한 지나친 강조는 정신분석학파의 추종자에게조차 완전하게 받아들여지지 않았다. 특히 융(Jung)과 아들러(Adler)는 초기에는 프로이트의 추종자였으나 후에 프로이트의 이론을 비난하고 독자적인 성격 이론을 공식화 하였다.

(6) 정신분석과 예술치료

프로이트 자신은 정신분석에서 환자에게 그림을 그리도록 하는 시도는 하지 않았으나, 그의 딸 안나 프로이트는 환자들의 그림 작업을 정신분석에 적용하였다. 프로이트 이론에 입각한 미술치료사들은 환자들의 상상이나 자유연상에 의한 자유로운 표현과 즉흥적인 표현을 중요시하였다. 이런 점과 관련하여 미술치료사들은 환자들이 그리는 그림은 모두 무의식의 고통이나 억압된 갈등을 나타내고 있다고 본다(Menzen, 2001). 또한 미술치료사들은 환자들의 꿈이나 무의식의 내용을 내포하는 백일몽, 환상, 갈등과 유년의 기억들을 그림으로 표현하며 그림에 나타난 상징성을 해석한다.

정신분석학적 미술치료에서 환자의 그림에 나타난 상징들은 프로이트의 상징 해석에 의거한다. 프로이트의 상징 해석은 치료에 중요한 역할을 하고 있다. 그러나 그의 상징 해석이 모든 문화에서 반드시 동일하거나 보편적이지 않기 때문에 다른 해석이 있을 수 있다는 것을 받아들여야 한다. 무엇보다 미술치료사들은 미술 활동 과정과 미술을 통한 의사소통을 통하여 환자가 보이는 방어기제를 완화시켜 주며, 미적 도구를 통해 퇴행을 다양하게 표출하게 한다.

프로이트 학파에서는 이러한 미적 퇴행을 다양한 이름으로 명명하였다. 즉, 환자들의 그림에서 나타나는 퇴행을 탈중심적, 정서적 단계의 재수용, 자아의 미분화, 억압된 정서의 분출, 카타르시스적 분출과 리비도적 부담의 경감, 예술을 도구로 한 불안의 승화라고 하였다. 다시 말해 이 학파는 예술을 승화의 관점, 자기의 관점, 사회 통합의 관점, 시험적 시도로 보고 있다. 여기에서 미술치료는 퇴행, 카타르시스, 인식, 승화, 자기수용에 이르게 하는 것을 목적으로 한다(정여주, 2005).

2) 분석심리학

융(Jung)의 생각은 여러 방향에서 프로이트와 달랐다. 그는 프로이트가 리비도를 성적으로만 정의하는 것을 반대하였다. 융은 리비도 또는 정신 에너지가 모든 생명의 창조적 힘을 나타내는 것이지 성적 힘만을 나타내는 것은 아니며, 물리적 에너지와 마찬가지로 정상적인 신체의 신진대사 과정에서 발생한다고 주장하였다. 또한 프로이트와 융 모두 인간행동을 결정하는 데 대해 무의식의 역할을 강조하였는데, 프로이트는 무의식을 자아가 통제해야만 하는 흥분이 들끓는 원초아의 덩어리로 보았다. 반면, 융은 무의식을 강함과 생명력이 넘치는 자아의 근원으로 보았다. 그리고 융은 개인적 무의식과 집단적 무의식이라는 다른 수준의 두 개의 무의식이 있다고 생각하였다.

프로이트와 융의 또 다른 점으로는, 프로이트는 성의 본능을 강조한 반면, 융은 이성적이고 정신적인 특성을 강조하였다. 또한 프로이트는 아동기에 정신적인 발달이 이루어진다고 생각한 반면에 융은 충분한 정신적 발달이 중년에 와서야 일어난다고 생각하였다. 융은 인간 성격의 근원이 과거의 조상으로 확대된다고 믿는 역사적 연속성에서 설명하고, 인간은 성격의 여러 부분들을 조화로운 전체로 통합하는 쪽, 그리고 자기실현의 방향으로 항상성 있게 움직인다고 주장하였다.

융의 개념은 미래, 삶의 의미의 중요성 및 자기실현의 성취 등을 강조함으로써 현대의 성격 이론에 영향을 주었으나 그 특유의 상징주의와 신비주의 때문에 그동안 심리학자들로부터 경시되어 왔다.

(1) 정신의 구조

융은 전체적 성격을 정신으로 보았다. 그는 인간이 전체적 성격을 갖고 태어나며 일생을 통해 이러한 타고난 전체성을 분화하고 통합해 간다고 보았다. 전체적인 성격인 정신의 수준을 크게 의식과 무의식으로 구분하였다. 더 나아가 무의식을 개인적 무의식과 집단적 무의식으로 세분화한 후 집단무의식을 중심으로 그의 분석심리학을 확립하였다.

① 의식

의식은 우리가 직접 알고 있는 정신의 부분이다. 의식은 자아(ego)에 의해 지배된다. 자아는 정신 전체 속에서는 작은 부분을 차지하지만 의식에 이르는 문지기로 인간은 자아를 통해 자신을 외부에 표현하고 외부현실을 인식한다. 자아는 인간에게 동일성과 연속성의 감정을 가져오며 인간 자신의 관점에서 볼 때 이것은 의식의 중심에 있다.

융은 비록 억압을 타당한 심리학적 메커니즘으로 인정하지만, 마음 내부의 분열과 분리를 더 중시했다. 그리고 이런 분리된 부분을 또 다른 인성으로 파악하여 자아와 동등한 개념, 혹은 자아의 기능을 떠맡을 수 있는 기능으로 생각했다.

의식과 관련하여 중요한 내용이 태도와 기능이다. 태도는 의식의 주인인 자아의 정신적 에너지의 방향이다. 즉, 자아가 외부 대상에 대해 지향하는 방향이 수동적인가(내향성) 능동적인가(외향성)에 따라 성격·태도가 결정된다. 또한 의식의 기능은 주관적 세계와 외부 세계를 지각하고 이해하는 서로 다른 방식을 의미한다. 융이 제안한 정신적 기능의 구성 요소는 사고, 감정, 감각, 직관이다. 이러한 구성 요소는 그가 제안한 정신의 반대의 원리에 따라 합리적 차원(사고-감정)과 비합리적 차원(감각-직관)으로 구분된다.

② 무의식

무의식은 아직 자아로부터 의식되지 못하고 있는 모든 정신을 말한다. 궁극적으로는 그 끝을 헤아릴 수 없는 미지의 정신세계다. 여기서 무의식은 의식에 관계없이 자율적으로 활동하고 창조적 기능을 한다. 그 자체의 의도를 가지고 항상 의식과 무의식이 통합된 전체를 이루도록 작용한다. 즉, 억압된 욕구나 불안의 원인이 아닌 인격의 창조적 변환을 향한 무의식에는 의도성이 있고 목적의미가 있다.

무의식은 무한한 가능성으로 향하는 에너지의 저장소이며, 없애 버려야 할 부정적인 것이 아닌 생명의 원천이며 창조적 가능성을 지닌 것으로 체험하여 의식으로 동화해야 한다. 무의식은 자율성, 의식 작용에 구애받음이 없이 그 스스로의 법칙에 따라서 움직이며, 의식을 구속하기보다 의식에 여러 가지 미래에의 가능성을 제시한다.

즉, 의식에 결여된 것을 보충하는 역할을 하며 개체의 정신적인 통합을 꾀한다.

무의식은 공상, 꿈, 착각, 망각, 환각, 망상, 신체 증상(히스테리)으로 표현되며, 특히 집단적 무의식의 내용은 신화, 전설, 민담, 종교 현상, 미신, 원시인의 심리와 행동 등으로 표현된다.

(a) 개인무의식

개인무의식은 의식에 인접해 있는 부분으로 쉽게 의식화될 수 있는 개인의 경험세계에서 억압 또는 망각된 개인적인 정신 내용이다. 즉, 한때 의식하고 있었으나 그 후 억압해 버렸거나 잊어버린 경험들로 구성된다. 고통스러운 느낌이나 생각들은 아직 의식에 떠오르지는 않지만 억압되고 무시당한 채로 무의식에 남아 있다. 개인무의식은 의식되었지만 그 내용이 중요하지 않거나 고통스러운 것이기 때문에 망각되었거나 억압된 자료의 저장소다.

(b) 집단무의식

집단무의식은 출생과 함께 이미 갖추어져 있는 보편적이고 선험적인 내용으로서 과거의 조상들로부터 물려받은 것으로, 한 세대에서 다음 세대로 전달되어 온 중대한 기억들이며 정신 활동의 뿌리다.

이는 융이 제안한 독창적인 개념으로 분석심리학의 이론 체계에서 가장 핵심적인 개념이다. 사람들이 역사와 문화를 통해 공유해 온 모든 정신적 자료의 저장소다. 집단무의식은 인류 역사를 통해 선조로부터 물려받은 우리의 행동에 영향을 주는 정신적 소인인 수없이 많은 원형(archetype)으로 구성된다. 집단무의식은 직접적으로 의식화되지는 않지만 인류 역사의 산물인 신화, 민속, 예술 등이 지니고 있는 영원한 주제의 현시를 통해 간접적으로 관찰될 수 있다. 즉, 태어날 때부터 가지고 나오며 시대, 인종, 종교, 문화, 지리적 차이에 관계없이 모든 인류에 공통된 인간의 근원적인 행동조건인 원형으로 구성된다.

● 원형

집단적 무의식을 구성하는 원형은 시간, 공간, 문화, 인종, 지리적 조건의 차이를 막론하고 인간이면 누구에게나 있는 근원적인 인간 체험의 전제조건이다. 원형은 인류의 근원적인 행동유형의 조건이며 언제나 누구에게나 선천적으로 존재하며 강렬한 에너지를 지닌다. 이는 형태(form)가 있는 이미지 혹은 심상이지 내용(content)은 아니다. 상징은 원형의 외적 표현이다. 원형은 인간의 보편적 · 집단적 · 선험적인 상상들로 융의 분석심리학에서 주요한 구성 요소다. 사람들이 삶을 영위하면서 형성해 온 수많은 원초적 이미지(신, 악마, 부모, 대모, 현자, 영웅 등)가 원형이다. 즉, 어떤 경험들은 수세기 동안 거듭 반복되어 심령 속에 새겨지게 되는데, 이로부터 고대와 현대의 일치성이 가능하다는 것이다. 이러한 우주적 경험이 심상으로 나타나는 것이 원형이다.

● 그림자

그림자(shadow)는 인간의 어둡거나 사악한 측면을 나타내는 원형이다. 인류 역사를 통해 의식에서 억압되어 어두운 무의식에 있는 자료 및 인간의 원초적인 동물적 욕망에 기여하는 원형이다. 이는 대개 미숙하고 부정적인 감정을 일으키며 도덕적인 갈등을 야기한다. 즉, 사회규범에 맞지 않아 고의적으로 억압된 것으로, 투사를 통해 표현된다. 그림자는 가장 선한 국면과 악한 국면을 모두 포함하므로 특히 문제시되는 원형이다. 이런 동물적이고 원시적인 추동을 억압하지 못하면 사회의 관습이나 법률과 충돌하기 쉽다. 그러나 그림자는 동물 본능의 근원일 뿐 아니라 자발성, 창의력, 통찰력, 그리고 깊은 정서 등 완전한 인간성에 필수적인 성격의 원천이기도 하다. 그림자가 완전히 억압되어 있을 때는 성격이 단조롭고 무기력할 뿐만 아니라 자기 본성의 나쁘고 부정적이고 어두운 본능이 돌출될 가능성이 있다.

● 아니마와 아니무스

융은 인간이 본질적으로 양성을 가지고 태어난다고 보았다. 이러한 이론적 입장을 반영한 개념이 아니마와 아니무스다.

아니마(anima)는 남성 속에 있는 여성성이며 남성의 내면적 인격을 말한다. 이것에 의해 여성을 이해하게 된다. 미숙한 아니마는 감상적 기분, 폭발적 감정, 요변스러움으로 나타난다. 아니마의 이미지는 다양하고 무의식적이며, 한 사람의 여성에게 투사되기도 하고 때로는 여러 명의 여성에게 연속적으로, 혹은 동시적으로 투사되기도 한다. 아니마의 원천에는 어머니의 영향력 외에도 유전적으로 물려받은 이미지가 있다.

아니무스(animus)는 여성 속에 있는 남성성이며 여성의 내면적 인격을 말한다. 판단, 생각하는 것, 지혜로 표현이 여기에 속한다. 한 가족 내의 소년과 소녀는 비슷한 환경에 있으므로 소녀는 어느 정도 소년(오빠나 남동생)의 틀에 준거해서 이성에 대한 이미지를 형성할 수 있다. 또한 아버지에 대한 경험을 마음속에 가장 중요한 이미지로 간직하게 된다. 이를 바탕으로 소녀는 남성에 대한 관념을 구축한다. 아버지는 선택에 의해서든 운명에 의해서든 소녀가 만나는 첫 번째 남성으로, 평가 기준이자 모델이 된다.

성숙한 인간이 되기 위해서 남자는 내부에 잠재해 있는 여성성, 즉 사랑을 이해하고 개발해야 하며, 여자는 내부에 있는 남성성, 즉 이성을 이해하고 개발하는 것이 필요하다.

● 페르소나

페르소나(persona)는 환경의 요구에 조화를 이루려고 하는 적응의 원형이다. 이는 사회 상황과 사회관습의 요구에 따라 응답하여 쓰는 가면을 말한다. 즉, 사회가 부과하는 역할이며 사회가 연출하도록 각 사람에게 기대하는 부분이다. 자아가 페르소나와 지나치게 동일시되면 그 사람은 진정한 자신으로부터 소외되어 페르소나와 자기의 본성을 구별하지 못하게 된다. 따라서 페르소나는 내면적 인격과 다르다는 것을 알고 있어야 한다. 건강한 성격이 목표로 하는 것은 페르소나를 축소하고 나머지 성격을 개발시키는 것이다.

페르소나는 진정한 자신이 아닌 어떤 것으로 나타내 보이려고 사용하는 가면으로, 그 자체가 해로운 것은 아니다. 페르소나는 내가 나로서 있는 것이 아니고 남에게 보이는 나를 부각하고자 하는 특징이 있다.

● 자기

자아(ego)는 일상의 나, 경험적 나, 객체라고 보는 반면, 자기(Self)는 본래 나, 선험적 나, 주체라고 볼 수 있다. 자아가 의식의 중심이라면, 자기는 전체 정신의 중심으로서 정신의 전체를 실현시킬 수 있는 잠재력을 지닌 원형이다. 자아는 의식적인 지각, 기억, 생각, 감정으로 이루어져 있다. 정신의 전체 속에서 작은 부분을 차지하고 있을 뿐이지만, 의식의 문지기라는 매우 중요한 구실을 맡고 있다. 자기라는 원형은 인생에서 전체성, 중심성, 생의 의미를 경험하는 인간 본래의 정신적 소인의 표현이다. 따라서 자기는 모든 의식과 무의식의 주인이다.

융은 인간이 실현하기 위해 타고난 청사진을 자기로 보았다. 자기는 전체로서 인간 성격의 조화와 통합을 위해 노력하는 원형이다. 자기는 정신의 중심인 의식과 무의식의 양극성 사이의 평형점이다. 자기는 다른 정신 체계가 충분히 발달할 때까지 나타나지 않는다. 자기는 인생의 가장 결정적인 변화의 시기인 중년의 시기에 나타난다. 개인의 자기실현은 자신에 대한 정확한 지각과 미래의 계획 및 목표를 수반한다.

(2) 분석심리학과 예술치료

분석심리학의 치료 방법은 전이의 분석, 적극적 명상, 꿈 분석 등 다양하다. 그 치료법은 신체 동작, 연극, 예술, 모래놀이, 심리극 또는 이러한 방법들을 절충적으로 섞어 작업하기도 한다.

융의 분석심리학을 이론적 근거로 받아들이는 미술치료사들은 모든 그림의 표현에 나타나는 원형적 형상을 재구성하는 것, 즉 '원형'과 '근원적 상징'을 재구성하는 것이 중요하다는 점에 일치된 견해를 갖고 있다. 융의 분석심리학적 미술치료에서는 즉흥적인 환상, 적극적 명상 및 꿈이나 꿈의 시리즈를 그림으로 그리는 과정이 중요하다. 내담자의 심상과 꿈은 한 개인의 무의식적 내용을 투사할 뿐만 아니라 인류의 경험이 내재한 원형적 집단무의식도 그림에 상징적으로 표현되기 때문에 미술치료 기법으로 적극적 명상(active imagination)을 많이 사용하고 있다.

특히 적극적 명상이라 불리는 이미지 접근법은 미술치료 외에도 다른 예술치료 분야와 잘 접목된다. 음악치료에서는 '유도된 심상과 음악(G.I.M)'과 연결되어 있고, 춤/

동작치료에서는 '진정한 움직임(Authentic Movement)', 연극치료에서는 '스토리텔링'과 연결되어 있다. 적극적 명상은 무의식에 내재된 이미지나 콤플렉스 내용이 아직 의식화되지 않았거나 정의되지 않았을 때 그 내용을 수면 위로 떠오르게 하는 기법이다. 명상에 잠긴 채 이야기를 듣고 난 후에 그림을 그리거나 음악과 놀이를 통해 무의식의 내용을 드러낼 수 있다. 이것은 적극적 명상이 예술치료에 다양하게 활용될 수 있다는 것을 의미한다. 모래놀이 또한 적극적 명상의 한 형태다. 상징적인 놀이는 강력한 치료효과를 발휘한다. 때로는 종교적 제의식이나 드라마 역시 적극적 명상의 한 형태가 된다. 적극적 명상을 위해 치료사는 내담자에게 너무 많은 말을 할 필요가 없다. 꿈이나 환상 분석과 마찬가지로 적극적 명상 과정에서도 확충(amplification)이 적용된다.

또한 융은 자신의 체험을 통하여 만다라 그리기의 치유적 의미를 발전시켰다. 융은 환자들 무의식의 심리 활동을 통하여 표현하는 만다라의 상징 의미를 심리분석에 적용하였다(정여주, 2005). 그에 의하면 만다라를 그리는 것은 인간의 무의식에 있는 원형을 일깨워 주는 것이며, 인간에게 내적 기쁨과 내적 질서와 생명의 의미를 찾아주는 자아 치료적 작업이다.

3) 인본주의 심리학

로저스(Rogers)에 의하면, 인간은 자신의 잠재력을 실현하려는 경향성이 있다. 이는 인간에게 타고나는 것으로 간주된다. 즉, 모든 사람은 이미 태어나는 순간부터 자신이 되고자 하는 그 무엇도 될 수 있는 가능성과 잠재력을 가지고 있다. 어떤 사람이 현재 시점에서 좌절을 겪고 있다 하더라도, 그것은 가능성이나 잠재력이 부족해서 그렇게 된 것이 아니다. 차라리 그것은 그가 자신의 가능성을 발견하지 못하여 제대로 실현하지 못했기 때문이다.

실현 경향성은 심리적 문제에 적용하면, 인간은 본래부터 부적응 상태를 극복하고 정신적 건강 상태를 되찾을 능력이 있다고 해석된다. 따라서 인본주의적 상담에서 상담자는 전문적인 기법을 동원해서 내담자의 문제를 해결해 주는 것이 아니라 내담자 스스로 자신의 문제를 해결해 나가도록 촉진해 주는 역할을 한다(이장호, 정남운, 조성호, 2006).

(1) 자기 개념

로저스의 인본주의 심리학에서 중심 개념은 '자기(self)'이다. 이 자기 개념은 자기 자신에 대한 지각과 가치평가로서 자기가 어떤 사람인가에 대한 자기인식이다. '나는 부지런하다.' '나는 정직하다.' '나는 마음먹은 일은 꼭 해낸다.'와 같은 자기 자신에 대한 신념을 이야기한다. 이러한 자기 개념은 그 자체를 유지하려는 성향이 있어서 자기 개념에 일치하지 않는 생각이나 행동은 부정하고, 일치하는 생각이나 느낌, 행동은 비록 자신이 직접 경험한 것이 아니더라도 마치 자신이 직접 경험하고 느끼고 생각한 것처럼 왜곡한다. 그래서 다른 사람이 보기에는 완벽해 보이는 사람이라 하더라도 자신은 언제나 덤벙거리고 실수를 하는 사람이라는 부정적인 자기 개념을 가진 사람은 자신에 대해서 만족하지 못하고 불행한 사람으로 자신을 인식한다.

결국 자기 개념은 조직화되고 일관된 지각의 패턴을 나타낸다. 비록 자기는 변하지만 항상 패턴으로 형성되고, 통합되고, 조직화된 특성을 가진 자기 개념을 유지한다. 자기와 관련된 구조적 개념은 이상적 자기(ideal self)다. 이상적 자기는 개인이 가장 소유하고 싶은 자기 개념으로, 잠재적으로 자기와 관련되고 개인이 높게 가치를 부여하는 지각과 의미를 포함한다.

(2) 가치 조건화

로저스는 인간에게 자기와 타인의 구분이 생겨남과 동시에 타인으로부터 사랑과 관심을 받고자 하는 욕구가 생긴다고 가정한다. 나아가 타인뿐만 아니라 자기 스스로 자신을 사랑하고 아끼고자 하는 욕구도 생겨난다. 그리고 주위의 타인으로부터 오는 가치 체계에 따라 자신의 말이나 생각, 행동 등을 판단하고 평가한다. 이러한 경험을 통해 타인의 가치 체계가 자신의 가치 체계로 내재화되고, 내재하는 가치 체계에 의해 자신의 생각, 느낌, 행동을 평가하고 일치하지 않을 경우 부정적 자기 개념을 갖게 된다. 이러한 부정적 자기 개념을 갖지 않게 하려면 부모나 주위 사람들의 관심과 무조건적이고 긍정적인 존중이 필요하다.

아동은 기본적 욕구인 '긍정적 자기존중'을 얻기 위해 노력한다. 그리고 이러한 긍정적 자기존중 때문에 가치의 조건화 태도를 형성하게 된다. 이렇게 형성된 가치 조건화는 유기체가 경험을 통해 실현화 경향성을 성취하는 것을 방해하는 주요 원인이 된다. 가치 조건화는 아동이 주관적으로 경험하는 사실을 왜곡하고 부정하게 하기 때문이다. 부모는 자신의 판단에 따라 아동에게 해야 할 것과 하지 말아야 할 것을 정해 놓는다. 아동은 부모가 원하는 것을 할 때만 긍정적 자기존중을 받게 되고 착한 아이가 된다. 부모가 원하지 않는 것을 하면 나쁜 아이가 된다. 아동은 나쁜 아이가 되지 않기 위해 자기가 경험하는 사실을 왜곡하고 부정하게 된다. 다시 말해, 부모로부터 긍정적 자기존중을 받기 위해 자기가 하는 경험에 폐쇄적이 되어서 결과적으로 실현화 경향성을 방해하는 것이다.

갈등, 불안, 공포 등의 정서적 문제도 가치의 조건화와 관련이 있다. 내사된 가치의 조건화로 인해 긍정적 자기존중을 받으려는 욕구는 그에 반하는 어떤 경험을 회피하고 왜곡하고 부정해 왔다(노안영, 강영신, 2002).

(3) 자기와 경험의 불일치

대개 사람들의 자기 개념은 부모들이 부여한 가치 조건화의 영향을 크게 받는다. 즉, 자라는 아이들에게 부모의 가치 조건을 부여하면 아이들은 그러한 가치 조건에 맞는 자기 개념을 발달시킨다. 다시 말해, 외적으로 부여된 가치 조건에 따라 살아가게 되면 자기 개념과 경험 간에 불일치가 생기기 쉽다. 지금-여기에서 경험되는 것들은 자기 개념과 불일치되므로 결국 부정된다. 어떤 외적으로 주입된 가치 조건에 따라 무엇이 되는지 안 되는지를 결정하는 것이 아니라 순전히 자신이 어떤 사람이 되고 싶은지에 따라 자기를 발견하고 만들어 나가는 것이 중요하다.

(4) 치료사의 태도

로저스는 긍정적 변화를 이루는 필요충분조건은 진솔성, 긍정적 존중, 공감적 이해라고 언급하였다.

① 진솔성

이것은 치료사가 어떤 역할을 연기하거나 겉치레로 사람을 대하지 않으며, 자기 감정이 변화하는 대로 그 흐름에 따르고 자신을 솔직하게 내보이는 것이다. 진솔성이 중요한 이유는 자기와 경험 간의 불일치를 줄여 나가는 데 밑거름이 된다는 점이다. 인간의 심리적 문제의 발생과 인간적 성장의 지연에는 모두 자기 개념과 들어맞지 않는 감정이나 경험을 있는 그대로 수용하지 않고 부인하거나 왜곡하는 심리적 과정이 개입되어 있다. 즉, 경험과 진솔한 접촉이 차단되어 있다. 따라서 치료사가 내담자를 진실하고 솔직하게 대하는 태도를 일관되게 유지하면 내담자도 그것을 거울 삼아 자신의 경험에 대해서도 솔직하게 접촉해 나갈 수 있게 된다.

② 무조건적인 긍정적 존중

치료사가 내담자에게 무조건적으로 긍정적 존중을 보인다는 것은 어떠한 경우에도 판단적인 행동을 하지 않는다는 것을 의미한다. 치료사는 가능한 한 내담자를 전적으로 이해하고 진솔하게 수용하며, 내담자가 가지고 있는 자기이해와 긍정적 변화에 대한 자원을 완전히 신뢰한다. 이런 관계 속에서 내담자는 이전에는 허용할 수 없던 자기 개념과 불일치하는 내적 경험의 부분과 그가 강하게 방어해 온 부분을 점차로 허용할 수 있게 되며, 변화하는 새로운 자기를 긍정적으로 수용할 수 있게 된다.

무조건적인 긍정적 존중은 '나는 당신이 ~할 때에만 괜찮은 사람으로 인정하겠다.'는 것이 아니라 '나는 당신의 모습을 있는 그대로 존중하겠다.'는 태도와 같다. 즉, 내담자를 상담자의 가치 조건에 비추어 판단하거나 평가하지 않고, 그가 무엇을 말하고 느끼든 어떤 행동을 하든 간에 내담자라는 인간은 가치 있고 존중받을 만하다는 태도를 일관되게 유지해야 한다.

③ 공감적 이해

진솔성과 긍정적 존중이 내담자를 대할 때 치료사가 유의해야 할 기본적 자세나 태도와 관련된다면, 공감적 이해는 그것들을 실제로 구현하는 것과 관련된다. 공감적 이해는 치료사가 내담자를 이해하기 위하여 그의 현상학적 세계에 초점을 맞추는 것을 말한다. 즉, 지금-여기에서 나타나는 내담자의 감정과 경험을 치료사가 민감하고 정확하게 이해하는 것을 뜻한다. 이는 내담자가 이제까지 부정되고 왜곡되어 온 자신의 모습을 있는 그대로 보고 느끼고 수용하도록 하는 데 큰 도움이 된다.

(5) 인본주의 심리학과 예술치료

로저스의 인간중심 치료를 지지하는 미술치료사들은 내담자의 능동적인 참여를 중요시한다. 그림에 대한 상징과 해석에서도 일반화된 상징해석으로 접근하지 않고, 내담자가 활동을 한 후에 대화를 통해 상징을 반영할 수 있는 분위기를 제공한다. 이러한 관점은 예술치료 전반에도 영향을 미치고 있다. 특히 인본주의 심리학의 창시자인 로저스의 딸, 나탈리 로저스(N. Rogers)는 인간중심 표현예술치료를 개발하였다. 그는 인간중심 표현예술치료에서 공감, 개방성, 정직성, 솔직성, 배려라는 치료사의 자세와 내담자의 말을 깊이 경청하여 개인이나 집단이 성장하도록 촉진한다.

나탈리 로저스가 말하는 인간중심 표현예술치료는 다양한 수단을 통해 우리의 정서적, 직관적인 면을 활용하는 것을 말한다. 예술을 표현적으로 이용한다는 말은 시각예술, 동작, 소리, 글쓰기, 연극을 통해 감정을 발견하고 표현할 수 있도록 내적 영역으로 들어간다는 의미다. 인본주의적 원리를 바탕으로 한 치료에서 표현예술치료라는 용어는 비언어적이고 은유적인 표현이라는 것을 의미한다. 이는 분석적이고 의학적인 일반 예술치료 모델과는 다르다. 이들 분야에서 예술은 단지 진단하고 분석하고 치료하는 도구로만 이용되기 때문이다.

인간중심 미술치료의 목표는 내담자로 하여금 두려움, 불행, 불안에서 벗어나려는 것이 아니라, 진정한 창조적 표현의 성취로부터 오는 기쁨, 유쾌한 흥분을 얻기 위한 것이다. 즉, 고통을 회피하는 길을 찾는 것이 아니라 창조적 표현을 통해 몸과 마음, 그리고 영혼의 자유를 갖도록 하는 것이다.

참고문헌

김성숙(2001). 교육은 치료다. 서울: 물병자리.

김연희(2004). 명상을 포함한 통합예술치료가 일반인의 자아존중감 향상에 미치는 효과. 원광대학교 보건환경대학원 석사학위 청구논문.

김진숙(1993). 예술심리치료의 이론과 실제. 서울: 중앙적성출판사.

노안영, 강영신(2003). 성격심리학. 서울: 학지사.

박창호 외(1996). 현대 심리학 입문. 서울: 정민사.

신창중(2004). 유희충동을 활용한 예술치료의 통합적 접근방안. 한남대학교 석사학위 청구 논문.

옥금자 역(2007). 학교표현예술치료. 서울: 시그마프레스

이장호, 정남운, 조성호(2006). 상담심리학의 기초. 서울: 학지사.

임용자(2000). 발달 및 치료 도구로서의 유리드미(Eurythmy). 한국심리학회지: 상담 및 심리 치료, 12(2), 185-203.

임용자(2004). 표현예술치료의 이론과 실제. 서울: 문음사.

정여주(2005). 미술치료의 이해. 서울: 학지사.

홍대식 역(1990). 심리학 개론. 서울: 박영사.

Beuys, J. (1991). *"Kunst ist ja Therapie" und "jeder Mensch ist ein Künstler".* In: Petzold, H., Orth, I. (1991): Die neuen Kreativitätstherapien, Bd. I., Paderborn, Jufermann, 33-40.

Malchiodi, C. A. (1998). *Art Therapy.* (최재영, 김지연 공역. 미술치료. 서울: 조형교육. 2000).

Malchiodi, C. A. (2005). *Expressive Therapies.* New York: Gilford Press. (나양수, 백용매 공역. 표현치료. 서울: 시그마프레스. 2009).

Menzen, K. H. (2001). *Grundlagen der Kunsttherapie.* München: Reinhardt.

Nathan, A. A., & Mirviss, S. (1998). *Therapy Techniques, Using the Creative Arts.* NY: Idyll Arbor, Ins. (박희석, 류정미, 윤명희 공역. 창조적 예술치료 기법. 서울: 학지사. 2011).

Robbins, A., & Seaver, L. S. (1979). *Creative Art Therapy.* New York: Pratt Institute.

Winner, E. (1982). *Invented worlds.* Harvard University Press. (이모영, 이재준 공역. 예술심리학. 서울: 학지사. 2004).

제3장

미술을 통한 치료

개요

예술치료의 여러 분야 중에서 미술치료는 특히 시각적·촉각적 표현 매체를 사용하여 자신의 내면을 자유롭게 표현하는 방법으로 접근한다. 이 장에서는 미술치료의 역사와 함께 미술치료의 정의 및 특성, 치료 과정, 그리고 미술치료에서 가장 중요한 미술 재료와 해석 부분에 대해 여러 각도로 살펴본다.

학습 목표

미술치료의 역사와 미술치료를 하기 위한 환경적 측면, 즉 미술치료가 무엇이며 어떤 효과가 있는지, 재료의 특성 및 작품 해석 방법을 이해함으로써 미술치료 전반에 대한 기초적인 이론 습득과 더불어 실제 적용 방법을 알 수 있다.

주요 용어

| 미술치료 | 미술 재료 | 미술치료 과정 |
| 미술치료 공간 | 평가, 정화 경험, 성장 | 해석 |

1. 미술치료의 역사

미술치료는 자신을 표현하는 하나의 수단으로 미술이라는 매체를 사용하여 치료 사가 치료 목표에 따라 미술 과정에 개입하여 내담자에게 당면한 문제를 함께 해결해 나가는 것이다. 따라서 미술치료에는 미술과 심리치료라는 요소가 함께 포함되어 있다. 이에 미술치료의 역사도 미술 영역과 심리치료 영역이라는 두 부분을 함께 살펴 보아야 할 것이다.

1) 미술 영역

선사시대의 동굴벽화를 보면 치유의 믿음을 가지고 벽화를 그려 놓고 개인 및 집 단의 기원을 담은 의식을 치른 것을 볼 수 있다. 미술치료의 역사는 바로 이러한 고대 벽화에서 그 기원을 찾을 수 있다.

이러한 기원을 볼 때 인간의 예술 창작 행위는 누구도 가르쳐 주지 않은 내면의 본 질적 경향임을 알 수 있다. 이후 맥그레거(MacGregor, 1989)가 미술과 심리학의 상 호연관성에 대한 역사를 밝히는 것을 시작으로 주로 미술과 정신질환자의 예술작품 을 고찰하면서 정신적 문제를 치료하고 진단하는 데 유용한 치료제로 미술을 바라보 기 시작하였다(Malchiodi, 2003).

2) 심리치료 영역

심리치료의 아버지라 할 수 있는 프로이트를 통해 20세기에 와서 미술 표현이 개인의 내면세계와 성격과 관련될 수 있음이 밝혀진 것을 시작으로, 미술치료는 제2차 세계대전 중 영국과 미국의 병원에서 시작되었다. 특히 우드(Wood)는 치료로서의 미술이 1930년대 후반에서 1950년대 후반기 병원 환경에서 처음 소개되었다는 것을 발견하였다. 초기에는 미술치료가 보조적인 치료 방법으로서 이용되었다. 그러면서 20세기 중반에 본격적으로 미술치료가 독립된 영역으로 확산하였다.

초기에 미술치료 분야를 발달시킨 대표적인 두 학자는 나움버그(Naumburg)와 크레이머(Kramer)다(Malchiodi, 1998).

미술치료의 어머니(Junge & Asawa, 1994)라 할 수 있는 나움버그는 미술치료 분야의 개척자 역할을 한 사람으로, 주로 치료에서 미술을 매개체로 사용하는 입장(Art in Therapy)으로 당시 지배적이던 정신분석적 시각에 동조하여 무의식의 이미지를 드러내기 위한 방법으로 미술을 인식하였고, 내담자의 미술작품은 무의식을 나타내는 상징적 의사소통의 한 형태임을 강조하였다.

나움버그와는 반대로 크레이머는 미술 작업 과정 자체가 치료적 효과를 가져온다는 입장(Art as Therapy)의 미술가이자 미술교육자다. 크레이머는 아동들을 주대상으로 미술치료를 실시하였고, 내담자가 미술 작업 과정을 통해 어떻게 자신의 갈등을 표출하고 파괴적 에너지를 긍정적 에너지로 전환시키는지에 주목하였다. 따라서 크레이머(1998)는 미술치료는 유용하고 치료적인 개입 전략을 설명해 주는 표현 매체에 대한 역동이나 무의식 내용의 해석 없이도 그 자체로서 아주 유용하다고 믿었다. 미술이라는 매체를 통해 자신의 내면 통로를 다시 열고, 승화하고, 수용될 수 없는 무의식적 충동을 수용 가능한 것으로 바꿀 수 있기 때문에, 아동이 의식적인 자각이나 통찰 없이도 문제를 해결하고 해결점을 찾는 데 미술 활동이 도움을 준다고 보았다.

크레이머와 나움버그가 미술이라는 매체로 자유롭게 표현하는 것을 위주로 하였다면, 특정한 주제를 주어 아주 구체적인 목표를 이루도록 하기도 하였는데 이러한 입장을 취한 학자가 랜드가르텐(Landgarten, 1981)이다. 랜드가르텐(Landgarten,

1981)은 가족 미술치료의 맥락에서 서로 다른 가족 구성원에게 특정 과업을 부과하기도 하였다. 예를 들어, 정서나 역할 투사의 가능성을 알아보기 위해 부모에게 현재 자녀의 연령에 맞춰 그 연령대의 자기 모습을 그려 보라고 요구하기도 하였고, 입원과 같은 스트레스적 사건을 경험한 아동에게 병원을 그리라고도 하였으며, 병원에 갔을 때 얻을 수 있는 좋은 점들을 그림으로 표현하게 하기도 하였다. 이런 그림들은 특정 사건과 관련된 문제해결 과정에서 사용할 수 있다. 또 다른 예로는 악몽으로 고통받는 아동에게 몬스터를 만들어 보라고 하여, 꿈속에서 어떤 일이 일어나는지를 보여 달라고 요구하기도 하였다. 그리고 나서 경찰관의 모습을 만들어 보라고 하여 치료사 자신이 보안관 역할로 몬스터를 위협함으로써 아동이 가지고 있던 공포를 제거할 수 있었고, 마지막에는 아동에게 그 두 가지 역할을 모두 해 보게 하였다.

이후 나움버그와 크레이머의 상반된 입장을 통합한 학자가 울만(Ulman)이다. 울만은 미술치료의 여러 연구를 저술하였고 미술치료를 독립된 분야로 발달시킨 대표적인 공헌가이며, 최초로 미술치료 학술지를 출간하기도 하였다.

이 밖에도 키와코브스카(Kwiatkowska, 1978)는 미술치료에 관한 자신의 여러 치료 경험을 종합하여 가족치료에 도입해 가족 미술치료 기법을 발달시켰고, 일반인들을 위한 미술치료 저서를 출간하였다(Ulman, Kramer, & Kwiatkowska, 1978).

그리고 현대에 와서 많은 미술치료 문헌이 쏟아져 나왔으며, 특히 루빈(Rubin)은 많은 저서를 통해 미술치료 분야를 더욱 확장, 발전시키고 있다.

최근에는 미술치료를 좀 더 과학적으로 설명하려는 시도들이 나타났다. 즉, 이미지가 정서와 사고, 정신건강에 어떠한 영향을 미치는가, 혹은 그림그리기나 색칠하기 등의 미술 활동들이 뇌와 신체 반응에 어떠한 영향을 미치는가에 대한 연구들이 활발히 진행되고 있는 시점에 와 있다(Malchiodi, 2003).

2. 미술치료의 이해

1) 미술치료의 정의

미술은 어린아이가 음식물로 장난을 하듯 자기 신체를 스스로 움직일 수 있는 시기부터 가능한 활동으로, 우리 안에 자신도 모르게 잠재해 있는 창조적 능력을 일깨우는 활동 중 하나다. 즉, 미술은 자기 앞에 주어진 재료들을 가지고 놀이를 하는 것이다. 아동은 언어를 발달시키기 이전부터 미술발달 능력이 있고, 결국 미술작품으로 탄생시킨다.

그리고 최종적인 미술작품을 만들어 내기 이전의 선행 단계는 다음 네 가지로 나뉜다(Kramer, 1998).

첫 번째는 예비활동 단계(precursory activity), 두 번째는 무질서한 실험 단계(cha-otic discharge), 세 번째는 정형화된 활동 단계(stereotype activity), 네 번째는 그림문자 단계(pictograph)다.

예비활동 단계는 아동이 무언가로 끄적거리거나 덕지덕지 붙이기, 혹은 크레파스나 물감 등 매체 그 자체를 즐기는 활동을 하는 시기다. 무질서한 실험 단계에서는 주로 발산을 통해 아동 자신의 정서를 외부로 표출시키는 활동들을 하는데, 예를 들어 크레파스나 물감을 가지고 두드리기, 튀기기, 흩뜨리기 등의 활동을 하는 시기다. 정형화된 활동 단계는 그대로 따라 그리는 모방이나 모사, 패턴이나 주제를 판에 박은 듯하게 반복하여 그리기 등을 통해 자발적인 표현은 아니지만 위와 같은 활동으로 하여금 아동의 갈등과 정서를 드러내는 데 도움을 주는 활동을 하는 시기다. 마지막으로, 그림문자 단계는 언어를 대신하여 그림이나 다른 이미지를 사용해 나타내는 시기다. 그림문자가 표현미술이라는 측면에서는 미술임이 분명하지만, 그림문자는 두 사람 간의, 즉 내담자와 치료자 간의 특정한 커뮤니케이션이라는 특수한 측면이 있고, 제3자가 이해하기는 어렵다. 그림문자는 치료적 관계에서 종종 나타나며, 내담자와 치료자에게 상당히 중요한 의미를 가질 수 있다.

바로 이런 측면에서 미술을 하나의 치료 수단으로 사용하게 되는 것이다.

즉, 미술치료는 시각적으로 표현된 이미지를 통해 우리 자신이 누구인가를 이해할 수 있게 해 주고 언어로는 표현하지 못하는 생각이나 감정을 표현하도록 이끌어 준다.

아이들에게 미술 활동은 특히 무엇인가 새롭고 자기만의 것, 유일한 것을 창조하는 많은 경험을 결합시켜 주는 하나의 과정이다. 그림을 그리는 과정은 선, 모양, 색을 선택하고 변형하고 배열하기 위해 그림의 내용, 스타일, 형태와 구도 등의 다양한 구성 요소를 종합하여 아동으로 하여금 생각과 느낌, 사건, 또는 관찰한 것을 전할 수 있게 한다(김동연, 이재연, 홍은주 공역, 2001).

미술치료에서는 작품으로 남게 되는 결과와 그 작품이 만들어지기까지의 과정이 중요하게 다루어진다. 흔히 미술치료를 진단적 기능으로만 오해하는 경우가 있다. 즉, 그림 한 장만을 보고 그 그림을 그린 당사자의 특징을 해석하는 경우다. 그림의 해석은 점쟁이가 점을 보듯 그림 한 장만을 보고 이루어질 때 위험할 수 있다. 말하자면, 그림, 그림을 그리면서 보이는 태도, 그림에 대한 이야기, 이 세 가지를 자세히 관찰해야 한다.

작품을 만들기까지의 창작 과정에서 아동 스스로 치유력을 발휘하게 되고, 이를 통해 성장하게 된다. 또한 그 과정의 결과물인 작품은 그 속에 아동이 가지고 있는 갈등이나 감정, 내면의 문제 등이 담겨 이를 전달하는 역할을 하게 된다.

2) 미술치료의 특성

미술은 한마디로 표현해서 "의미 있는 상징화 작업"(Kramer, 1998)이다. 즉, "아동의 무의식적인 자기표현의 수단"(Rambert, 1964)이며, "수용되지 않는 충동을 승화를 통해 수용되는 행동으로 바꾸는 것"이고(Rubin, 2001), "혼돈에서 벗어나 질서를 부여하는 것"(Ulman, 1971: Rubin, 1978에서 재인용)이다.

아동의 발달적 측면에서 미술은 특히 많은 도움을 준다.

우선 아동들이 소망을 충족하고, 충동을 통제하고, 정서와 욕구를 표현하고, 두려움이나 보복이 없는 대인관계를 재창조하는 데 상징적으로 이용된다(Rubin, 2001).

아동의 정상적인 욕구를 반영하는 이런 기능과 함께(Kohut, 1984), 미술은 또한 욕구를 이상화하기도 한다. 미술은 아동이 발달이론가들이 제시한 중요한 발달적 욕구를 만나도록 도와주는 융통성 있는 발달의 매개체(Kohut, 1984)라 할 수 있다.

아동들에게 미술치료가 갖는 가치는 다음과 같다(이재연, 서영숙, 이명조 공역, 1995).

첫째, 미술은 아동으로 하여금 그들의 정신과 감각을 사용하도록 한다. 아동은 미술 활동에 앞서 먼저 생각해야 하며, 환경에 대한 지식을 활용하고 여러 감각을 통합시켜 그림이나 조각 등 여러 가지 미술작품을 만들어 가기 때문에 미술 활동은 인지적 능력을 활성화시킨다.

둘째, 아동은 과거나 현재의 사건과 관계되는 생각이나 감정, 심지어는 미래에 대한 생각까지도 표현할 수 있다.

셋째, 미술 활동은 아동으로 하여금 사회적으로 수용되며 해롭지 않은 방식으로 분노, 적대감 등을 해소시킬 수 있는 정화의 기능이 있다. 다른 사람에게 공격적인 아동 중에는 자기의 부정적인 감정을 어떻게 해소할 수 있는지 그 방법을 잘 몰라서 그렇게 신체적으로 공격적인 행동을 할 수도 있다.

넷째, 미술 활동은 아동 스스로 주도하고, 조절하는 활동이다. 미술작품은 아동 자신이 한 활동의 결과로서 아동의 자아를 고양시켜 준다.

다섯째, 미술 재료를 선택하고, 미술 활동을 해 나가면서, 또 완성된 작품을 통해 아동은 성장과 성취감, 개인적인 만족감과 가치감을 느낄 수 있다.

여섯째, 미술은 주저하거나 말이 없는 아동과 친밀감을 형성하여 치료관계를 이루는 데 한 방법이 되므로 치료사에게 유용하다.

일곱째, 미술은 치료사로 하여금 아동의 마음을 다치게 하지 않고, 아동의 방어기제를 허물어뜨리지 않으면서 아동의 무의식 세계를 알아 볼 수 있게 해 준다.

여덟째, 미술은 여러 정보와 더불어 아동에 대한 보충적 자료가 되므로 아동을 진단하는 데 도움을 준다. 아동은 미술 활동을 통해 순간순간의 진실을 그대로 드러낸다. 가령 아동이 극도로 자신을 방어하고 있을 때는 그림을 전혀 그리지 않거나 선만 그어 댄다든지, 혹은 똑같은 것만 계속 그리는 것 등을 보아 알 수 있다.

3) 미술치료의 과정

미술치료는 크게 평가, 정화(카타르시스)의 경험, 성장이라는 다음의 세 가지 과정으로 진행된다(Brems, 2002).

(1) 평가

평가 단계에서 미술을 이용하는 것은, 치료사가 아동의 사례를 개념화하는 데 도움을 주는 진단적 정보를 이끌어 내는 데 도움이 되기 때문이다. 평가 단계뿐 아니라 치료 과정을 결정하고 종결을 준비시키는 데에도 미술을 사용하며, 이러한 모든 과정에서 치료사는 미술치료 과정과 결과물의 변화를 평가함으로써 아동의 성장과 성숙을 판단한다.

진단을 내리거나 내담자를 평가하기 위한 여러 방법이 개발되었는데, 예를 들어 DAP(Draw-A-Person Test), HTP(House-Tree-Person Test), K-HTP(Kinetic House-Tree-Person), KFD(Kinetic Family Drawing) 등이 있다. 이런 모든 기법은 아동에게 제공되는 목적과 그것이 이끌어 내는 내용에서 조금씩 다르다. 그러나 평가 단계에서 아동으로부터 부가적인 정보를 이끌어 낸다는 점은 공통적이다.

(2) 정화(카타르시스) 경험

정화(카타르시스)를 경험하기 위해서는 아동이 과거에 경험한 것을 다시 한 번 하도록 격려된다. 예를 들어 아동이 분노가 표출되는 사건을 회상하면서 점토를 마구 두드려 댄다면 활화산을 만들어 보도록 할 수 있다. 현재 사건과 연관된 정서를 표현하는 것은 자신의 정서적 욕구에 대한 자유로운 표현 혹은 카타르시스를 경험하게 한다. 아동이 카타르시스의 목적으로 미술을 이용하는 것은 정서와 갈등을 안전하게 방출하고 통제하도록 하게 한다. 여기서 치료사의 역할은 아동에게 자신의 정서와 욕구, 표현에 대한 제약 없는 경험을 격려하고 조장하는 것이다.

(3) 성장

　마지막으로, 미술을 성장과 촉진의 매개체로 이용하는 것은 치료사와 아동 사이의 신뢰감이나 치료적 관계의 형성을 돕는다. 또한 문제해결의 대안적 수단을 배우고 창조적 작업을 촉진하도록 도와주기 위한 것이다. 대안적 방안의 탐색이나 다양한 매체를 통한 창조적인 작업은 이런 측면에서 매우 유용하다. 아동은 다양한 해결 방법을 시도할 수 있고, 이를 통해 융통성과 대안적 접근방식을 기르게 되는데, 이는 성장 과정에서 특히 중요하다. 미술 재료의 사용은 여러 기술과 발달을 촉진한다. 이어서, 작품이 완성되었을 때 완성 그 자체가 자기신뢰감을 증진시키는 데 기여한다. 마지막으로, 자존감의 증진과 문제해결력의 증진, 그리고 대안적 방법의 탐색을 통해 미술은 갈등의 해결을 조장한다. 아동은 창조적인 활동 과정과 결과물을 통해서 갈등을 자유롭게 표현하고, 그렇게 함으로써 해결과 통제를 경험하게 된다. 아동과 치료사가 성장의 목적으로 미술을 사용할 때 가장 중요한 것은 그 목표와 그 후의 해결책에 대한 해석이다.

　미술을 치료적 목표를 돕기 위해 사용하고, 아동과 치료사 간의 상호작용을 발전시키는 데 사용하기 위해서 치료사는 창조의 과정과 미술작품의 의미를 이해해야만 한다. 즉, 아동의 행동과 작품이 드러내는 바를 잘 해석하는 능력은 치료 기법으로서 미술을 유용하게 이용하는 데 결정적인 요소라 할 수 있다. 그러므로 초보 치료사는 미술 작품이 갖는 상징성, 작품이 만들어지는 과정의 의미에 대해 친숙해지도록 많은 시간을 투자하여야 한다. 그러나 중요한 사실은 놀이와 상징 면에서 동일한 과정과 형식, 결과물이라 할지라도 아동과 상황에 따라서 각기 다른 의미를 가질 수 있기 때문에 개방된 마음 자세로 아동의 미술치료 과정에 접근하고, 개인의 고유한 특성에 근거해서 그 의미와 중요성을 인식하는 것이 중요하다.

4) 미술치료 공간과 재료

　미술치료를 실시하는 공간으로는 모든 치료에서와 마찬가지로 우선적으로 비밀이 지켜질 수 있는 공간이며 충분한 채광과 미술 도구들이 갖추어진 개별적인 공간이 가장 좋다. 그러나 복지관이나 쉼터에서 별도의 공간을 마련하지 못할 수 있는데 이런 경우에는 최소한이라도 다른 공간과 구분하여 미술작업 활동을 할 수 있게 하는 것이 좋다.

　미술치료실은 다른 치료실과는 달리 별도의 전시 공간이 있는 것이 좋다. 자신의 작품을 걸어 두고 이야기할 수 있게 벽이나 게시판 등을 이용할 수 있다. 또한 3차원

그림 3-1 　미술치료실 공간

그림 3-2 　재료장

작품을 보관할 수 있는 작품 보관장을 두면 좋다.

미술이라는 매체가 중요한 역할을 하는 미술치료에서는 몇 가지 기본적으로 갖추어야 할 미술 재료의 조건들이 있다(김진숙, 2001; Malchiodi, 2003).

첫째, 연령과 발달 수준에 맞는 재료여야 한다. 여러 연령대의 아동에게 모두 똑같이 좋다고 할 수 있는 재료들은 없다. 예를 들어, 핑거페인트는 다른 재료, 즉 크레파스나 붓, 혹은 매직을 사용하여 그릴 만큼 운동 협응 능력이 발달하지 못한 유아들에게 적절하고, 좀 더 연령이 높은 아동들에게는 크레파스나 붓이나 매직을 사용하게 하는 것이 더 적절할 수 있다. 또한 점토는 발달지연을 보이는 아동이나 유아들에게는 훌륭한 재료로 인식되고 있다. 점토는 연령대를 막론하고 기본적인 감각자극을 제공해 대상관계를 발달시키도록 아동을 돕고, 또한 퇴행을 돕는 데 아주 좋은 재료라 할 수 있다.

둘째, 아동이 다루기 쉬운 재료여야 한다. 다루기 어려운 재료를 선택하여 표현하는 것에 치중하여 재료를 다루는 데 너무 많은 시간을 보내다 보면 미술치료에서 중요하게 생각하는 창작 과정에 몰입하기 어렵다. 또한 미술치료를 진행하는 시간과 공간의 제한이 있으므로 그 안에서 충분히 만족할 수 있는 작업이 되기 위해서도 누구나 다루기 쉬운 재료를 사용하여야 한다.

셋째, 재료의 선택은 아동이 하도록 한다. 아동에게 도움이 되는 재료라고 해서 아동이 불안해하는데도 계속해서 재료의 사용을 강요해서는 안 된다. 예를 들어, 점토를 사용하는 데에 분명히 두려움이 있는 아동에게 그 연령대에 유용한 재료라고 해서 계속 점토를 사용하도록 부추겨서는 안 된다. 유사한 특성을 가진 다른 재료를 통해 서서히 성장하도록 도와야 한다. 또한 아동이 이미 사용해 본 경험이 재료 선택에 영향을 미치기도 한다는 사실을 염두에 두어야 한다. 어떤 매체는 예전에 아동이 접해 본 적이 있기 때문에 편안하게 여길 수 있지만, 또 어떤 매체는 그 경험이 부정적이었거나 성공적이지 못했기 때문에 편안하지 않을 수도 있다. 그러므로 치료사는 가능한 한 다양한 재료를 갖춰놓고, 그것을 사용하도록 격려하는 것은 아동마다의 경험, 욕구, 흥미에 따라 주의 깊게 고려하여야 한다.

넷째, 재료의 품질이 중요하다. 값비싼 재료라고 해서 반드시 우수한 재료라고 할 수는 없지만 어느 정도의 단단하고 견고한 특성을 가져야 한다. 예를 들어, 질 낮은 갱지보다는 좋은 화지에 그리는 것이 나을 수 있다.

다섯째, 재료를 소중하게 다루어야 한다. 좋은 재료라 할지라도 보관을 소홀히 하거나 마구 다루면 재료의 가치가 내담아동에게 잘못 전달될 수 있을 뿐 아니라, 반대로 치료사가 아동이 다룰 재료를 잘 다루고 보관하는 것을 통해 아동을 존중하는 마음을 전달할 수 있다. 예를 들어, 잘 나오지 않는 싸인펜이나 오래되어 굳은 물감, 부러진 크레파스 몇 개, 잘 씻어 놓지 않은 붓으로 작업을 이끌어 나가는 것은 바람직하다고 볼 수 없다.

여섯째, 미술치료사는 미술 재료에 대해 본인이 미리 충분히 경험해 보아야 한다. 미술치료에서 사용하는 모든 미술 재료는 내담아동에게 사용하기 전에 반드시 치료사가 먼저 사용해 보아 내담아동의 특성에 맞는 재료, 재료의 특성 등을 파악하고 있어야 한다.

다음으로 미술치료실에 구비해 두어야 할 기본적인 재료들은 다음과 같다.

① 종이류
- 도화지나 켄트지
- 색종이, 한지, 화장지, 신문지

그림 3-3 미술 재료: 종이류

- 모눈지, 하드보드지, OHP 필름, 다양한 포장지, 셀로판지, 사포지 등

◉ 준비 POINT

종이류는 색과 크기가 다양하게 준비되는 것이 좋고, 큰 종이를 세모나 원으로 잘라서 준비하거나 핑킹가위나 하트 모양 등 색다른 모양의 종이를 준비해 두는 것도 좋다. 색도 다양할수록 좋고 금색, 은색 등도 갖추어 놓으면 좋다.

② 회화 재료

- 연필: 2H, HB, 2B, 4B 등 다양하게 준비
- 지우개
- 목탄, 콘테
- 싸인펜, 매직펜, 볼펜, 분필 등
- 파스텔, 크레파스 등
- 물감류: 수채화 물감, 아크릴 물감, 동양화 물감, 마블링 물감, 포스터 물감, 페이스페인팅 물감, 먹물 등
- 붓: 다양한 크기와 모양의 서양화 붓, 동양화 붓, 페인트 붓 등
- 파레트, 이젤 등

그림 3-4 미술 재료: 회화

◉ 준비 POINT

재료의 성질에 따라서 내담자에게 미칠 수 있는 영향을 고려해야 한다. 예를 들면, 물감과 같이 유동성이 강한 재료는 충동적이고 산만한 아동에게는 적절하지 않고, 연필이나 싸인펜과 같이 통제성이 강한 재료는 위축되거나 소극적인 아동에게는 적절하지 않다. 따라서 최대한 아동에게 재료 선택권을 주되 선택한 재료가 아동에게 도움이 되지 않을 경우에는 유사한 성질의 다른 재료를 선택할 수 있도록 선택범위를 작게 하는 것이 바람직하다. 예를 들어, 수채화 물감을 선택한 ADHD 아동에게는 물이 적게 사용되는 포스터 물감이나 파레트 물감(시중에서 판매하는 파레트에 물감이 채워져 있는 상태)을 주어 둘 중 하나를 선택하도록 하는 것이 좋다. 이는 다음의 조소 재료에서도 고려되어야 할 점이다.

우리는 선이나 형태 위주의 표현을 하면 인지적 작업이 우세한 사람으로, 색채 위주의 표현을 하면 감정적 작업이 우세한 사람으로 흔히 생각한다. 따라서 자유롭게 재료를 선택하고 작품을 완성했을 때 선이나 형태 위주의 표현이 반복되는 경우는 인지적 작업이 우세한 사람으로, 색채 위주의 표현이 반복되는 경우는 감정적 작업이 우세한 사람으로 연결지어 볼 수 있다.

③ 조소 재료
- 점토류: 찰흙, 색찰흙, 고무찰흙, 유성점토, 지점토, 플레이도우, 천사점토 등
- 작업 도구: 줄칼, 다양한 점토용 도구, 망치, 철사, 실, 나무, 물통, 마늘압착기, 쿠키 커터, 포크 등

> **⊙ 준비 POINT**
>
> 점토류도 다양하게 준비될수록 좋은데, 재료비가 부담이 될 경우에는 밀가루 반죽을 적당하게 만들어 사용할 수도 있다. 점토류는 작품으로 만들어진 후 잘 부서지고 보관하기가 어렵기 때문에 보관에 특히 유의해야 한다.

④ 기타 재료

- 콜라주 재료: 신문지, 전단지, 잡지, 천, 털실, 색실 등
- 가위, 칼, 풀, 반짝이풀, 스카치테이프, 양면테이프, 본드, 펀치, 글루건
- 다양한 색과 굵기의 리본, 노끈, 풍선, 깃털, 반짝이 가루, 색 라커 등
- 수수깡, 백업, 스티로폼, 우드락, 분무기, 모루, 이쑤시개, 나무젓가락, 구슬, 단추, 석고붕대 등
- 가루류*: 밀가루, 전분류, 석고가루, 색모래, 소금, 다양한 곡식류, 과자류
- 자연물*: 나뭇가지, 나뭇잎, 돌, 가는 모래, 굵은 모래, 조개껍질, 꽃 등
- 크림류*: 인공 눈 스프레이, 면도크림, 생크림 등
- 폐품류: 다양한 크기와 재질의 상자, 종이가방, 뚜껑, 플라스틱 용품 등

그림 3-5 **미술 재료: 기타**

◉ 준비 POINT

기타 재료들은 아동들에게 많이 선택되는 재료들이며 눈에 띌 때마다 어디서나 그때그때 마련해 두는 것이 좋다. 특히, * 표시가 있는 재료들은 주로 연령이 낮거나 발달장애가 있는 아동들에게 개입할 때 자주 이용된다.

5) 미술치료에서의 해석

미술치료에서의 해석은 "눈을 크게 뜨고 경청하는 과정"(Landgarten, 1987)이라 할 수 있다. 이는 두 가지 이유에서인데, 첫째, 미술을 사용함으로써 아동이 이전에는 깨닫지 못하던 정서와 욕구를 인식하는 데 도움을 주기 때문이다. 미술 활동을 통해 아동은 자신의 문제, 감정, 욕구, 그리고 가장 중요한 해결책 및 그 대안을 시각적으로 상기하게 된다. 둘째, 미술을 사용함으로써 아동이 여러 가지 이유로 말하지 못하던 문제에 대해 치료사가 주의를 기울이게 된다. 이와 같이, 미술은 글자 그대로 치료사가 아동과 그 가족의 환경에 대해 새로운 정보를 얻는 과정으로 눈을 뜨게 한다는 것이다. 이는 또한 치료사들이 치료 과정에서 치료 목표를 수정하고, 이렇게 언어화되지 않은 문제들의 해결책을 제시할 수 있도록 개입 계획을 세우는 데 도움이 된다.

위의 모든 영역에서 해석해 나가면 처음 설정된 복잡한 가설이 단순한 가설이 되거나, 혹은 다른 자료들에 의해서 가설이 보강될 수 있다. 치료사들이 범하는 실수 중 하나는 미술치료 과정과 그 작품이 갖고 있는 단순한 의미 하나로만 한정지어서 보는 것이다. 이러한 실수를 줄이기 위해 해석에 관한 다음의 내용들을 두고 자의적인 추론은 피해야 하며 가설의 맥락에서 이해하여야 한다. 해석은 크게 과정 · 형식 · 내용해석의 세 가지로 나누어진다(Brems, 2002).

(1) 과정 해석

과정에 대한 해석은 치료사가 아동이 미술 재료를 사용하기 위해서 어떻게 접근하는가를 탐색하는 것과 관련된다. 치료사는 아동이 미술 재료들을 보고 어떻게 반응하는지, 어떤 재료를 선택하는지, 그 재료를 어떻게 다루는지, 어떻게 재료들을 서로 섞는지를 잘 관찰해야 한다. 특히 작품을 만들어 가는 아동의 태도에 망설임, 즐거움, 자발성, 억압 등이 있는지를 주목하면서 주의 깊게 관찰해야 한다. 이런 측면들은 아동이 가지고 있는 방어나 대처 기제에 대한 가설을 세우는 데 특히 유용하다. 예를 들어, 취소(undoing)라는 방어기제를 자주 사용하는 아동은 찰흙이나 점토로 여러 가지 형상이나 물체를 만들었다가 완성되자마자 즉시 숨기거나 뭉개 버리는 행동을 보일 것이다. 이와 유사하게, 그림 그리기나 색칠하기를 할 때는 그리고 난 뒤 그린 것을 숨기기 위해 어두운 색깔로 칠해서 덮어 버릴 것이다. 고립이나 취소 방어기제는 자발성이나 창의성이 없는 것으로 보일 수 있다. 그림을 그리거나 색칠을 하면서 색을 제대로 사용하지 못하거나 윤곽선 이내로 채색하는 데 집착하기도 한다. 또 이런 아동은 손을 더럽힐까 두려워서 찰흙을 전혀 사용하지 않기도 한다.

과정에 대한 해석은 발달의 맥락에서 이루어져야 한다. 어떤 행동은 특정 연령대나 발달 수준에 적합할 수 있지만, 다른 연령대나 발달 수준에서는 적합하지 않을 수도 있다. 그러므로 10세 아동이 미술 매체를 문지르거나 두드리는 것으로만 사용한다면 이는 퇴행의 증거가 되지만, 3세 아동이 같은 행동을 보인다면 이는 그 연령 또래에 적합한 사용법을 보여 주는 것이다.

과정을 잘 살펴보면 현재 어떤 문제가 있는지에 대한 상황적인 가설을 제공해 주기도 한다. 이런 측면에서 치료사는 아동이 불안, 혼란, 두려움, 우울, 혹은 기타 정서를 보이는지 주의 깊게 살펴보아야 할 필요가 있다. 예를 들어, 가족 그림을 그리던 아동이 갑자기 화를 낼 때, 자세히 살펴보면 이런 분노가 특정 형제자매를 그리는 것과 일치해서 나타남을 알 수 있다. 이에 형제자매와의 관계에 심각한 문제가 있을 수 있다는 것을 추측할 수 있고, 그 후에 이와 관련한 조사를 해야 할 것이다. 또 한 예로, 점토로 즐거운 장면을 만들던 아동이 갑자기 부수기 시작한다면, 그 장면이 아동으로 하여금 분노를 야기하고 현재 그 아동을 힘들게 하고 있음을 치료사에게 전달하는 것일 수 있다.

그러나 이러한 해석들은 모두 아동의 배경과 신중하게 대조해 보아야만 신뢰를 얻을 수 있다. 따라서 추가적인 자료 수집 등을 통해서 확인해야 한다. 그럼에도 미술치료 과정에서 특정 행동의 의미에 대한 공통점이 있다는 증거들이 있다. 과정에 대한 정보는 아주 가치 있지만, 미술 활동과 그 작품의 맥락에 근거한 가설로부터 끌어낸 정보를 보충해 주는 역할을 한다(Malchiodi, 1998).

(2) 형식 해석

형식에 관한 해석은 작품의 전반적인 형태와 인상으로부터 도출한 의미에 관한 것이다. 그림이나 조각의 위치, 완성도, 균형 등 구성의 수준은 하나의 중요한 단서가 된다. 물체의 크기와 작품에서의 상대적 크기를 서로 비교하는 것도 해석에서 또 다른 중요한 요소다. 예를 들어, 그림이 종이의 오른쪽에 그려져 있다면 이는 의식과 관계되어 있으며, 미래지향성과 관련된 경향을 보여 주는 반면, 종이 하단에 그림을 그리는 것은 불안과 우울의 신호일 수 있다. 그림을 그릴 때 과도하게 살살 그리는 것은 수줍음, 두려움, 낮은 자존감과 관련되어 있다. 반면, 그림을 그릴 때 과도하게 힘을 주어 꾹꾹 눌러 그리는 것은 공격성과 종종 관련된다(Burns, 1982). 과도하게 큰 물체는 주로 자신을 과장하는 내담자에 의해서 그려진다(Ogden, 1979). 지나치게 작게 그린 그림은 자신의 존재에 대한 거부의 경향이 있는 불안정한 사람이 그린다(Burns, 1982). 그러나 동일한 그림 내에서 물체의 상대적인 크기는 아동의 정서적인 중요성을 반영하는 것이다(Burns, 1987). 과도한 음영은 보통 불안과는 별 관련이 없지만 때때로 심한 우울(agitated depression)과는 연관이 있다(Burns, 1987).

과정 해석에서도 마찬가지이지만, 형식의 특정한 의미는 아동 개개인마다 고유하게 나타날 수 있기 때문에 치료사는 항상 자신의 가설이 아동의 행동이나 작품에 단선적으로 연결되지 않도록 확인하는 노력을 계속해야 한다. 즉, 자신의 가설을 출처가 다른 정보나 자료 수집을 통해 확인해야 한다. 그러나 초보 치료사들에게는 아동의 그림 형식을 평가하는 가이드를 담은 서적이나 매뉴얼이 도움이 될 수 있다.[1]

마지막으로, 형식에 대한 해석도 과정 해석과 마찬가지로, 아동의 발달적 맥락을

---

1) 이 부분에 대한 좀 더 자세한 정보를 위해서는 『그림 속에 숨겨진 마음의 세계』(2007, 홍은주, 최은정 공역, 학지사)를 참조하기 바란다.

고려해야 한다. 그림에 경계선이 없다고 해서 아주 어린 유아의 행동을 세밀하게 조사할 필요는 없다. 이런 표현은 학령기 이후에나 나타난다. 또한 경계선이나 윤곽선을 그리는 아동에 대해서도 반복적으로 나타나지 않는 한 제한적이거나 방어적이라고 볼 필요는 없다. 그러므로 아동의 미술치료 과정에서 얼마나 반복적으로 특정 형식이 나타나는지도 고려해야 한다.

(3) 내용 해석

내용에 관한 해석은 아동이 미술치료 과정을 통해 창조한 작품에 관한 것이다 (Levick, 1998).

내용 해석에는 최종 작품으로부터 최대한도의 정보를 끌어내기 위해 주목해야 할 세 가지 측면이 있다.

첫째, 표현된 주제를 탐색해야 한다. 이는 성인 내담자의 경우에 꿈 내용을 분석하는 것과 유사하다. 그렇기 때문에 그림이 담고 있는 실제적인 내용이 평가될 수 있다. 예를 들어, 한 소녀가 서로 가깝게 붙어 있는 집 두 채를 그렸다고 하자. 소녀는 집 두 채에 구름다리를 그리고, 한 집에는 자기 이름을, 다른 집에는 치료사의 이름을 써 넣었다. 이는 소녀가 자신의 담당 치료사와 관계를 유지하고 싶다는 강한 욕구가 있는 것으로 추측할 수 있다. 이 그림은 그 아이가 4주간의 방학이 시작되기 전 세션에서 그려졌기 때문에, 이런 해석을 한다면, 아동이 치료사와 떨어져 있는 방학 기간에도 둘 사이의 끈(구름다리)은 계속 유지되기를 바라는 것을 나타내며, 치료사는 남아 있는 세션 동안의 개입 방향에 대한 안내를 받을 수 있다.

둘째, 표현된 내용을 쉽게 이해하기 어려울 때에는 아동이 만든 작품, 즉 그림이나 점토에 대해 이야기를 이끌어 내어 좀 더 부가적인 내용을 탐색할 수 있다.

예를 들어, 한 아동이 두꺼운 검은색 선으로 확실하게 나뉘어 있는 그림을 그렸는데, 한쪽 편에는 밝은 색과 자유로운 붓놀림으로 물결선을 그리고 다른 편에는 어두운 색과 윤곽선으로 뒤덮인 그림을 그렸다고 하자. 분명, 이 내용으로 본다면 분열 (splitting)이라는 방어기제 혹은 흑백 논리적 사고방식을 가지고 있을 가능성을 보여 준다. 그러나 의미 있는 정보를 제공하는 것은 그림에 대한 이야기, 즉 내용이다. 아동에게 그림의 제목을 물었더니, 그 아동은 아버지가 자신을 그렇게 본다고 하며 아버지 입장에서 생각한 자신의 자아상이라고 대답했다. 좀 더 이야기를 하도록 요구하자, 그 아동은 아버지는 가끔 자기가 새로운 기술을 습득하거나 무언가 새로운 것을 해냈을 때 선생님의 칭찬을 받으면 자신을 칭찬해 준다고 말했다. 그리고 또 어떤 때에는 자신의 신뢰감과 자존감을 훼손하면서 업신여기기도 한다고 하였다. 분명한 점은, 비록 이 아동의 삶에 분열이 보이기는 하지만 이런 방어기제를 끌어들인 것은 아동이 아니라 아버지라는 사실이다.

이와 유사한 예로 『어린왕자』에 나오는 겉으로 드러난 모양은 모자였지만 그 그림의 내용을 들어 보면 보아뱀이 코끼리를 삼킨 그림이었다는 이야기를 모두 알 것이다. 이는 아동의 그림을 해석할 때 아동의 시각으로 이해하려 하지 않고 성인의 편협한 생각을 가지고 판단하여 그림을 그리는 과정이 아동에게 어떤 의미가 있는지 이해하려 하지 않았다(김동연 외 공역, 2001)는 증거다.

셋째, 작품의 무의식적 상징 의미를 분석할 필요가 있다. 문화, 사회, 심지어 한 아동 안에서도 일반적인 상징들이 있다(Rubin, 2001). 치료사는 이런 상징에 대해서 배워야 할 책임이 있으며, 각 아동이 표상하는 의미에 대해서도 인식해야 한다. 과정과 형식에서도 마찬가지지만, 여러 연구문헌에서 인정되어 온 공통된 상징적 의미에 대해서는 주의 깊게 사용해야만 한다. 예를 들어, 집은 보통 어머니나 가족생활에 대한 상징이고, 태양은 아버지의 모습을 나타내는 경향이 있다. 마녀는 적대감을 의미할 수 있다. 자동차 등 탈것은 독립심과 자율성에 대한 추구를 상징할 수 있다(Ogden, 1979). 나무 구멍 안에 살고 있는 동물은 의존성의 욕구를 나타내는 신호일 수 있다(Burns, 1987). 나무줄기에 생긴 혹이나 상처, 흉터는 정신적 외상(trauma) 경험에 대한 상징일 수 있고(Ogden, 1979), 특정 위치의 흉터는 정신적 외상이 발생할 당시 아동의 연령을 암시한다. 예를 들어, 나무 중간에 생긴 흉터는 아동이 살아 온 인생의 절반에 해당하는 시기에 정신적 외상이 발생했음을 암시한다. 즉, 아동이 현재 10세라면, 그 외상은 5세 무렵에 경험했을 것이라고 추측할 수 있다. 연은 속박적인 가정환경에서의 탈출 신호일 수 있다(Burns, 1987). 물은 종종 무의식의 상징으로 간주된다(Ogden, 1979).

무의식적 내용을 평가할 때, 두 가지 견지에서 아동의 그림에 접근해야 한다.

첫째로, 치료사들은 그림의 모든 사람의 형상을 무시하고 내용을 보아야 한다. 그리고 역시 사람의 형상을 볼 때에는 다른 모든 내용은 무시하고 보아야 한다(Burns, 1982). 이렇게 함으로써 치료사들은 그림의 특정한 세부사항에 다시 주목할 수 있고, 부가적인 의미를 분명하게 할 수 있는 질문으로 유도할 수 있다. 예를 들면, 그림을 볼 때 치료사가 다른 모든 내용을 무시하고 그림에 나타난 사람의 모습만 보면 사람의 모습이 모두 상반신인 점에 주목할 수 있다. 즉, 다른 물체들이 사람의 하반신을 가리고 있는 것이다. 일단 이러한 사실에 주목하게 되면, 치료사는 자신에게나 혹은 아동에게 직접적으로 왜 사람의 모습이 일부분만 보이는지 질문할 수 있다. 이와 유사하게, 또 다른 그림에서 치료사가 사람의 형상을 모두 무시하고 그림을 보았을 때 그림에서 다른 물체는 보이지 않는다는 것을 인식하게 될 수 있다. 그렇게 되었을 때, 아동에게 자신의 주변 환경에서 사람 외에 다른 것들을 왜 인식하지 못하는지를 알아보는 조사가 필요하게 될 것이다.

둘째로, 무의식적 내용의 평가에서 치료사들은 수많은 작품 속에서 반복되어 나타나는 주제에 유의해야 한다. 예를 들어, 그림에 항상 구름을 그려 넣는 아동은 그림에 항상 햇빛을 그려 넣는 아동과는 다른 삶의 경험을 했거나 혹은 다른 인생의 접근 방식을 갖고 있을 수 있다. 반면에, 여러 장의 그림에서 비와 햇빛이 나타나는 횟수가 비슷하게 나타나는 아동은 위의 두 아이와 비교해 볼 때 자신의 세계에 대해서 가장 현실적인 지각을 하고 있는 아동일 수 있다. 그리고 또 다른 예로, 사람의 형태를 전혀 만들지 않고 기계적인 것에만 집중하는 아동은 대인관계에서 어려움이 있을 수 있다. 이렇게 반복되는 주제가 발견되면, 치료사는 그것이 갑작스럽게 변화가 나타나는지 혹은 점차적으로 변화가 나타나는지도 주목해야만 한다. 그러므로 전혀 사람의 모습은 조각하지 않던 아동이 갑자기 작품에 사람을 만들면 이는 주목할 만한 사건이며 치료의 진척이나 성장의 좋은 신호일 수 있다.

참고문헌

김동연, 이재연, 홍은주 공역(2001). 아동미술심리이해. 서울: 학지사.

김진숙(1996). 예술심리치료의 이론과 실제. 서울: 중앙적성출판사.

김진숙(2001). 미술심리치료 총론. 서울: 한국표현예술심리치료협회.

김진숙 역(2006). 미술치료학 개론. 서울: 학지사.

이재연, 서영숙, 이명조 공역(1995). 아동상담과 치료. 경기: 양서원.

주리애(2000). 미술치료는 마술치료. 서울: 학지사.

주리애 역(2001). 이구동성 미술치료. 서울: 학지사.

주리애(2003). 미술치료 요리책. 서울: 아트북스

최재영, 김진연(2000). 미술치료. 서울: 조형교육.

한국미술치료학회 편(1995). 미술치료의 이론과 실제. 대구: 동아문화사.

홍은주, 최은정 공역(2007). 그림속에 숨겨진 마음의 세계. 서울: 학지사.

Brems, C. (2002). *A Comprehensive Guide to Child Psychotherapy*. Waveland Press, Inc.

Burns, R. C. (1982). *Self- Growth in Families: Kinetic-Family-Drawings Research and Applications*. New York: Brunner/Mazel.

Burns, R. C. (1987). *Kinetic-House-Tree-Person Drawings(K-F-D): An Introduction to Understanding Children Through Kinetic Drawings*. New York: Brunner/Mazel.

Junge, M. B., & Asawa, P. P. (1994). *A history of art therapy in the United States*. Mundelein, IL: American Art Therapy Association.

Kohut, H. (1984). *How Dose Analysis Cure?* Chicago: International Universities Press.

Kramer, E. (1998). *Childhood and Art Therapy*(2nd ed). Chicago: Magnolia Street.

Landgarten, H. B. (1981). *Clinical art therapy*. New York: Brunner/Mazel.

Landgarten, H. B. (1987). *Clinical Art Therapy: A Comprehensive Guide*. Brunner/Mazel Inc. New York.

Levick, M. (1998). *See What I'm Saying: What Children Tell Us through Their Art*. Dubuque, IA: Islewest.

Levick, M. F. (1983). *They could not talk so they drew: Children's styles of coping and thinking*. Springfield, IL: Charles C Thomas.

Levick, M. F., Goldman, M. J., & Fink, P. J. (1967). Training for art therapists:

Community mental health center and college of art join forces. *Bulletin of Art Therapy, 6*, 121-124.

Malchiodi, C. A. (1998). *The art therapy sourcebook*. Los Angeles, CA: Lowell House.

Malchiodi, C. A. (2003). *Handbook of Art Therapy*. The Guilford Press.

Ogden, D. (1979). *Psychodiagnostics and Personality Assessment: a Handbook* (2nd ed). Los Angeles: Western Psychological Corporation.

Rambert, M. L. (1964). *The use of drawings as a method of child psychoanalysis*. In M. R. Haworth(Ed.), *Child Psychotherapy* (pp. 340-349). New York:Basic Books.

Rubin, J. A. (1978, 1984). *Child art therapy: Understanding and helping chlidren through art*. New York: Van Nostrand Reinhold/Wiley.

Rubin, J. A. (1984). *The Art of Art Therapy*. Brunner/Mazel Inc. New York.

Rubin, J. A. (1998). *Art Therapy: An Introduction*. Brunner/Mazel Inc. Philadelphia.

Rubin, J. A. (2001). *Art Therapy: An Introduction*. Philadelphia: Taylor & Francis.

Ulman, E., Kramer, E., & Kwiatkowska, H. Y. (1978). *Art therapy in the United States*. Craftsbury Common, VT: Art Therapy Publications.

제4장

미술치료 프로그램의 실제

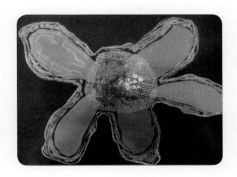

개요

미술치료 프로그램은 크게 지시적인 접근과 비지시적인 접근으로 나눌 수 있다.

지시적인 접근은 구조화된 방법으로도 혼용되며 주제와 프로그램 진행 방식이 정해져 있어 치료사가 초기부터 내담자에 대한 치료 목표에 맞게 계획하여 진행하는 방법을 말한다. 반면, 비지시적인 접근은 내담자가 스스로 작품의 주제나 재료를 선택하여 미술 재료를 가지고 놀이를 하듯 주도적으로 진행해 나가며 치료사는 보조자로서의 역할을 담당하는 방법이다. 주로 연령이나 발달 수준이 낮거나 개인치료로 접근할 때는 비지시적인 방법을, 집단치료나 위기 개입인 경우에는 지시적인 방법을 사용한다.

따라서 전반부는 지시적인 접근을 미술 매체를 중심으로 기술하고자 한다. (단, 여기에 기술한 프로그램들에 대해서 미술 매체는 다른 것으로도 충분히 활용 가능함을 알아두기 바란다. 예를 들어, 회화 재료를 조소 재료로, 조소 재료를 기타 재료로 등으로 바꾸어 활용할 수 있다.)

후반부에서는 실제 사례를 통해 비지시적 방법이 어떻게 이루어지는지 이해를 돕고자 한다.

1. 회화 재료를 이용하는 프로그램

> 회화 재료 중 자신에게 가장 편한 재료를 선택하고 느낌을 탐색해 보기

(1) 난화 그리기(집단작업)

작은 종이나 벽에 큰 종이를 붙이고, 눈을 감거나 뜨고 짧은 시간 안에 부드럽게 낙서하듯 움직여서 그 움직임을 회화 재료로 표현해 보는 것이다. 표현된 난화에서 어떤 형태가, 혹은 무엇이 연상되는지 찾아보고 그에 따라 다른 색으로 표현한다. 마지막으로 찾은 이미지를 가지고 이야기를 만들어 본다. 심리적 투사의 형태로서 이미

그림 4-1 난화 그리기

지를 통한 의사소통이 이루어질 수 있다.

1: 물고기와 리본

2: 별

3: 삼각형 반지

4: 우주선 폭발

(이야기)

1. A-어느 여자아이는 물고기를 잘 잡는 아이였다. 그런데 그 아이는 리본을 좋아
했다. 리본을 끼고 심심해서 물고기를 잡으러 갔다. 어찌나 잘 잡히는지 물
고기를 열 마리도 넘게 잡아 집에 와서 구워 먹었다. 아침, 점심, 저녁으로
밥과 같이 먹었다. (→ 긍정 결말)

2. B-그 여자아이의 아버지는 부자였다. (위의 이야기에 이어짐) 그래서 우주선을
타고 아무도 개발하지 못한 별에 갔다. 그런데 이번에는 달로 갔다. 거기에
는 외계인이 있었다. 그런데 그 외계인은 자기 모습과 똑같았다. 그래서 말
했는데 말도 똑같이 했다. 그래서 그 외계인의 우주선을 한 번 탔다. 날아가
서 지구에 처박혔다. (→ 부정 결말)

3. A-그런데 그 여자아이는 심심해서 나가서 보다가 모래시계를 가지고 부자 아버
지를 생각했다. 심심해서 바지를 갈아입고 딱지 치고 놀다가 삼각형으로 그
림을 그렸다. 그런데 아버지랑 같이 놀았다. 그때 아버지에게 상처가 난 것
을 보았다. (→ 다시 아버지를 살리려는 반응)

4. B-이번 이야기는 흥미진진할 겁니다. 그래서 그 아버지는 상처가 너무 커서 죽
으려고 했는데 외계인이 다시 찾아와 자기가 죽었다. 따라 하기를 좋아해
서……. (→ 부정이나 결국은 아버지를 살림)

(2) 색 고르기

여러 가지 색을 바구니에 준비해 두고, 각자 자신이 이끌리는 색을 고른 후 왜 그

색을 골랐는지 설명하고, 그 색이 어떠한 감정을 일으키는지 그림으로 표현해 본다. 색을 통한 자신의 감정, 그 감정의 정도를 탐색해 볼 수 있다.

(3) 신체 본뜨기

넓은 바닥 혹은 벽에 신체 크기의 큰 종이를 놓거나 붙이고 원하는 포즈로 눕거나 붙어 선다. 치료사는 그 내담자의 윤곽선을 따라 그려 주고, 내담자는 그려진 신체 윤곽선의 안과 밖을 원하는 대로 꾸민다. 이 작업을 통해 내담자는 자기 신체에 대한 사실적 감각을 갖게 되고 자신을 내적, 외적으로 살펴볼 기회를 가질 수 있다. 축소형을 활용할 수도 있다. 신체의 윤곽선이 그려져 있는 종이를 나누어 주고, 눈을 감고 머리 끝부터 발끝까지의 느낌을 탐색한 후 그 느낌을 미술 재료로 표현해 볼 수 있다.

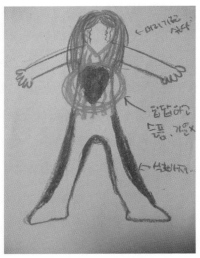

그림 4-2 신체 본뜨기(축소형)

(4) 자기 상징

자신의 외모나 성격적 특성을 잘 드러낼 수 있는 동물이나 물건으로 자신의 이미지를 찾아 자기를 은유적으로 표현해 본다. 자신이 의식하지 못하던 자신의 모습이 표출될 수 있다.

(5) 손으로 그리기

물감에 풀을 사용하거나 파스텔을 이용하여 손이 가는 대로 마음대로 그려 본다. 손으로 오는 감각을 느껴 보고 다른 도구로 그렸을 때와 비교해 본다. 손으로 작업하면서 정서적 이완감을 얻을 수 있다.

그림 4-3 손으로 그리기

(6) 젖은 화지에 그리기

젖은 화지 위에 수채화 도구를 이용하여 물감을 떨어뜨리거나 방울을 만든다. 젖은 화지 위에 크레파스나 파스텔을 이용하여 자유롭게 표현해 본다. 마른 화지에 그렸을 때와 느낌을 비교해 본다. 마른 화지보다는 통제적 느낌을 덜 받아 정서적으로

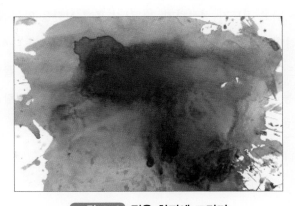

그림 4-4 젖은 화지에 그리기

경직되어 있거나 그리기를 두려워할 때 시도해 볼 수 있다.

(7) 나의 내면과 외면

자기상자(self-box) 활동과 유사하나 약간의 차이점이 있다. 화지를 선택하고, 앞면과 뒷면을 이용하여 앞면에는 세상 밖으로 보이는 것을 표현해 보고 뒷면에는 안에서 일어나는 일을 표현해 본다. 내면과 외면의 유사점과 차이점에 대해 이야기를 나눈다. 동굴 안과 밖의 세계 표현하기, 문을 그려 놓고 그 안과 밖의 세계를 표현하기도 이와 유사한 방법이다. 자신이 속해 있는 곳과 외부 환경을 어떻게 인식하고 있는지 알아볼 수 있다.

(8) 자신에게 보내는 편지

아무것도 적혀 있지 않은 종이 위에 여러 회화 재료를 사용하여 내담자가 치료를 받으면서 듣고 싶던 말, 중요한 누군가로부터 듣고 싶은 말, 나를 기쁘게 해 주는 말들을 적어서 꾸민다. 이러한 작업은 우리가 자신에게 너무 관대히 대하지 않기 때문에 자신을 새롭게 인식하게 해 준다.

(9) 돌려 그리기(집단작업)

각자 한 장의 화지를 가지고 크레파스나 파스텔의 한 가지 색을 골라서 치료사가 안내해 주는 짧은 시간 동안 자기 앞에 주어진 화지 위에 원하는 대로 그림을 그린다. 시간은 대개 10~30초 정도가 적절하며, 다 그린 후에 시간을 알리면 화지를 오른쪽(혹은 왼쪽)으로 건넨다. 그러면 옆에 있던 사람은 그 화지를 받아 다시 같은 방법으로 화지 위에 원하는 그림을 그린다. 자기가 시작한 종이가 돌아오면 끝난다. 자기도 모르게 짧은 시간 동안 그리는 그림 속에서 자신의 특성(소극적인 사람은 색만 입힌다거나, 구석에 작게 그리는 등)을 살펴볼 수 있다.

2. 조소 재료를 이용하는 프로그램

점토에 대한 자신의 느낌을 탐색해 보기

(1) 나만의 환상

눈을 감거나 음악을 들으면서 점토를 충분히 주무르고 만지다가 멈추고, 멈추어진 점토의 모양을 보고 어떤 모양으로 보이는지, 무엇과 비슷한지 이야기를 나눈다.

(2) 감정 표현하기

점토의 유동적인 성질을 이용하여 최근의 부정적인 경험을 떠올려 보고 점토의 일부를 떼어 표현하고, 반대로 긍정적인 경험을 떠올려 보고 점토의 일부를 떼어 표현해 본다. 그 떼어 낸 점토의 크기가 경험으로 인한 감정의 크기일 수 있음을 작업을 통해 자각할 수 있다.

(3) 동네 꾸미기(집단작업)

집단원들이 둘러앉아 길을 나누고 구역을 정한 후, 점토를 이용하여 동네를 꾸며 본다. 이 작업을 통해 각각의 욕구가 드러날 수 있다. 중심에 꾸미는 경우, 가장자리에 꾸미는 경우, 서로에게 도움이 되는 모형을 만드는 경우, 전혀 매력적이지 않은 쓰레기통과 같은 것을 만드는 경우 등 다양하게 꾸며질 수 있고, 이를 통해 집단의 역동과 응집력을 알 수 있다.

3. 기타 재료를 이용하는 프로그램

기타 재료 중에서 자신을 가장 잘 나타낸다고 생각하는
재료를 선택하고 느낌을 탐색해 보기

(1) 출발그림(starter sheet)

출발그림은 그림 그리는 것을 부담스러워하고 그리기를 시작하지 못하는 경우에 미술 작업을 좀 더 부드럽게 자극하고 촉진하는 데 사용하는 방법이다. 화지에 치료사가 직접 잡지에서 인물이나 신체 일부분을 오려 붙여 주거나 아무 선이나 그려 주고 내담자가 그림을 완성한다.

(2) 나의 일생

출생부터 지금까지의 자신의 모습을 돌이켜보면서 자신의 일생을 여러 재료 혹은 콜라주로 꾸며 보는 방법이다. 이 작업은 자기인식에 도움을 줄 수 있다. 선을 이용하여 상승하는 것과 하강하는 것을 표현하고, 특정한 기억이 있는 시기에 그에 맞는 재료나 그림, 잡지 사진을 오려 붙여 표현할 수 있다.

그림 4-5 나의 일생

(3) 자기상자(Self-box)

여러 크기, 재질, 모양의 상자를 보고 원하는 상자를 하나 선택하여 자신이 아는 자신의 모습은 상자의 안에, 타인이 아는 자신의 모습은 상자의 밖에 잡지 이미지를 통해 표현해 본다. 두 모습의 유사점과 차이점에 대해 이야기를 나눌 수 있으며, 상자의 특성은 자신을 나타낸다. 즉, 작은 상자는 큰 상자에 비해 작은 자신의 모습을 표현하는 것일 수 있으며 투명한 상자는 뚜껑이 있는 상자에 비해 자신을 지나치게 드러내는 것일 수 있다.

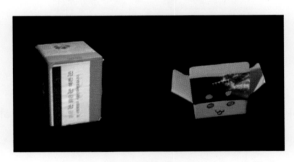

그림 4-6 **자기상자**

(출처: EBS 다큐프라임 〈아이의 사생활: 자존감 편〉)

(4) 가면 만들기

얼굴에 먼저 크림을 바른 후, 석고붕대를 4~5cm로 잘라서 미지근한 물에 적셨다가 얼굴에 맞게 붙여 가면을 뜬다. 마른 뒤에 그 위를 원하는 대로 꾸민다. 이를 통해 자기 욕구를 인식하고 자기 안에 수용되지 못하는 부분을 통합하는 데 도움을 줄 수 있다. 큰 종이봉투를 활용할 수도 있다.

그림 4-7 가면 만들기

(5) 동물로 가족 표현하기

동물 이미지 사진을 이용하여 자신의 가족을 떠올리고 화지의 원하는 위치에 배치하여 붙이고 무엇을 하고 있는지 이야기해 본다. 가족 안의 역동과 내담자가 지각하는 가족의 위치, 관계 등을 파악할 수 있다.

그림 4-8 동물 가족화(콜라주, 그림)

4. 미술치료 사례

● 개인 사례 ● 위험한 행동을 충동적으로 하는 남아(초5)

초등학교 5학년 남아로 자주 칼을 가지고 놀며, 동생이나 친구들을 겁주기 위해 부엌칼을 부딪뜨리는 행동을 보여 미술치료에 의뢰되었고, 발달력은 출생 시 4.2kg이었고 성장할 때 운동 기술이나 언어의 발달은 또래 아이들보다 빨랐으며, 학교에서 학업 문제는 없으나 친구들과 잘 어울리지 못한다고 하였다.

처음 진료실에 들어왔을 때 아이의 인상은 깡마르고 피부가 까무잡잡하며 수줍음이 있어 보였다. 어머니는 남편과 자주 싸우며, 아이를 임신한 후 어쩔 수 없이 한 결혼이어서 남편에 대한 애정은 별로 없이 거의 말을 하지 않고 지내며 이미 이혼을 하기로 결정한 상태라고 하였다. 그리고 아이의 어머니도 직장을 나가는 상태였다.

1회기 때 아이에게 아무 그림이나 그려 보라고 했더니 사람은 없이 컴퓨터만 그리고 컴퓨터 게임을 아주 좋아한다고 했다. 대인관계를 맺는 것에 어려움이 있는 아이들의 경우 지나치게 게임에 몰두하는 경향이 있는데, 이 아이의 그림도 이런 점을 어

그림 4-9 컴퓨터로 표현한 나

느 정도 반영하고 있었다.

두 번째로 준 과제는 가족화였다. 아이의 가족이 무언가 하는 그림을 그리라고 했는데, 아이는 가만히 있다가 못 그린다며 종이를 다시 내밀었다. 가족을 그리기 싫어하거나 못 그린다고 하는 것은 가족관계에 대한 부정적인 생각으로 방어를 하는 경우가 많다. 아이 역시 그런 모습을 보여, 치료사가 다시 간단한 풍선으로 표현해 보도록 했으나 역시 못 그리겠다고 했다. 이런 경우에는 치료사가 다른 방법을 써서 표현을 할 수 있도록 유도할 필요가 있다. 그래서 치료사는 가족구성원을 불러 주면 떠오르는 것을 그려 보도록 하였다. 먼저 아빠를 부르자, 파란색을 선택하여 산을 그렸다. 그리고 엄마는 초록색을 선택하여 아빠를 나타내는 산 위에 풀밭으로 표현을 했다. 그리고 아이 자신은 달, 그것도 그믐달로 표현했다. 아이의 남동생은 주황색 해로 가장 위에 그렸다. 이렇게 해서 완성된 그림을 가지고 약간의 설명을 부탁하자, 아이는 "산과 풀은 항상 같이 있는 것인데요, 산과 풀이 결혼을 해서 아이 둘을 낳았어요. 그 하나가 달이고 또 하나는 해인데 그 둘이 돌아가면서 산과 풀을 밝게 비춰 주고 있어요. 선생님께서 그러셨는데 달과 해는 고마운 존재래요."라고 말했다. 그림의 전체적인 인상이나 이야기로 봐서는 그리 이상하다는 느낌이 들지 않는다. 그러나 부부 사이가 좋지 않은 아이의 가족 상황으로 미루어 볼 때, 보통 아이들의 경우 흔히 부모상을 해와 달로 비유하는 경우가 많은데 아이의 그림에서는 그 역할이 바뀌었음을 알 수 있다. 부모가 해와 달이 되어 아이들을 밝게 비춰 주는 것이 일반적인 데 비하여 아들 둘인 해와 달이 부모인 산과 풀을 밝게 비춰 주고 있어 부모와 아이의 역할이 바뀌었음을 나타냈다. 아이가 오히려 부모를 이해하고 배려하고 있음을 엿볼 수 있는 그림이었다. 그 후 어머니와의 상담에서 알게 되었는데, 아이는 부모의 상태를 잘 알고 있고 이혼을 하게 돼서 엄마가 힘들면 동생은 어리고 자기는 참을 수 있으니까 자기를 아빠 쪽에 보내 달라고 했다.

아이는 일주일에 1회 미술치료를 받았고, 그 다음 시간에는 찰흙을 매체로 무언가 떠오르는 대로 만드는 작업을 하였다. 처음에 찰흙을 받고 아이는 아주 세게 찰흙을 두드렸다. 이렇게 아이들이 찰흙을 두드리는 행위는 공격적인 아이들에게 그들이 가지고 있는 공격적인 에너지를 풀어 낼 수 있게 해 준다. 그래서 치료사는 아이에게도 찰흙은 좋은 매체가 될 수 있을 것으로 판단했다. 아이가 가지고 있던 이러한 에너지 수준에 비해 찰흙으로 무언가를 만들게 했을 때에는 아주 작게 손가락 크기 정도의 모형물을 여러 개 만들었다. 한참 두드리고 이러한 작품을 만들 때에 아이는 노래를 흥얼거리기도 했다. 치료사도 그 흥얼거림에 장단을 맞추어 같이 작업을 했더니 아이가 묻지도 않은 이야기를 스스로 풀어 놓기 시작했다. 먹는 것과 관련된 이야기였는데 엄마가 점심을 늦게 챙겨 주었다는 것이었다. 그러면서 밥그릇과 수저를 만들었다. 다른 내담아동이 만든 작품에 관심을 보이며 그 아이는 왜 여기에 오게 되었는지 등을 치료사에게 물었다. 친구관계라고 간단하게 말하자 아이는 자신의 친구관계를 이야기하기 시작했고, 자신은 너무 잘난 척을 해서 친구가 없다고 했다. 이 회기에 하나의 찰흙으로 아이가 만든 작품은 10개나 되었다.

3회기에는 지난번에 이어 색을 입히는 작업을 했다. 아이는 오자마자 학교 미술시간에 있었던 일을 이야기하였는데, 방학 때 제일 즐거웠던 일을 그리라고 해서 지난주에 만든 것 중에서 화산을 만든 것을 그렸다고 했다. 그리고 반 친구들이 자기 그림에 관심을 많이 보였다고 했다. 미술을 싫어하던 아이가 이 시간을 즐겁게 느꼈다는 것은 흔히 상담 초기의 라포 형성이 잘 되었다는 것을 의미하므로 다행이라 생각했다. 그리고 만들어진 작품을 가지고 이야기 만들기를 하였다. 선과 악의 대립이 주된 이야기의 내용이었으며, 이야기 중에는 먹는 것과 관련된 것도 있었고, 결국에는 선한 편이 이기는 것으로 마무리되었다.

4회기 때 아이는 씩씩거리며 치료실로 들어왔다. 치료사가 무슨 일이 있었는지 물으니 아이는 "몰라요."라고 답했다. 계속 고개를 숙이고 씩씩거리며 치료사로부터 등을 돌린 채 의자에 턱을 괴고 앉아 있었다. 한참 시간이 지나고 기분이 좀 가라앉았나 싶어 치료사가 아이에게 원하는 재료로 원하는 것을 해 보자고 하니, "마음대로 하세요."라고 하며 움직이려 하지 않았다. 치료사는 "네가 하고 싶은 게 있을 때까지 기다릴 테니 언제든지 이야기하렴."하고 말하고 기다렸다. 미술치료에서는 정서장애아동을 지도할 때 억지로 시키지 않는다. 발달장애아동과 자폐아동이 내담아동일 경우에는 더 지시적인 접근 방법을 사용하기도 하지만, 대부분의 경우 치료사는 아동이 자발적으로 할 수 있을 때까지 아동의 능력을 믿고 기다려 준다. 치료 시간의 반쯤 지나서 아이는 입을 열기 시작하여 '왜 화가 났는지'에 대한 이야기를 했다. 그리고 도장 찍기를 선택하여 그날의 감정을 도장 찍기로 나타냈다. "엄마 바보…." 엄마에게 화난 감정을 미술 작업을 통해 나타냈다. 그리고 작업한 종이를 몇 번 접더니 자기 주머니에 슬그머니 넣고, 치료 시간이 끝나고는 엄마에게 매달렸다.

5회기 때, 아이의 표정이 밝았다. 무언가 먹으면서 들어왔는데 배가 부른 모습이었다. 그리고 치료사에게 "좀 쉬고 해요. 먹느라고… 엄마 아프대요."라고 말했다. 치료사는 아이의 자발적 언어 표현이 부쩍 늘었음을 느꼈다. 그리고 아이는 자유화를 그린다며 화산을 그리려다, 산꼭대기에 얼음이 있을 정도로 아주 높은 산이라며 정상에 올라와 "정상이다."라고 외치는 사람을 그렸다. 화산은 보통 분노나 억압된 감정을 표출하는 것을 상징하는데, 아이는 아직은 어려운지 얼음으로 덮인 산으로 바꾸었다.

그림 4-10 **자유화**

아이는 계속 치료를 받았다. 치료 중에 만든 것을 엄마에게 보인다며 가지고 나가기도 하고, 엄마 볼에 뽀뽀를 하는 등 어머니에 대한 애정을 겉으로 표현하기 시작했다. 그리고 미술치료 중에는 스스로 선택하는 것이 자연스러워졌고, 선택하는 종이의 크기도 아주 작은 것에서 큰 종이로 바뀌었다. 작업 후의 이야기 만들기 시간에는 이전의 선악 대결 등의 투쟁적인 양상에서 새로운 삶, 알의 탄생 등 긍정적인 생각과 희망을 나타내는 이야기를 엮어 나가기 시작했다. 그리고 어머니는 아이가 집에서 칼을 가지고 놀거나 칼로 위협하던 행동이 많이 줄어들었다고 말했다.

● 집단 사례 ● 사회성 프로그램에서의 집단 미술치료

사회성은 자신이 하고 있는 일에 대한 책임감을 배우고, 그 자신과 자신이 행하는 경험을 동일하게 인지해야 가능하기 때문에 사회성 발달은 아동 자신의 경험과 만나면서 이루어지게 된다. 그런데 아동이 자신과 자신의 경험을 동일시하도록 해 주는 데 미술을 통한 창조 활동이 유용하게 사용될 수 있다. 집단 내에서 무엇인가를 만드는 스스로의 창조 활동을 통해 자신 안에 숨어 있던 욕구를 발견하게 되고, 타인의 욕구를 이해하게 되며, 그런 과정을 통해 아동은 자신의 부적절한 욕구를 조절하는 힘을 가질 수 있게 된다.

초등학교 4~6학년으로 구성된 사회성 그룹에는 자신감 없이 위축되고 소외되거나, 이른바 '왕따'를 경험하고 있는 대인관계에 문제를 지닌 아동들이 참여하는데, 이 그룹에 2주일에 한 번씩 미술치료 시간을 도입했다. 처음에는 서로를 알 수 있도록 자기를 소개하는 시간을 가져 자신을 나타내는 것을 상징적으로 표현하도록 했다. 영수(가명)는 졸라맨을 그렸는데 처음에는 시작을 잘 하지 못하다가 다른 아이들이 그리는 것을 보고 제일 나중에 그리기 시작하였다. 아이들 사이에서 인기가 많은 졸라맨은 사실상 강자이며 항상 승리자였다. 그런데 영수가 자기 모습이라고 그린 졸라맨은 피해자로 묘사된 그림이었다. 그리고 아무도 안 도와줄 것 같다고 했다가 나중에 많이 도와줄 것이라고 바꾸어 이야기했다.

또 다른 아이 수명(가명)이는 집단원 중에서 가장 자발성이 떨어지는 아이로 이야기할 때에 눈맞춤도 안 하고 목소리도 작고 늘 수동적으로 "시켜주세요."라고 이야기하는 아이였다. 그런데 수명이가 자신 있어 하는 그림 그리는 시간만큼은 목소리가 커지고 언어 표현도 많아졌다. 수명이는 괴물같이 그려도 되는지 묻고 역시 강자인 슈퍼맨을 그렸다. 그리고 그림의 내용은 동생을 없애는 것이라고 했다. 억울한 일을 그림으로 복수하는 것이라며 "동생을 때리면 엄마한테 죽어."라고 이야기하고, 다 그리고 나서는 "시원하다."라고 했다. 아이들은 대부분 실제 생활에서의 약자로 또래들에게 괴롭힘을 당하는 심리 상태를 그림에서는 강자로 표현하여 아이들 내면의 강자가 되고 싶은 바람을 나타냈다. 우리가 고민이 있을 때 말로 표현하면 속이 후련하듯이 아이들은 그림으로 표현해서 심리적인 어려움을 나타내고 있었다.

다음 미술치료 시간에는 학교 생활화를 그렸다. 학교 생활화에서도 아이들은 친구들이 자신을 놀이에 참여시켜 주는 내용, 선생님께 칭찬받고 싶은 마음 등을 표현했다.

세 번째 시간에는 '자신을 나타내는 상자(self-box)' 만들기를 했다. 상자 안에는 나만이 아는 내 모습을, 상자 밖에는 남들이 아는 내 모습을 잡지에서 이미지를 오려 표현하게 하였다. 이 작업에서 아주 어릴 때 부모의 이혼으로 엄마와 애착관계를 형성하지 못한 승헌(가명)이는 주로 자기가 좋아하는 음식들로 자신을 나타냈다. 그리고 또래관계에서의 어려움을 상자 속에 울고 있는 모습으로 표현하기도 했다. 수명이는 친구들이 자신을 놀릴 때 자기가 항상 웃고 넘어가는 줄 알지만 속으로는 없애 버리고 싶은 감정이 있다며 사람을 거꾸로 매달아 놓은 모습을 붙이기도 했다.

또래와 관계 맺는 것에 어려움이 있는 아동들의 경우에 집단의 경험은 아주 중요하다. 이때 집단 경험은 처음에는 자신을 나타내는 작업 위주로 혼자서 하는 작업부터 시작하여 점차 두 명, 소그룹, 대그룹 작업으로 진행하게 된다. 네 번째 시간부터는 둘씩 짝을 지어 미술 표현을 해 보는 시간으로 난화 게임을 했다. 난화 게임은 둘씩 짝을 지어 한 사람이 마구 끄적거리는 난화를 그리고, 그 난화를 다른 한 사람이 받아 어떤 모양새를 찾아보는 것으로, 서로 몇 번 주고받기를 하고 나서 이야기를 이어 나가는 미술 게임이다. 이런 작업에서 아이들은 무의식중에 난화에서 자기들의 관심과 관련된 모양을 찾게 된다. 항상 남이 하는 것에 맞추는 데 익숙하고 자기 주장을 잘 하지 않던 우현(가명)이가 이번 시간에는 '죽이고 살리기'가 반복되는 이야기를 만들었다. 우현이에게는 큰 변화였다.

집단 미술치료 프로그램은 앞으로 그룹의 아이들 모두가 함께 참여하는 대그룹 활동으로 하나의 작품을 완성하는 방향으로 진행될 예정이다. 이 작업을 통해 아이들은 미술 재료를 함께 쓴다거나, 상대방의 그림을 보완해 주는 등 자연스럽게 상호작용하면서 관계 경험을 하게 될 것이다. 또한 자신의 감정을 다른 사람과 공유함으로써 고립감이나 외로움을 감소시킬 수도 있을 것이다. 이러한 방식으로 집단의 규칙이나 대인관계 양식을 학습하게 되면 서로를 이해하고 적절한 피드백을 제공받을 수 있게 된다. 따라서 그룹 내에서의 미술치료를 통해 대인관계에 문제를 지닌 아동들이 개별치료에서는 얻을 수 없는 실제적인 치료 효과를 얻을 수 있다.

–『모난 아이를 둥근 아이로』(2002, 정명사)의 미술치료 부분(홍은주) 글

제5장

음악을 통한 치료

개요

음악은 배움의 많고 적음이나 기능의 높고 낮음에 상관없이 누구나 접근이 가능한 다양한 형식과 참여 방식으로 매우 효과적이고 융통성 있는 치료의 도구로 이용되고 있다. 음악을 치료의 도구로 활용하는 음악치료는 현장에서의 경험과 연구 보고를 통해 그 효과가 입증되면서 전문적 치료 분야의 하나로 인정받고 있다.

음악을 효과적인 치료의 도구로 사용하기 위해서는 무엇보다 음악치료에 대한 올바른 이해가 선행되어야 한다.

이 장에서는 음악치료의 역사에서 문명의 발전과 함께 음악이 치료의 도구로 발전해 온 과정을 설명하고 음악치료 환경에서 음악치료의 정의, 원리, 대상, 치료 방법과 목적, 배경에 대해 소개하여 음악치료에 대한 이해를 돕고자 한다.

학습 목표

음악이 치료의 도구로 발전해 온 과정을 이해하고 음악치료의 정의와 원리, 대상, 치료 방법과 목적, 배경 등에 대한 이해를 통해 음악치료 전반에 대한 기초 이론을 습득하고 이에 대해 설명할 수 있다.

주요 용어

음악치료	음악치료사	AAMT	즉흥연주
재창조(Re-creation) 연주	창조	음악 감상	치료사
내담자	작업동맹		

---

1. 음악치료의 역사

생존과 관련된 뚜렷한 가치가 없음에도 음악은 동서고금을 막론하고 인류 공통의 보편적 언어이자 모든 문화에서 인간이 만든 가장 위대한 유산으로 인정받고 있다. 또한 음악은 병들고 약한 자들에게 위안을 주고 언어로 표현되기 어려운 감정들을 표현하는 힘이 있다고 인정되어 그 역할이 강조되어 왔다. 여기서는 윌리엄 데이비스와 케이트 그펠러(김수지, 고일주, 권혜경 공역, 2002), 최병철(2000)의 견해를 빌려 문명의 진보와 함께 변화해 온 음악과 치료의 관계를 살펴보고 전문직으로서의 음악치료의 발달에 대해 살펴보기로 하겠다.

1) 문명의 진보와 함께 변화해 온 음악과 치료의 관계

음악을 사용한 질병 치료는 선사시대부터 고대, 중세를 거쳐 계속되어 18세기 후반까지 여전히 유행하였으나, 19세기 이후 과학적인 접근으로의 전환이 이루어졌다. 이 변화는 유럽과 미국 내에서 동시에 발생하였으며 다양한 의사, 음악가, 정신의학자들이 정신적 · 신체적 질병 치료를 위한 음악의 사용을 적극적으로 지지하였다.

선사시대 사람들은 음악을 초자연적인 힘과 연계된 것으로 간주하여 정신과 신체의 건강에 영향을 미치는 음악의 힘을 믿었으며, 음악은 본질적인 치료 의식의 전주로서 기능하거나 본 의식에 이용되었다.

농업의 출현으로 초기 문명이 발생하면서 음악은 이성적인 의학(Rational medicine)의 중요한 한 부분이면서 동시에 마술과 종교의 치료 의식에서도 중요한 부분을 차지하게 되었다. 그러나 문명이 발달하면서 경계가 불분명하던 마술과 종교, 의학의 구성 요소들이 서로 분리되어 발달하기 시작하였고, 음악은 주로 치료 의식에 포함되어 사용되었다. 고대 이집트에서는 음악을 영혼을 위한 의학으로 간주하였고, 고대 그리스에서는 사고, 감정, 신체적 건강에 특별한 영향력을 행사하는 음악의 힘을 인정하였다. 치료를 위한 사당과 사원에는 찬송 전문가들이 있었으며 음악은 정서장애를 보이는 개인에게 처방되었다. 아리스토텔레스는 감정의 카타르시스에 기인한 통제할 수 없는 감정에 음악이 실용적인 가치를 가진다고 주장하였고 플라톤은 음악을 영혼의 의학으로 설명하였으며, 아우렐리우스는 광기 치료에 음악을 무차별적으로 사용하는 것을 경고함으로써 음악의 치료적 힘에 대한 믿음을 표현하였다(Feder & Feder, 1981).

중세에는 기독교가 질병에 대한 태도에 막대한 영향을 미쳐, 이전과는 달리 병든 사람은 더 이상 열등하지도 신의 벌을 받은 이도 아니라고 생각하게 되었으며 병원들이 건립되어 신체적 질병을 가진 사람들을 위한 인도주의적 지원이 이루어졌다. 또한 많은 철학자와 정치가들이 음악의 치료적 힘을 믿었다. 보이티우스(Boethius)는 음악이 인간의 도덕성을 감소시키거나 향상시킨다고 주장하였고, 카시오도루스(Cassiodorus)는 음악이 카타르시스에 효능이 있다고 하였으며, 성 바실리우스(St. Basilius)는 음악이 종교적 감성의 긍정적 전달자라고 주장하였다.

르네상스 시대에는 음악과 의학, 예술의 통합이 시도되기도 하였으며 예방의학으로서 음악을 처방하기도 하였는데, 음악은 정신건강을 증진시키는 도구로 간주되어 화려한 생음악 연주를 함께 함으로써 긍정적인 인생관을 유지하고자 하였다.

바로크 시대에는 커처(Kircher, 1602~1680)의 기질과 정서에 대한 이론을 통해 질병 치료에서의 음악 사용에 대한 새로운 관점이 제공되었다. 커처는 개성이 어떤 특정한 음악 스타일과 결부된다고 믿었다. 예를 들어, 우울한 사람은 우울한 음악에 반응하고 즐거운 사람은 무도음악에 가장 많은 정서적 반응을 보인다고 하였다. 이와 같이 치료사는 치료를 위해 정확한 스타일의 음악을 선택하는 것이 필요하다는 입장이 제기되었다.

18세기 이후 음악은 여전히 질병 치료에 이용되었지만 그 기저에 깔린 철학적 바탕에는 뚜렷한 변화가 이루어졌다. 과학적 의학에 대한 입장이 강조되면서 음악은 특별한 케이스로 분류되었다.

19세기에는 음악 잡지, 의학 잡지, 정신과 정기 간행물, 의학 논문들에 신체적·정신적 질병 치료를 위한 음악 사용에 관한 글들이 발표되기 시작하였다. 그러나 전통적인 의학적 치료의 보조나 대체물로서의 음악 사용에 대한 것이 대부분이었다. 또한 이 시기에 비로소 교육기관에서 음악치료가 사용되기 시작하였다.

20세기 초, 음악치료는 산발적이긴 하지만 계속해서 지지를 얻었으며 임상과 실험 연구를 통한 음악치료 사례들이 보고되기 시작하였다.

2) 전문직으로서의 음악치료의 발달

1940년대에 들어서면서 치료철학의 점진적인 변화로 정신질환의 치료를 위한 음악의 사용이 확대되기 시작하였다. 이러한 치료철학의 변화와 음악의 효과적 사용에 대한 지식이 증가하면서 음악치료는 마침내 하나의 치료 양식으로 자리 잡기 시작하였다. 또한 음악에 대한 주술적인 믿음은 사라지고 더욱 과학적이고 체계적인 음악치료에 대한 연구가 이루어지기 시작하였다.

제2차 세계대전 이후 미국에서 음악치료는 귀향한 군인들의 사기를 증진하기 위해 사용되었으며, 또한 여가 기술, 사회화, 그리고 신체적·감정적 기능의 재활에도 사용되었다. 이 시기 대부분의 음악치료사는 의사와 병원 직원들의 감독 아래 자원봉사자로 일했으며 병원 내에서 전문적인 위치를 갖지 못했지만, 음악치료가 전문분야로 성장할 가능성에 대해 깨닫기 시작했다.

1940년대 마침내 Michigan State University, University of Kansas, Chicago College of the Pacific, Alverno College에서 학부와 대학원 과정에 음악치료사를 양성하는 프로그램을 신설하였다. 이 프로그램에 의해 최초로 훈련된 전문적인 음악치료사가 탄생하였다.

1950년 미국음악치료협회(National Association for Music Therapy: NAMT)가 설

립되어 음악치료사를 위한 전문 교육과 임상 훈련의 향상, 음악치료사 자격을 위한 기준과 절차를 세우는 데 중점을 두어 음악치료사 자격을 정립하였다. NAMT가 창립된 해에 가장 주도적 역할을 한 인물이 바로 '음악치료의 아버지'라 불리는 개스턴(E. Thayer Gaston)이다. 그는 1940년대에서 1960년대에 이르기까지 음악치료의 발전을 위해 활발하게 활동했다. 정신질환 치료 전문병원으로 유명한 Menninger Clinic과 공동으로 미국 내 최초로 인턴십을 위한 훈련의 장을 개설하였고 University of Kansas에서 미국 내 처음으로 대학원 과정의 음악치료 프로그램을 시작하였다.

1971년에 창립된 두 번째 단체인 AAMT(American Association for Music Therapy)는 그 목적이 대부분 NAMT와 비슷하였지만 음악치료사들을 학문적·임상적으로 훈련하는 방법에서 차이를 보였다. NAMT와 AAMT 두 단체의 창립 이래 음악치료 분야는 교육과 임상 훈련, 임상 실습에 대한 높은 기준을 강조하면서 지속적으로 성장하였고, 음악치료사를 전문인으로 인정하는 일이 마침내 현실화되기에 이르렀다.

마침내 1998년에 두 단체가 통합되어 AMTA(American Music Therapy Association)가 탄생하였고 음악치료라는 전문 분야가 성장하는 데 큰 공헌을 하였다. 오늘날, 음악치료는 매우 강력하고 생존력 있는 전문 분야로 인정받고 있다.

2. 음악치료의 이해

"음악을 듣고 있었는데 아주 기분이 좋아졌다. 이것이 바로 음악치료가 아닌가?"라는 질문을 받는 경우가 있다. 이것은 '음악치료'에 대한 그릇된 인식에서 비롯된 것이다. 음악이 기본적으로 '창조적'이며 '치료적'인 속성이 있고 인간의 감정을 표현하고 승화시킬 수 있다는 것은 분명한 사실이지만, 우연적인 치료 효과와 치료 도구로서의 의도적인 사용은 명확히 구분되어야 한다.

음악을 효과적인 치료의 도구로 사용하기 위해서는 무엇보다 음악치료에 대한 올바른 이해가 선행되어야 한다.

1) 음악치료의 정의

음악치료(music therapy)란 음악치료 전문가(music therapist)가 음악을 사용하여 인간의 신체적 · 정신적 · 사회적 · 정서적 장애를 극복하고 보다 만족스러운 삶을 영위하기 위해 행해지는 일체의 활동을 말한다. 즉, 음악치료는 음악을 도구로 이용하여 인간이 긍정적인 삶을 향유할 수 있도록 도와주는 활동으로서 음악 안에서의 경험이나 음악을 통한 관계를 통해 환자-음악-치료사의 역동적인 변화를 이끌어 내는 과학적이고 체계적인 치료다.

미국음악치료협회(National Association for Music Therapy : NAMT)는 음악치료를 정신적 · 신체적 건강의 증진, 유지 및 회복과 같은 치료적 목표를 달성하기 위해 음악을 사용하는 것이라고 정의하였으며, Bruscia(1991)는 음악치료를 신체적 · 정신적 · 사회적 · 정서적인 안녕을 위해 환자와 치료사의 관계 안에서 소리와 음악을 사용하는 것이라고 정의했다. 또한 Nordoff와 Robbins(1971)는 음악치료를 환자와 치료사의 관계 안에서 심리적 · 정신적 · 생리적인 건강을 회복, 유지, 증진하도록 하고 행동적 · 발달적 · 신체적 · 사회적 기술을 습득, 재활, 유지하게 하기 위해 치료적 도구로서 음악을 사용하는 것이라고 했으며, Gerard(1958)는 음악치료가 한편으로는 상징적이며 심리적인 표현을 불러일으키고, 또 다른 한편으로는 입증할 수 있고 연구할 수 있는 표현을 불러일으키는 발견, 상상, 영감의 행위이므로, 음악치료는 예술인 동시에 과학이라고 말했다(Boxill, 1985).

음악치료라는 말은 '음악(music)'과 '치료(therapy)'가 만나서 이루어진 합성어다. 음악치료에서 '음악(music)'은 치료의 도구로서 다양한 수준의 사람들과 접촉할 수 있는 힘을 가지고 있으며 생활에 필요한 기술을 습득하게 하는 데 광범위하게 적용됨으로써 일상생활에서 고립되어 있는 내담자에게 효과적으로 접근할 수 있도록 돕는다. 또한 비언어적인 방법으로 관계를 형성할 수 있게 하므로 지적 기능과 의사소통 능력의 결함 때문에 언어적으로 접근하기 어려운 내담자에게 중요한 의미를 갖는다. 또한 '치료(therapy)'라는 말은 '보조하다' 또는 '사람을 도와주다'의 의미를 갖는 단어로 내담자의 전반적인 건강 상태가 부조화에서 조화로운 방향으로 이동하는 것을 의미한다. 이는 증상의 완화, 치료 대상자의 행동 수정 및 변화를 목적으로 하며 일반 의학에서처럼 증상이 완전히 사라지는 것을 의미하는 것은 아니다.

이와 같이 음악치료는 음악을 목적이 아닌 도구로 사용해 치료 대상자의 행동 변화를 유도하는 방법이며, 치료사는 치료 대상자와 음악 경험을 함께하면서 문제가 되는 행동을 바람직한 방향으로 이끌어 주는 역할을 한다. 음악치료는 개인적 발달과 인간애의 궁극적인 달성을 위한 새로운 방향을 제시하며, 타고난 정신적·신체적 장애로 자신과 타인, 그리고 환경에 대한 인식이 부족한 사람들을 위하여 표현과 학습의 통로를 열어 준다.

현대의 음악치료는 환자의 증상을 제거, 수정하고 장애행동을 감소시키며, 인격 장애인을 바람직한 성격을 갖춘 사람으로 이끄는 전문적 임상치료 형태를 띤다. 음악치료는 심리치료의 방법론, 이론, 기법, 사정, 평가 등과 음악·예술 활동을 채택하여 임상에 통합, 적용하고 있다(김군자, 2002).

2) 음악치료의 원리

'음악(music)'이 '치료(therapy)'에 효과적으로 사용될 수 있는 것은 그 자체가 많은 사람에게 다가갈 수 있는 융통성 있는 예술 매체로 광범위한 치료 프로그램에 적용될 수 있기 때문이다. 음악치료사가 치료 대상자에게 적합한 음악치료 프로그램을 사용하기 위해서는 음악이 인간 생활에 미치는 영향과 음악의 치료적 기능에 대해 이해하고 있어야 한다. 이는 의사가 환자에게 적절한 처방을 내리기 위해서는 약의 성분이나 필요한 수술의 절차에 대해 알고 있어야 하는 것과 마찬가지 이치라 하겠다.

(1) 음악과 인간

"자장가에서 장송곡까지". 이 말은 인간에게 음악이 얼마나 중요한 존재인지를 단적으로 설명하고 있다. 음악은 인간이 태어난 날부터 죽음에 이를 때까지 함께 존재하며, 오직 인간만이 음악을 창조하고 의도적으로 사용한다. 또한 인간이 할 수 있는 많은 활동에 참여하기 위해서는 정신적·신체적 발달이 선행되어야 한다. 그러나 음악은 갓 태어난 신생아부터 기능이 현저하게 저하된 노인에 이르기까지 교육의 정도, 기능의 높고 낮음에 상관없이 누구나 참여할 수 있는 예술의 형태로서 특히 장애가 심하거나 정상적인 방법으로는 접근할 수 없는 사람들에게 접근이 용이하다는 장점을 지닌다.

음악적 존재로서 인간이 음악에 반응하거나 창조하는 방법은 평생에 걸쳐 매우 다양하게 나타난다. 치료사가 내담자에게 음악을 적절하게 사용하기 위해서는 각 발달 단계에서 습득되는 음악적 기술과 특징에 대한 이해가 필요하다. 여기서는 '유아 음악감수성 발달 단계'라는 제목으로 번역된 Gordon(1997; 노주희, 2003; 정현주 외, 2006)의 견해를 중심으로 살펴보기로 하자.

먼저, 갓 태어난 아기들은 노출기(acculturation, 출생부터 2~4세)에 놓인다. 이 단계의 아동은 환경을 의식하지 못하면서 절대적인 영향을 받는 시기로 무의식적·무조건적으로 받아들이고 다소 음악적이지 않은 반응을 보이지만 점차 의도적인 반응을 시도할 수 있게 된다.

다음은 모방기(imitation, 2~4세부터 3~5세)의 단계로 아동이 따라 하기 위해 애쓰는 시기다. 무조건적으로 받아들이던 노출기와는 달리 인상을 찌푸리고 차이점을 인식하려는 시도가 나타난다. 중심 음과 강박을 인식할 수 있게 되면서 점차 정교한 모방 능력을 갖추는 단계다.

마지막 단계는 자기 안의 조화로움을 추구하는 동화기(assimilation, 3~5세부터 4~6세)로 무조건적인 모방을 벗어나 자기 성찰을 하게 되는 시기다. 이 시기에는 강박과 중간 박, 약박의 존재를 알게 되고 음고에 대해서도 다양한 관심을 가지게 된다.

이 세 단계는 다시 〈표 5-1〉과 같이 일곱 단계로 세분된다.

표 5-1 **유아 음악감수성 발달 단계**

유 형	단 계	특 징
노출 (출생부터 2~4세)	① 받아들이기-환경의 음악적 소리를 청각적으로 받아들임 ② 무의식적 반응-환경의 음악적 소리에 반응하여 옹알이도 하고 움직이지만 음악적 소리와 관련되지 않음 ③ 의식적 반응-환경의 음악적 소리와 관련된 동작과 옹알이를 시도	환경을 거의 의식하지 못한 채 반응하며 점차 의도적인 음악적 반응을 시도하게 되는 시기
모방 (2~4세부터 3~5세)	④ 자기중심성의 탈피-자신의 동작과 옹알이가 환경의 음악적 소리와 일치하지 않음을 인식 ⑤ 음악문법의 해독-환경의 음악적 소리, 특히 음고 패턴과 리듬 패턴을 어느 정도 정확하게 모방	환경에 초점을 맞추어 의식적으로 반응하는 시기
동화 (3~5세부터 4~6세)	⑥ 자기 깨닫기-선율노래, 리듬노래와 자신의 호흡, 동작이 협응되지 않음을 인식 ⑦ 동작과 노래-선율노래, 리듬노래와 자신의 호흡, 동작을 조화시킴	자신에게 초점을 맞춰 의식적으로 반응

(2) 음악의 치료적 기능

음악의 기능은 노래와 가사를 통해 격찬되어 왔다. 칼라일(Carlyle)은 음악을 '천사의 언어'에 비유했으며, 루터(Martin Luther)는 "가슴에 수용할 수 있는 평화와 즐거움을 주는 예술"이라고 묘사하였다. 개스턴(E. Thayer Gaston, 1968)은 음악은 비언어적 의사소통의 수단으로서 말로는 표현하기 어려운 감정을 표현하게 하며 언어로 표현할 수 없는 것을 대변해 주는 역할을 한다고 하였다(김수지 외 공역, 2002: 68).

음악은 내담자가 자신의 창조의 부분을 만날 수 있고 자신만의 과정을 경험하여 자신의 미지의 세계와 무제한의 창조적 잠재력을 펼쳐 나갈 수 있게 하는 치료적 성질 때문에 언어와 함께 음악치료에서 중요한 역할을 담당하며 다양한 음악치료 접근을 가능하게 한다.

음악의 치료적 기능에 대해서는 그펠러(김수지 외 공역, 2002)와 오랫동안 임상현장에서 아동을 위한 음악치료에 헌신해 온 음악치료사 에디스 박실(Edith H. Boxill: 김태련 외 공역, 1998)의 의견, 정신분석학적 입장에서 음악의 치료적 역할에 대해 이야기한 루드(Ruud)의 의견을 중심으로 살펴보기로 하겠다.

① 신경생리학적 기능

누구나 한 번쯤은 신나는 음악에 맞춰 자신도 모르게 몸을 흔들거나 발을 까딱거리거나 손가락으로 리듬을 맞추고 있는 자신을 발견한 경험이 있을 것이다. 이와 같이 우리의 몸은 음악적 자극에 대해 여러 가지 반응을 나타내며 귀와 뇌의 청각중추를 통해 음악을 인지하게 된다. 음악은 촉각적 자극제로서 움직임을 자극하고 조직화하며 고통스러운 움직임이나 노동 시간을 인내하고 격려하기 위한 동기 유발이나 주의 환기를 위해 사용될 수 있다.

(a) 감각자극제로서의 음악

음악은 기본적으로 청각과 촉각에 의해 인지되는 에너지의 형태다. 음악적 근원은 에너지를 발생하여 음파(sound wave)를 생성하고, 이는 공기를 진동시켜 귀에까지 전달되며 청신경을 통해 뇌에 음악적 정보를 전달하게 된다. 귀는 소리를 전달하지만 소리의 근원에서 의미를 찾아내는 것은 뇌다. 뇌는 멜로디, 리듬, 화성, 악기 등의 물리적 구성 요소를 인지하고 또한 음악이 친숙한가, 아름다운가, 혹은 슬픈가 등을 파악하여 음악을 해석한다. 같은 음악을 듣고도 사람에 따라 다양한 해석이 이루어지는데, 음악적 의미는 과거의 경험, 음악적 훈련, 문화적 관점 등의 다양한 요인과 연관되어 해석되기 때문이다.

또한 우리 몸은 청각적 자극뿐 아니라 음파, 즉 음의 파동을 통해 촉각적으로도 음을 인지할 수 있게 된다. 음악의 이러한 특성은 다른 방법으로는 접근이 불가능한 사람들에게 정신생물학적으로 직접적인 접촉을 가능하게 한다.

(b) 소리의 치료적인 측면

청각과 촉각 자극으로서의 음악은 주의 집중을 조절하고 학습을 증진시킬 수 있다는 점에서 중요한 치료적 기능을 가진다. 이는 소리 자극이 아름답고 새롭고 흥미로운 것일 때 더욱 효과가 있으며, 심각한 장애를 입은 개인들이 주의 집중을 유지할 수 있도록 도와준다. 음악을 이용한 청각과 촉각의 질은 특정 치료 목적들을 달성하게 해 주는 기본적이고 매력적인 감각운동 자극의 형태가 된다.

(c) 음악이 자율신경계에 미치는 영향

음악은 맥박, 호흡, 혈압, 근육의 긴장도와 같은 자율신경계에 영향을 미친다. 음악의 신체적 반응에 대한 대부분의 연구는 음악이 자율신경계의 생리학적 반응에 영향을 미친다는 사실을 지지한다. 그러나 같은 음악에 대해 나타나는 자율신경계의 변화는 일정하지 않으며, 따라서 우리는 음악에 대한 자율신경계의 변화를 예측하기 어렵다. 음악적 반응들은 단순히 음악적 특징만으로 결정되는 것이 아니라 많은 개인적 변인에 의해 영향을 받기 때문이다.

(d) 리드믹 청각운동의 통합

리듬이 있는 자극들은 타이밍과 용이성을 증진하는 데 도움이 된다. 이러한 사실은 보행 재활이나 신체적 운동 프로그램과 같은 치료 프로그램에 매우 유용하다. 개스턴(1968)에 의하면, "활성화하고 순서화하기 위한 리듬의 독특한 잠재력을 사용하는 것"은 음악이 치료 과정에 헌신하는 가정 기본적인 방식 중 하나다.

② 의사소통의 기능

음악은 비언어적인 의사표현의 수단으로서 언어적 의사소통 능력에 장애가 있는 내담자의 표현을 돕고 정신적 · 심리적 건강을 유지하기 위해 표현해야만 하는 감정을 드러내는 데 매우 유용하게 쓰인다. 초기 음악치료 지도자인 개스턴 박사(E. Thayer Gaston)는 다음과 같이 말하였다(김수지 외 공역, 2002: 68).

"기능적인 관점에서 볼 때, 음악은 기본적으로 의사소통의 수단이다. 음악은 말보다는 좀 더 미묘하다. 사실상, 그것은 잠재성과 가치를 부여하는 음악이 갖는 무언의 의미다. 만약 언어로 모든 의사소통이 가능하다면 음악은 필요가 없을 것이다."

(Gaston, 1958: 143)

음악은 비언어적인 표현의 수단으로, 말을 할 수 없거나 의사소통 기술에 결함이 있는 아동의 표현을 촉진한다.

③ 감정 표현의 기능

음악은 '감정의 언어'라고 불릴 만큼 오랫동안 감정을 표현하는 수단으로 이용되었으며 언어보다 쉽게 감정에 접근할 수 있는 표현 수단으로 언어로는 표현할 수 없는 것을 대변해 준다. 또한 음악은 듣는 사람의 기분을 반영하고 그 사람의 기분에 영향을 끼칠 수 있으며 인지적이거나 시각적인 정보의 의미를 심화하거나 확장 또는 변형시키는 데 이용될 수 있다.

또한 음악은 적대적이고 받아들여질 수 없는 욕구를 표현하는 배출구로서 사용될 수 있다. 이는 프로이트 방어 이론의 '승화'기제와도 연결되는 것으로 개인은 악기를 연주함으로써 불편하고 대립적인 생각이나 느낌을 표현할 수 있다. 예를 들어, 어떤 사람이 누군가에게 적대적인 감정을 품고 있다면 그것을 말이나 물리적인 공격으로 표현하기보다는 북을 두드리거나 피아노를 시끄럽게 치는 것으로 표현하는 쪽이 나을 것이다. 곧 사회적으로 부적절한 감정을 받아들일 수 있는 행동(북 두드리기, 피아노 치기)으로 대체함으로써 승화한 것이다. 발달과 사회생활 적응에 어려움을 겪는 사람들은 발달의 지연과 부적응적 행동으로 주위 사람들로부터 부정적인 반응을 얻게 되고, 그 결과 스스로 위축되거나 억눌린 감정을 가지고 있는 경우가 많다. 음악과 음악 활동은 이러한 감정들을 안전하고 허용된 공간에서 배출할 수 있는 통로 역할을 함으로써 사람들을 도울 수 있다.

④ 상징적 표현의 기능

음악은 오랫동안 비언어적인 의사소통의 수단으로서 감정적 정보와 함께 상징적인 의미를 전달하는 기능을 해 왔다. 음악 안에서 표현된 상징은 관념적인 의미로 사용된 것으로 같은 문화적 배경의 사람들이 공유할 수 있는 의미를 내포하고 있어 충분한 정보 전달자로서의 역할을 한다. 그러므로 음악적 상징들을 치료적 환경에서 의사소통과 자기표현을 위한 도구로 유용하게 사용하려면 치료사가 각 문화권과 세대에 따라 달라지는 상징의 차이에 민감해야 한다.

⑤ 음악의 사회적 기능

집단 음악 활동 안에서 적절하게 구조화된 음악적 사건들은 다른 방법으로는 불가능한 긍정적이고 성공적인 사회적 경험을 제공한다. 또한 내담자-치료사의 관계 수립을 도와주고 유지·강화시켜 준다.

음악은 또한 인간 사회에서 다양한 기능을 발휘하는데 인류학자인 메리엄(A. P. Merriam)은 음악의 기능을 감정 표현, 미적인 즐거움, 오락의 방법, 의사소통, 상징적 표현, 신체적 반응 유발, 사회규범과 관련, 사회기관과 종교 의식의 확인, 사회와 문화의 영속성에 기여, 사회통합에 기여 등(최병철, 2000)으로 표현하고 있다.

⑥ 미적 즐거움과 오락을 위한 기능

우리는 미적 표현을 위해 또는 기분을 전환하기 위해 음악을 이용한다. 매슬로(A. Maslow, 1908~1970)는 성공적인 미적 경험에 참여함으로써 자아실현을 통한 자아존중감의 향상을 도모할 수 있다고 하였다. 음악치료사는 내담자가 도전할 만한 음악적 과업을 선택함으로써 성공적인 음악적 경험을 제공하여 자아의식과 자존감을 강화시켜 줄 수 있는데, 이는 새로운 악기를 배운다거나 오래된 음악적 기술을 되살리는 것 등이 있으며 내담자의 기능 수준을 고려한 song-writting 기법 등도 포함된다.

⑦ 심상 유도의 기능

즉흥연주나 유도된 상상(guided imagery: 음악을 사용하여 연상을 일으키는 것) 같은 음악 활동은 무의식의 영역을 탐구하는 데 사용될 수 있다(Bonny, 1994; Goldberg, 1989; Nolan, 1994, Wheeler, 1983). 음악은 내담자가 내면의 세계에 집중할 수 있도록, 그리고 극한 감정을 표출할 수 있도록 지지해 주는 역할을 한다. 또한 절정 경험을 촉진하고 시간을 초월한 경험을 가능하게 하며 전반적인 경험의 전개와 흐름을 구조화해 주는 역할을 한다.

내담자는 음악으로 유도된 심상을 통해 내면세계를 부분적으로, 또는 전체적으로 접하면서 자신에 대한 이해를 높이고 자신을 조율하는 능력을 개발해 나간다. 내담자는 치료 진행 과정을 통해 존재의 목적과 책임감을 인정하고 진정한 자유로움과 자기 고유의 가치를 높이며 스스로에 대한 이해를 얻고 궁극적으로 일상과 삶에 필요한 대응 전략과 문제해결력을 기르게 된다(정현주 외, 2006).

3) 음악치료의 대상

음악치료는 '음악(music)'을 치료 도구로 사용함으로써 다양한 사람에게 도움을 줄 수 있다. 음악치료는 정신장애자, 발달장애자, 신체장애자의 사회적인 기능 향상을 돕고, 또한 통증 관리 및 의료 현장에서 재활 중인 환자, 스트레스 환자, 출산을 앞둔 산모의 고통과 스트레스 조절 효과를 기대할 수 있으며, 장애가 없는 정상인도 심리적 문제 해결과 지지를 위해 도움을 받을 수 있다.

4) 음악치료의 적용 방법과 목적

음악치료 안에서는 내담자와 치료사의 즉흥연주, 재창조 연주, 창조, 감상 등의 방법이 적용된다. 그렇다면 이러한 방법들이 어떤 형태로 진행되는지, 어떤 목적을 위해 적용되는지 살펴보기로 하자.

(1) 즉흥연주

즉흥연주(improvisation)는 '즉석에서 제작, 발명, 혹은 다듬어 내는 것'이라는 의미로 일상생활에서 사용되며, 음악 안에서는 "이미 작곡된 악보를 연주하는 것이 아니라 연주하는 동안 즉흥적으로 음악을 만들어 내는 기술"(Apel & Daniel, 1969: Bruscia, 1998)이라고 정의된다. 즉흥연주 기술을 주로 이용하는 음악치료는 자기표현 능력의 향상, 관계 개선(표현과 수용), 감각의 발달, 협응 능력 증진 등을 목적으로 내담자가 원하는 악기, 목소리, 동작 등을 음악적 규칙이나 체계, 형식에 구애받지 않고 자신이 원하는 대로 자유롭게 표현할 수 있도록 돕는다.

(2) 재창조 연주

재창조(re-creation) 연주는 음악치료 장면에서 기존의 곡을 다시 연주하거나 다양하게 변화시켜 연주하는 형태로 감각 운동과 협응 기술의 발달, 시간의 흐름에 따른 자연적 적응 능력의 발달, 집중력과 현실 인식 능력의 향상, 기억력 증진, 합창·합주를 통한 사회성 향상을 목적으로 이용된다.

(3) 창조

음악치료 장면에 적용되는 창조(creation) 기법이란 노래 만들기, 노래 가사 고쳐 부르기, 이야기에 맞는 배경 음악 만들기 등의 활동을 말하며, 이때 음악적인 부분은 치료사가 담당하게 된다. 이 기법은 계획성·조직력의 발달, 자신감·책임감의 증가, 자기표현의 촉진 등을 목적으로 사용된다.

(4) 음악 감상

음악치료 장면에서 음악 감상(listening to music)의 기법을 적용하는 것은 GIM, 신체적 감상, 긴장이완·회상 등을 위해 음악을 선택하여 감상하는 경우다. 듣기 능력을 증진시켜 청각적 변별력 향상, 좌뇌와 우뇌의 고른 발달, 다양한 정서적 반응을 유도하고 기억·회상을 촉진하며 심상을 유발하여 자신의 무의식을 탐색하고자 하는 목적으로 사용된다.

5) 음악치료의 배경

음악치료가 임상 장면에서 효과적으로 적용되기 위해서는 여러 가지 배경 요인이 적절하게 뒷받침되어야 한다. 여기에서는 음악치료를 위한 요인을 크게 공간적·시간적·치료적 배경으로 나누어 살펴보고자 한다.

(1) 음악치료실의 공간적 배경

음악치료실은 치료를 위한 만남이 이루어지는 공간이다. 그러므로 음악치료실은 내담자가 안정감과 함께 따뜻하고 허용적인 분위기를 느낄 수 있도록 배려되어야 한다. 음악치료실의 벽면은 장식적인 요소를 배제하면서 따뜻하고 안정된 느낌을 줄 수 있는 색상을 선택하고, 조명 또한 따뜻한 느낌을 줄 수 있는 자연광 느낌을 사용하면서 그 밝기를 조절할 수 있도록 고려하여 설치되어야 한다.

또한 음악치료에서 가장 중요한 치료적 배경은 '음악'이다. 그러므로 음악치료실은 '음악'이 가장 중요한 전경이 될 수 있도록 배려되어야 한다. 음악치료실에서는 음악치료를 진행하기 위한 최소한의 도구(악기, 오디오 시스템, 비디오 촬영기 등)를 제외한 일체의 장식이나 가구가 생략되는 것이 좋다. 또한 좋은 음악을 제공할 수 있도록 하는 흡음 시설과 외부의 청각적 반응에 노출되지 않도록 하는 방음 시설이 뒷받침되고 보호자가 치료 장면을 관찰할 수 있도록 한쪽 벽면에 일방경(one-way mirror)이 갖추어져야 한다.

음악치료에 사용되는 악기는 피아노와 같이 움직이기 힘든 악기를 제외하고 따로 악기실을 두어 보관하거나 열고 닫을 수 있는 악기장에 보관하여 당 회기 치료 장면에 불필요한 악기가 내담자의 주의를 끄는 일이 없도록 배려하는 것이 좋다.

그림 5-1 음악치료실 전경

(2) 음악치료의 시간적 배경

음악치료 장면에서 고려되어야 하는 시간적 배경에는 각 회기의 시간 길이와 치료 빈도, 치료 종결까지의 시기 등이 포함되며 이는 치료 목적이나 내담자의 기능 정도, 치료 적용 방법 등에 따라 달라진다. 아동을 대상으로 하는 음악치료의 시간 구성은 주 1회, 30~50분 동안 진행되는 경우가 일반적이나, 내담자의 신체 기능과 주의집중 가능 시간, 주요 활동과 치료적 효과를 고려한 치료사의 판단에 따라 융통성 있게 조정될 수 있다.

(3) 음악치료의 치료적 배경

음악치료 장면에서 가장 중요한 치료적 배경은 '음악(music)'과 '치료사(therapist)', 그리고 '내담자(client)'다. 그중에서도 '음악'은 가장 중요한 역할을 담당하며, 따라서 가장 먼저, 우선적으로 고려되어야 한다.

① 음악

음악치료에서 음악은 치료사와 내담자 사이를 연결하는 중요한 매개체가 된다. 치료사와 내담자가 더욱 직접적인 관계를 맺기 전에 치료사의 음악과 내담자의 음악이 먼저 만나게 되는데, 이때 음악은 비언어적인 의사소통의 도구로서 치료사와 내담자가 서로의 감정을 이해하고 치료적 관계를 형성할 수 있도록 하는 데 결정적인 역할을 담당한다. 또한 음악은 내담자가 자신의 내재 부분을 만날 수 있고 자신만의 과정을 경험하여 자신의 미지의 세계와 무제한의 창조적 잠재력을 펼쳐 나갈 수 있도록 돕기 때문에 언어와 함께 중요한 역할을 담당하게 된다.

음악치료 장면에서 사용되는 음악과 음악 활동의 종류, 적용 방법 등은 치료사가 내담자와 면담을 거친 후 내담자의 현재 상황과 기능의 높고 낮음, 심리적 문제에 따라 치료 목적을 고려하여 선택하게 된다. 치료사는 음악이 심미적 경험이 아닌 치료 목적을 위해 사용되므로 음악에 대한 내담자의 경험이 더 중요하다는 것을 기억하여야 한다.

② 치료사

음악치료사는 치료 목적을 달성하기 위해 내담자와 치료적 관계를 맺고 음악적 경험을 제공하는 당사자로, 음악치료사의 자질은 음악과 함께 음악치료의 질을 결정하는 중요한 치료적 환경이다.

치료적 관계 안에서 내담자의 변화를 이끌어 내기 위해 가장 필요한 것은 치료사의 일관성과 안정성이다. 그러므로 음악치료사가 되기 위해서는 다양한 악기 연주 기술과 성악 기술, 음악에 대한 폭넓은 이해가 요구되며 이를 내담자의 상황에 따라 적절하게 적용할 수 있도록 음악치료 영역에 대한 이해와 임상 경험이 필요하다. 또한 내담자의 현재 상황을 이해하고 그에 맞는 적절한 치료 목적과 방법을 수립할 수 있어야 하므로 생리학, 발달심리학, 이상심리학, 정신의학, 상담 이론과 기술치료 관련 영역에 대한 지식도 습득해야 한다.

③ 내담자

음악치료의 치료적 배경에서 소홀하게 취급되기 쉬운 요소가 바로 내담자다. 훌륭한 자질을 갖춘 치료사와 음악치료실, 음악이 준비되어 있다 하더라도 내담자가 없으면 치료가 진행될 수 없다. 그렇다고 해서 내담자에게 음악적 기술이나 재능이 필요한 것은 아니다. 가끔 '음악치료를 받기 위해서는 음악적 재능이 필요하지 않은가?'라는 질문을 받는데, 그것은 음악 기능 습득을 목적으로 하는 음악 교육과 음악을 치료의 도구로 사용하는 음악치료의 차이점을 올바로 이해하지 못한 까닭이다.

그렇다면 음악치료 장면에서 내담자에 대한 최소한의 요구사항은 무엇일까? 그것은 바로 '작업동맹(working alliance)'으로 내담자가 자신의 현재 상태를 더욱 바람직한 방향으로 변화시키기 위해 노력하겠다는 치료사와의 약속이다. 즉, 내담자는 치료사와 약속한 시간에 치료실에 나와 치료를 받겠다는 약속을 해야 하고, 또 이를 실천하려는 노력을 해야 한다.

6) 음악치료 프로그램의 과정

음악치료 프로그램은 대체로 〈표 5-4〉에 제시된 여섯 단계의 과정을 통해 이루어진다. 그러나 음악치료 프로그램의 과정을 여섯 단계로 분류한 〈표 5-4〉의 양식은 음악치료 프로그램의 과정에 대한 이해를 돕기 위하여 제시되었을 뿐이며 음악치료 현장에 따라 차이가 있을 수 있음을 미리 밝혀 둔다.

(1) 의뢰 및 상담

음악치료 프로그램에 대한 의뢰는 의료 현장과 교육 현장, 사회복지 분야 등의 관련 기관에서 이루어지나 내담자, 혹은 보호자의 직접적인 요청에 의해 이루어지기도 한다. 치료사는 대개 내담자와 보호자를 함께 만나 의뢰 사유에 대해 상담하게 되나, 성인 내담자의 경우 단독 상담이 이루어지기도 한다. 관련 기관에서 의뢰될 경우 기관의 담당자에게 진단평가 결과 자료 등을 통한 내담자의 배경 정보나 의학적 처치 등에 대한 정보를 미리 요청해 두면 상담 시 참고자료로 활용할 수 있다. 그러나 모든 문서화된 자료에는 기록자의 의견 및 판단이 작용되었음을 기억할 필요가 있다. 내담자 혹은 보호자의 직접적인 요청에 의한 경우에 의학적 진단이 필요하다고 판단하면 상담 이전에 의학적 진단을 권할 수 있다.

(2) 진단평가

내담자에 대한 의학적 진단을 토대로 내담자의 병력 및 현재의 신체적 · 정신적 · 사회적 · 정서적 상태를 파악하는 단계다. 이 단계에서 유의할 점은 내담자의 취약점과 기능의 제한점에 대한 고려 외에도 내담자의 장점, 여러 차원의 능력과 욕구 등에도 관심을 기울여야 하며 특히 내담자의 음악 기술과 음악적 경험, 음악에 대한 선호도 등에 대한 평가가 이루어져야 한다는 것이다.

진단평가 자료는 의뢰된 내담자가 음악치료 프로그램에 적합한지를 판단하고 내담자의 치료 범위와 방향을 결정하는 근거 자료로 활용될 것이므로 신중을 기해 이루어져야 한다.

(3) 음악치료 계획

음악치료 접근이 효과적이라고 판단될 경우 치료사는 진단평가 자료를 토대로 음악치료 계획을 수립하게 된다. 음악치료사는 내담자의 의학적 진단 및 배경 정보와 주 호소 문제, 내담자의 현재 상태 등을 고려하여 음악치료 장기 계획을 수립한다. 이때 음악치료 장기 목적과 단기 목표(therapeutic goals and objectives)를 설정하게 되는데 이는 음악치료 프로그램의 방향을 설정하고 일관성 있게 진행할 수 있도록 하는 역할을 하므로 매우 중요하다. 또한 치료를 시작하기 전의 내담자의 상태를 기술함으로써 치료를 통해 변화된 모습을 관찰할 수 있어 음악치료의 효과를 확인할 수 있다는 장점이 있다. 장기 목적(goals)은 내담자의 행동에 대한 바람직한 변화를 표현한 광범위한 서술이며 치료사가 음악치료 프로그램을 통해 의도하는 결과라고 할 수 있다. 단기 목표(objectives)는 회기마다 도달해야 할 즉각적인 목표이며 최종 목적지인 장기 목표를 획득하는 과정 중의 작은 단계로 내담자의 성취와 관련된다.

음악치료계획서 작성 요령은 이 장의 마지막 부분에 그 예를 제시해 두었다.

(4) 음악치료 프로그램의 적용

이 단계는 치료 적용 계획서를 바탕으로 하여 실제로 음악치료 프로그램이 적용되는 단계다. 매 회기에 적용되는 음악치료 프로그램은 장기 목적의 큰 범주 안에서 회기별 단기 목표가 설정되며, 내담자의 음악적 선호와 경험, 기능 등을 고려하여 음악활동이 이루어진다. 치료사는 내담자의 문제점 및 결핍들을 고려하여 음악치료 프로그램을 적용하되 내담자의 긍정적인 측면과 장점들을 부각하여야 한다. 또한 적절한 도전 욕구를 자극하면서 도달 가능한 단기 목표를 수립함으로써 내담자가 성취감을 느낄 수 있도록 배려하고 자발적인 참여를 유도해야 한다.

매 회기에 적용되는 음악치료 프로그램 양식을 치료적용계획서라고 하며 이를 〈표 5-3〉에 예시해 두었으나 이 또한 이해를 돕기 위한 것이며 전형적인 양식은 아니다.

음악치료사는 음악의 치료적 기능에 대해 충분히 이해하고 음악이 담당할 치료적 역할을 미리 고려하여 활동 프로그램을 계획하고 이에 대해 서술함으로써 음악치료의 장점을 살리고 음악치료의 정체성을 잃지 않도록 고려해야 한다.

치료적용계획서 작성 요령

① 장기 목적

내담자의 행동에 대한 바람직한 변화를 표현한 광범위한 서술이며 음악치료의 전체적인 방향을 제시하는 역할을 한다.

예) 의사소통 능력 향상, 대인관계 기술 향상, 주의 집중 능력 향상, 자존감 향상 등

② 단기 목표

단기 목표는 회기마다 도달해야 할 즉각적인 목표이며 최종 목적지인 장기 목표를 획득하는 과정 중의 작은 단계로 내담자의 매 회기 성취와 관련된다. 단기 목표의 서술 내용에는 내담자와 치료사, 구체적인 지시 사항과 도달 목표, 기준점 등이 포함된다.

a. 내담자는

b. 치료사가 제시하는 또는 안내하는 (   )에 따라

c. (   )하기를

d. (   )번 시도하여 (   )번 이상 할 수 있다.

예) 내담자는 치료사가 제시하는 색깔악보와 지휘에 따라 자신의 순서에 핸드벨을 연주하기를 3번 시도하여 2번 이상 성공할 수 있다.

③ 도구

음악치료 프로그램 진행에 필요한 악기, 악보, 음악 CD 및 CD Player 등 기타 준비물을 기록한다.

④ 치료 과정

치료 과정에 대한 서술로서 각 단계를 순서대로 가능한 한 자세하게 서술하고, 예상 소

요 시간을 예상하여 전체 회기 진행 시간을 조절한다.

⑤ 응용 및 발전

준비한 음악 활동 프로그램에 대한 내담자의 반응을 고려하여 상위 단계의 활동 프로그램과 하위 단계의 활동 프로그램을 미리 준비한다.

⑥ 음악이 치료사

음악치료 임상 장면에서는 음악치료사 외에 음악이 중요한 치료적 역할을 담당한다. 음악은 비언어적인 의사소통의 도구로서 치료사와 내담자가 서로의 감정을 이해하고 치료적 관계를 형성할 수 있도록 하는 데 결정적인 역할을 담당한다. 또한 음악은 내담자가 자신의 내재 부분을 만날 수 있고 자신만의 과정을 경험하여 자신의 미지의 세계와 무제한의 창조적 잠재력을 펼쳐 나갈 수 있도록 돕기 때문에 언어와 함께 중요한 역할을 담당한다.

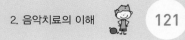

표 5-2 음악치료계획서

음악치료사 ○○○

내담자	○○○(나이/성별)	
진단명	진단명(진단받은 기관) [예: 정신지체 3급(경기도 소재의 A대학병원 소아정신과)]	
주 호소	내담자의 문제 행동, 혹은 보호자가 치료를 통해 변화되기를 희망하는 호소 사항	
배경 정보	개인사	내담자 개인의 현재 정신적·신체적·정서적 상태에 대한 서술 및 발달사에 대한 서술. 임신 중의 모체의 정신적·신체적·정서적 건강 상태 및 알코올 문제, 약물 복용 여부, 출생 시 혹은 발달 중의 외상 여부, 발달의 지연 또는 특이사항, 질병 진단 시의 나이, 질병 기간, 양육상의 특이사항, 가족과 내담자의 유대관계 등 내담자 개인의 현재까지의 삶의 역사
	가족사	가족의 정신적·신체적·정서적 문제, 병력(외가, 친가 3대까지) 및 알코올 문제, 약물 오·남용 여부, 가족간의 유대관계, 내담자와의 유대관계 등에 대해 서술. 가족 내의 사건·사고, 가족의 사망, 이혼 및 이사 등으로 인한 급격한 환경의 변화 등이 내담자에게 미친 영향에 대한 서술
질병 안내	내담자의 진단 장애에 대한 자료. 정의, 주요 증상 등에 대한 서술	
음악치료 목적	음악치료 장기 목적을 서술하고, 목적 설정 이유에 대한 치료사의 의견 서술	
음악치료 형태	개개인 또는 집단 치료, 세션 길이와 빈도, 주로 적용할 음악 활동의 형태 등에 대한 서술 및 결정 이유에 대한 치료사의 의견 서술	
음악치료 효과	내담자의 장애에 음악치료 접근이 가능한 이유에 대해서 내담자의 현재 상태와 음악의 치료적 효과에 입각하여 치료사의 의견을 서술할 것. 음악치료 접근 시 기대되는 치료적 효과에 대한 서술	
임상 사례	선행 연구 또는 임상 사례에 대한 조사 분석	
비고	특이 사항, 주의할 점 등	

표 5-3 **치료적용계획서**

음악치료사 ○○○

내담자	○○○(나이/성별)
일시	○○○○년 ○월 ○일 ○요일 00:00~00:00(00분)
장소	음악치료 진행 장소 [예: 경기도 소재의 A대학병원 음악치료실]
진단명	진단명(진단받은 기관) [예: 정신지체 2급, 반응성 애착장애 등]
장기 목적	내담자의 행동에 대한 바람직한 변화를 표현한 광범위한 서술 [예: 의사소통 능력 향상, 대인관계 기술 향상, 주의 집중 능력 향상, 자존감 향상, 충동 조절 능력 향상 등]
단기 목표	매 회기 도달 목표 [예: 치료사가 제시하는 색깔악보와 지시에 따라 아동이 자신의 순서에 핸드벨을 연주하기를 3번 시도하여 2번 이상 성공한다.]
형태	개인치료 / 집단치료
도구	음악치료 프로그램에 필요한 악기, 음악 및 기타 준비물
치료 과정	치료 과정에 대한 서술. 각 단계를 순서대로 가능한 한 자세하게 서술할 것
응용 및 발전	준비한 음악 프로그램에 대한 내담자의 반응을 고려하여 상위 단계와 하위 단계의 프로그램을 미리 준비한다.
음악이 치료사	음악의 치료적 역할에 대한 서술

(5) 음악치료 프로그램의 평가

음악치료계획서를 바탕으로 하여 실제로 음악치료 프로그램을 적용한 후 내담자의 장기 목적 달성 여부에 대한 평가가 이루어지는 단계다. 이 단계에서 이루어지는 평가의 결과에 따라 음악치료 프로그램을 계속 적용할지, 종결할지를 판단하게 되기 때문에 보다 신중한 평가가 요구된다.

(6) 음악치료 프로그램의 종결

내담자의 장기 목적 달성 여부에 대한 평가를 통해 음악치료 프로그램이 줄 수 있는 최대의 효과를 누렸다고 치료 팀이 판단하면 치료를 종결하게 된다. 이는 내담자의 문제 상황이 해결되었거나 이상 소견이 발견되어 다른 영역의 치료 프로그램이 필요할 경우를 모두 포함한다. 음악치료 프로그램의 종결은 사전에 내담자에게 안내되어 내담자와 치료사가 함께 종결을 준비할 수 있도록 배려되어야 한다.

표 5-4 **음악치료의 과정**

의뢰 상담	• 의료현장: 의사, 임상 심리학자, 작업 치료사, 물리 치료사, 언어 치료사, 사회 복지사 등 • 교육현장: 교사, 학부모, 교육심리학자 등 • 내담자의 직접적인 요청

진단평가	• 치료 시작 전 완료 • 내담자의 병력과 현재 상태 파악(내담자에 대한 여러 차원의 능력, 욕구, 문제에 관한 분석) • 내담자의 취약점과 기능의 제한점을 기록 • 치료 활동 계획과 치료 기간 추산

• 음악치료에 적합한지를 판단
• 내담자를 위한 치료 방향과 범위 결정

치료 계획	• 치료 목표(therapeutic goals and objectives) 설정 　- 장기 목표: 내담자의 행동에 대한 바람직한 변화를 표현한 광범위한 서술(치료사가 의도하는 결과) 　- 단기 목표: 즉각적인 목표이며 최종 목적지인 장기 목표를 획득하는 과정 중의 작은 단계(내담자의 성취도)

치료 적용	• 계획서를 바탕으로 한 치료적 활동 • 내담자의 문제점 및 결핍들을 긍정적 변화로 유도 • 내담자의 장점들을 부각

↓

평가	• 내담자의 장기 목표 달성 여부에 대한 평가

↓

치료 종결	• 치료가 줄 수 있는 가능한 최대의 효과를 누렸다고 치료 팀이 판단하면 치료 종결

참고문헌

공찬숙, 여상훈 공역(1999). 음악치료. 힌리히 반 데에스트 저. 서울: 시유시.

김군자 역(1998). 음악치료의 즉흥연주모델. Kenneth E. Bruscia 저. 경기: 양서원.

김군자(1998a). 음악치료의 이론과 실제. 경기: 양서원.

김군자(1998b). 음악치료의 즉흥연주 모델. 경기: 양서원.

김수지, 고일주, 권혜경 공역(2002). 음악 치료학 개론. Davis et al. 저. 서울: 권혜경음악치료센터.

김은정 역(2005). 좋은 음악이 총명한 아이를 만든다. S. Habermeyer 저. 서울: 도서출판 경성라인.

김종인(2003). 행복을 주는 음악치료. 서울: (주)지식산업사.

김태련 외 공역(1998). 발달장애인을 위한 음악치료. Edith H. Boxill 저. 서울: 이화여자대학교 출판부.

이정실 역(2004). 집단음악치료. Ronald M. Borczon 저. 서울: 학지사.

정현주 외(2006). 음악치료 기법과 모델. 서울: 학지사.

최병철(2000). 음악치료학. 서울: 학지사.

최병철 역(2003). 음악치료. Kenneth E. Bruscia 저. 서울: 학지사.

(사)한국예술치료학회(http://www.arttherapy.or.kr)

(사)한국음악치료학회(http://www.musictherapy.or.kr)

숙명여대 음악치료대학원(http://www.sookmyung.ac.kr/~mtherapy)

원광예술심리연구소 느티나무(http://www.nttree.com)
이화여대 교육대학원 음악치료학과(http://www.home.ewha.ac.kr/~mtherapy)
한국음악치료교육학회(http://www.komtea.org/)
한빛음악치료(http://www.hanvitmtherapy.com)

제6장

음악치료 프로그램의 실제

개요

음악치료 프로그램은 그 진행 방법에 따라 활동 중심 음악치료 프로그램과 내담자 중심 음악치료 프로그램으로 나눌 수 있다.

두 방법 모두 음악치료 장면에서 유용하게 사용되지만 처음 음악치료를 시작하는 치료사라면 활동을 미리 계획하고 연습할 수 있는 활동 중심 음악치료 프로그램이 초심자의 불안을 덜어 주고 치료 결과를 유도하기에 좀 더 용이할 것이다.

이 장에서는 치료 대상과 치료 목적에 따라 음악치료계획서를 작성하는 방법과 매 회기에 응용되는 치료적용계획서 양식을 소개하고 실제 음악치료 임상 장면에서 사용할 수 있는 활동 중심 음악치료 프로그램을 소개하여 음악치료의 실제를 경험하고 시연해 봄으로써 음악치료에 대한 이해를 돕고자 한다.

학습 목표

소개된 음악치료 프로그램을 이용하여 모의 세션을 진행하고, 그 경험을 서로 나누고 토의해 봄으로써 음악치료의 실제에 적용할 수 있다.

1. 음악치료 프로그램에 사용되는 음악 활동의 예

1) 정보 전달자로서의 음악 활동

매 회기 프로그램에는 활동 목표가 있고 단계마다 활동에 대한 지시사항이 따르기 마련이다. 이때 언어적인 지시는 일일이 기억하기가 쉽지 않고 지나친 간섭이라는 인상을 주기 쉽다. 이때 활동에 대한 정보와 지시사항을 재미있는 멜로디에 얹어서 시작하기 전에 노래 부르게 하면, 활동 내용을 전달하면서 활동에 대한 기대까지 불러일으키는 효과를 가져올 수 있다. 또한 활동을 마무리할 때 '다시 부르기'를 함으로써 활동을 정리하고 되돌아보게 하는 효과까지 기대할 수 있다.

이때 주의할 점은 대상 아동이 잘 아는 노래를 선택하고 가사를 미리 적어 제시함으로써 노래를 익히느라 쓸데없이 시간을 낭비하는 경우가 없도록 해야 한다는 것이다.

2) 기억보조자 또는 기억술(mnemonic)로서의 음악 활동

아이들은 'ABC 노래'나 '구구셈' '천자문' '개구리와 올챙이' '신호등' 등의 노래를 형이나 누나, 방송 매체를 통해 자연스럽게 따라 부르고 습득한다. 그들은 노래의 가사에 들어 있는 인지적 학습 내용들을 인식하기 이전에 이미 하나의 통합된 형태로 받아들이게 된다. 이러한 노래들을 자세히 살펴보면 비교적 간단하고 반복적인 리듬과 멜로디의 구조 속에 인지적 내용의 가사들이 결합되어 있는 것을 볼 수 있다. 이는 어떤 음악적 아름다움이나 느낌을 표현하고자 하는 음악적 목적에서 만들어진 것이 아니라 가사에 있는 인지적 내용을 전달하는 것이 주목적이기 때문이다. 우리는 이 원리를 이용해서 아동의 학업적 성취를 도울 수 있으며 이때 음악은 정보의 전달자로서, 또는 기억을 강조하는 기억술로서 기능한다.

3) 이미지 전환을 위한 음악 활동

우리는 새로운 과제나 낯선 상황에 직면하게 되면 불안감을 느낀다. 이러한 현상은 아동에게서만 나타나는 것이 아니라 성인에게서도 종종 나타나는 현상이다(여기서 말하는 불안감은 병적인 불안과 구별되며 현실 상황에서 나타나는 자연스럽고 적응적인 심리적 불안을 말한다). 이러한 상황에서 우리는 재미있는 멜로디와 리듬, 가사를 이용하여 불안을 줄이고 무엇인가 재미있는 상황을 기대하거나 보다 긍정적인 이미지로 변화시킬 수 있다. '구구셈(김용택 시 · 백창우 곡)'이라는 노래나 구전되고 있는 '천자문(하늘천 따지 가마솥에 누룽지 박박 긁어서……)'은 가사를 재미있게 사용한 예로, 구구셈이나 천자문에 대한 어려운 공부라는 부정적 이미지를 보다 재미있고 친근한 이미지로 바꾸어 준다.

이러한 원리를 이용하여 재미있는 멜로디와 리듬, 가사를 이용하면 자신감이 부족하거나 불안이 큰 대상에게 새로운 활동에 대한 불안감을 줄여 주어 도전하고자 하는 욕구를 자극할 수 있다.

4) 집중력 향상을 위한 음악 활동

요즘 아동들은 꼭 주의력결핍 및 과잉행동장애(Attention Deficit & Hyperactivity Disorder: ADHD)를 호소하지 않더라도 상당수의 많은 아동이 산만하고 부산스럽다는 지적을 많이 받는다. 사실 아동들은 아직 스스로를 통제할 능력이 부족하고 호기심이 왕성한 시기이므로 주의가 산만한 것이 어느 정도는 정상일 것이다. 그러나 요즘 아동들은 과도한 학원 교육에 따른 학습량의 증대와 장시간의 주의 집중을 요구받으면서 오히려 더욱 산만해졌다. 이러한 환경적 요인으로 인한 주의 산만함을 해결하기 위해 가장 적절한 방법은 아이에게 충분한 휴식을 제공하고 스스로 흥미 있는 과제를 선택하게 하는 것이다. 그러나 이 방법이 현실적으로 어렵다면 아이들이 집중함으로써 즉각적인 보상을 얻을 수 있는 악기 연주를 이용하는 방법이 있다. 이때의 악기 연주는 기존의 곡을 연주하기보다는 지휘자의 지시에 따라 즉흥 연주하는 '핸드벨 연주' '차임바 연주' '타악기를 이용한 리듬 모방 연주' 등이 효과적이다. 즉각적인 음악적 보상은 아동의 주의 집중 시간을 연장시키는 효과를 가져 오고 이는 학습 지속 시간의 연장으로 이어지게 된다.

그림 6-1 핸드벨 · 차임벨 · 터닝벨

그림 6-2 콰이어혼

그림 6-3 핸드실로폰

그림 6-4 패덜드럼 · 핸드드럼세트

5) 사회적 교류 촉진제로서의 음악 활동 1: 집단 즉흥연주 활동

집단 활동을 이용한 프로그램에서 집단 구성원들 사이에 협조가 잘 이루어지지 않거나 자신의 입장만 고집하여 기대한 치료 효과를 얻지 못하는 경우를 종종 볼 수 있다. 특히 집단 활동 초기에 더욱 그런 경향이 두드러지는데 이는 구성원간의 감정적 교류가 부족하여 상대방의 입장을 이해하려는 노력이 부족하기 때문이다. 이때 악기를 이용한 그룹 즉흥연주를 활용하면 감정을 공유하고 사회적 관계를 촉진하는 효과가 있다. 따로 악기가 준비되지 않았다면 즉석에서 신문지를 찢거나 구겨서 소리를 내거나, 비닐에 바람을 넣어 터뜨리거나 폐품 등을 활용하여 악기를 만들어 사용할 수 있다. 그러한 집단 즉흥연주 활동을 통해 서로 감정적 교류를 하고 나면 상호작용이 활발해지는 효과를 가져올 수 있다. 단, 다소 소란스럽고 부산해질 수 있음을 각오해야 한다.

6) 사회적 교류 촉진제로서의 음악 활동 2: 즉흥 지휘를 통한 협동심 키우기

함께 참여할 수 있는 활동으로 먼저 한 명의 지휘자를 정한 다음 나머지 인원을 네 개의 소그룹으로 나누도록 한다. 지휘자는 자신이 원하는 음성적 소리에 따라 네 개의 동작을 정하고 각 그룹에 배정한 다음 지휘자와 개별 연습을 하도록 한다. 각 그룹이 지휘자의 동작에 따른 자신들의 음성 소리를 충분히 습득하고 나면 지휘자는 각 그룹과 약속된 동작을 사용하여 음성 소리를 이용한 즉흥 음악을 지휘한다. 이 활동은 그룹 안에서 서로 의논하여 소리를 결정하고 지휘자와 동작 신호를 결정해야 하며 지휘자의 지휘에 따라 모두 함께 즉흥 음악을 완성해 가는 과정에서 협동심과 성취감을 느끼게 한다.

7) 강화제로 사용되는 음악 활동

음악은 긍정적 보상을 위한 강화제로 이용될 수 있다. 이때 사용되는 음악은 직접 불러 줄 수도 있고 기존의 음반을 사용할 수도 있다. 다만, 미리 아동과 어떤 상황에 어떤 음악이 연주되는지 약속할 필요가 있다. 아동을 칭찬하고 싶거나 긍정적인 보상을 주고 싶을 때 음악을 활용해 보라. 백 마디 말보다 효과가 좋다.

8) 창의력 증진을 위한 음악 활동: 친구와 함께하는 재미있는 음악 이야기

3인 이상 6인 이하로 집단을 형성한 다음 이야기꾼 한 명, 음악가 한 명을 정하고 나머지는 이야기와 음악에 따라 자유롭게 움직이게 한다. 이야기는 기존의 이야기나 즉흥적으로 만들어진 이야기를 사용하며 음악가는 이야기꾼의 이야기를 따라 즉흥적으로 음악을 연주하게 된다. 이때 악기뿐 아니라 목소리, 신체, 종이나 비닐, 교실 문, 책결상 등을 이용하여 자유롭게 연주하게 하고, 필요하다면 치료사가 모델링을 주도록 한다. 음악가는 이야기꾼의 이야기에 귀를 기울여야 하고 춤꾼은 이야기와 음

그림 6-5 귀로 · 다양한 크기의 마라카스

그림 6-6 레인스틱 · 카바사 · 천둥소리 · 코끼리코 등

그림 6-7 과일 · 채소 · 에그 쉐이크

그림 6-8 개더링 드럼 · 콩가 드럼

악에 귀를 기울여야 하며 이야기꾼은 친구들의 속도에 따라 이야기를 진행해야 하므로 서로에게 관심을 갖고 협동하게 하는 효과가 있다. 또한 즉흥적인 진행에 따라 순발력과 문제해결 능력이 향상되고 다양한 음악 재료와 자유로운 연주 방법을 개발하고 응용함으로써 창의력이 증진되는 효과도 함께 나타난다.

9) 자신감 증진을 위한 음악 활동: 실패의 염려가 없는 즉흥연주 활동

아동들이 현실에서 수행하고 있는 대부분의 과제는 정답이 있다. 아동들은 과제를

그림 6-9 **자일로폰(소프라노 · 알토 · 베이스)**

그림 6-10 **메탈로폰(베이스)**

그림 6-11 **봉고**

그림 6-12 **키보드 · 피아노**

성공적으로 수행했을 때 성취감과 함께 자신감이 증대된다. 반대로 오답을 내거나 실패했을 때 깊은 좌절을 맛보게 된다. 더구나 입시 교육에 따른 과열 현상으로 초등학교 때 이미 중등 과정이나 고등 과정 같은 고난이도의 학습 과제를 수행하도록 강요받으면서 더욱 많은 실패와 좌절을 맛보게 된다. 이러한 아동들에게 미리 실패의 염려가 없도록 배려한 악기를 이용한 즉흥연주는 어떠한 정답도 없고 오답도 있을 수 없기 때문에 실패에 대한 불안을 줄이고 자신감을 증대시키는 효과가 있다.

10) 스트레스의 해소를 위한 즉흥연주 활동

악기를 이용한 즉흥연주, 특히 타악기 연주는 감정적 카타르시스의 효과가 있다. 작금의 교육 여건은 아동에게 지나치게 많은 학습 과제를 부여함으로써 심리적인 긴장을 유발한다. 이러한 심리적인 긴장 상태가 즉각적이고 건전하게 해결되지 못하면 아동은 병적인 불안 상태에 놓이게 되고 결국 학습 능력이 저하되며 심지어는 뜻하지 않은 상황에서 감정적 폭발을 하게 된다. 이는 사회 부적응 장애로 발전될 수 있으며 따라서 즉흥연주를 이용하여 자신의 감정을 표현하는 것은 학습 능력의 증진과 함께 충동적 에너지를 악기 연주를 통해 승화시킴으로써 건강한 심리 상태를 유지하도록 도와준다.

그림 6-13 윈드차임 · 심벌즈 · 스네어드럼/템플블럭 · 우드블럭 등/클래식 · 어쿠스틱 기타

 그림 6-14 개더링 드럼 세트   그림 6-15 여러 가지 민속 악기

11) 긴장 이완을 위한 음악 감상 활동

여러분은 좋아하는 음악을 들을 때 편안해지는 자신을 발견한 경험이 있을 것이다. 마찬가지로 아동들도 자신이 좋아하는 음악을 들을 때 심리적인 안정과 함께 긴장 이완의 효과를 경험한다. 이때 사용되는 음악은 개인의 선호에 따라 달라지나 보통은 느리고 멜로디적이며 리듬감이 적은 음악을 사용한다.

12) 노래 가사 분석을 통한 공통의 주제 토론하기

대학 입시에서 논술과 구술 면접이 강조되면서 독서와 토론, 글쓰기가 강조되고 있다. 그러나 이는 자칫 아이들에게 또 하나의 골치 아픈 과제를 제시하는 결과가 되기 쉽다. 신나게 독도 노래를 부르면서 독도 영유권 문제에 대해 토론해 보면 어떨까? 힘들게 글로 표현하기 이전에 서로의 의견을 자유롭게 나누게 하면 까짓 원고지 몇 장 채우는 것은 일도 아닐 것이다.

13) 음악 감상을 통한 자기 체험(self experience) 활동

이는 음악의 연상 작용을 이용하여 아동의 현재 상태와 문제점, 필요 등을 치료사와 함께 음악과 대화로 풀어내는 방법으로, 보다 직접적으로 아동의 문제를 해결할 수 있는 실마리를 제공한다. 그러나 이는 분석심리 이론과 상담을 공부한 음악치료 전문가에 의해서만 실시될 수 있다.

2. 음악치료 프로그램의 실제

여기에서는 앞에서 소개한 음악 활동의 치료적 기능을 활용한 음악치료 프로그램 실제 시안을 소개하고자 한다. 구체적인 대상자가 정해져 있지 않으므로 치료적용계획서와는 조금 다른 양식을 사용하였다. 먼저 주제를 소개한 다음, 목적 영역을 통해 어떤 목적으로 사용될 수 있는지 안내하기로 하겠다. 다음 단기 목표와 도구, 치료 형태를 소개하고 진행 과정과 함께 활동이 의도대로 진행되지 않았을 경우를 대비한 응용 및 발전 방안에 대해서도 자세히 소개하려고 한다. 끝으로 음악의 치료적 역할에 대해 자세히 소개함으로써 음악치료의 장점을 항상 염두에 두고 음악치료 프로그램을 실행하도록 하였다.

1) 시안 예시 1

주제	숨어 있는 소리를 찾아라!!
목적 영역	• 창의성 증진 • 소리 지각 능력 향상
목표	내담자는 치료사의 시범과 안내에 따라 자신의 몸과 주변 환경의 물체를 이용하여 두 가지 이상의 소리를 만들어 낼 수 있다.
도구	치료사와 내담자의 신체, 주변 환경의 여러 가지 물체
형태	개인 / 집단 치료
과정	① 만남 노래를 하고 시작 시간과 마침 시간에 대해 안내한다. ② 활동에 대해 내담자에게 설명하고, 치료사가 자신의 신체나 주변 환경의 물체를 이용하여 소리를 만들어 내는 시범을 보인다. ③ 치료사가 만들어 낸 소리를 아동과 함께 같은 방법으로 만들어 본다. ④ 치료사는 내담자에게 어떤 방법으로 소리를 만들 수 있을지 질문하고 스스로 소리를 만들어 보도록 격려한다. ⑤ 내담자가 소리를 만들면 치료사는 어떤 소리든 이에 반응하고 인정해 주며 내담자가 만들어 낸 소리를 치료사도 같은 방법으로 함께 만들어 본다. ⑥ 내담자가 또 다른 소리를 만들어 볼 수 있도록 격려한다. ⑦ 내담자가 만들어 낸 소리와 치료사가 만들어 낸 소리를 이용하여 즉흥 리듬놀이를 한다. ⑧ 마침 노래를 한다.
응용 및 발전	① 내담자가 혼자 소리를 만들어 내는 것을 어려워할 경우 치료사는 손뼉, 발구름, 뜀뛰기 등 신체를 활용한 시범과 주변 환경의 물체를 이용한 다양한 시범을 보이며 내담자와 함께 소리를 찾는 활동을 하여 내담자의 불안을 줄이고 활동을 격려하도록 한다. ② 내담자가 다양한 소리를 쉽게 발견할 경우에는 발견한 소리를 이용하여 다양한 리듬을 만들어 보도록 유도한다. 아동이 만든 리듬을 치료사가 연주하고 아동이 즉흥 지휘를 하도록 하여 소리를 만들고 연주하는 경험을 제공하도록 한다.
음악이 치료사	새로운 소리를 찾는 활동은 정답이 정해져 있지 않아 틀릴 염려가 없는 활동으로, 아동을 격려하고 무에서 유를 발견하게 하며 주변 물체의 새로운 용도를 발견하게 함으로써 아동의 창의성을 증진시키는 효과가 있다. 또한 새로운 소리를 만들어 내는 활동은 소리에 대한 변별력을 높여 소리 지각 능력을 향상시킬 수 있다.

2) 시안 예시 2

주제	친구와 함께 하는 재미있는 음악 이야기
목적 영역	• 문제해결 능력 향상 • 사회교류 기술 향상 • 주의집중력 향상
목표	내담자는 치료사의 안내에 따라 각자 맡은 역할을 60% 이상 수행한다.
도구	여러 가지 악기
형태	집단치료(3~6명)
과정	① 만남 노래를 하고 시작 시간과 마침 시간에 대해 안내한다. ② 치료사는 활동에 대해 안내하고, 내담자 중 한 명을 이야기꾼으로 선정하여 이야기를 즉흥 창작하게 하고 이를 치료사가 여러 가지 악기를 이용하여 소리로 표현하는 시범을 보인다. ③ 내담자들과 의논하여 이야기꾼을 한 명 선정하고, 나머지 음악가들은 원하는 악기를 선택하도록 유도한다. ④ 이야기꾼이 이야기를 시작하면 이야기의 느낌을 악기로 표현하도록 유도한다. ⑤ 서로 역할을 바꾸어 진행한다. ⑥ 힘든 점, 재미있던 점 등에 대해 서로 토의하고 느낌을 나눈다. ⑦ 다시 한 번 역할을 바꾸어 진행한다. ⑧ 마침 노래를 한다.
응용 및 발전	① 이야기꾼이 새로운 이야기를 즉흥 창작하기를 어려워할 경우 기존 이야기를 사용하거나 치료사가 이야기꾼의 역할을 대신할 수 있다. ② 이야기를 악기로 표현하기 어려워할 경우 즉흥 음성을 표현하게 하거나 즉흥 춤 동작으로 표현하게 한다.
음악이 치료사	음악은 악기의 음색과 리듬으로 느낌을 표현하는 중요한 도구가 된다. 이야기의 느낌을 악기 소리로 표현하게 하는 활동은 내담자가 타인의 소리와 느낌에 집중하게 하여 집중력과 사회교류 기술을 증진시키며, 주어진 이야기를 소리로 표현하는 문제를 해결하는 능력을 길러 준다. 또한 타인의 느낌을 자신의 느낌으로 소화, 표현하면서 타인의 느낌에 공감하는 능력을 길러 준다.

3) 시안 예시 3

주제	함께 만드는 나의 노래, 우리의 노래
목적 영역	• 자긍심 향상 • 사회 교류 촉진
목표	내담자는 치료사의 안내와 도움을 받아 노래를 만드는 활동에 60% 이상 참여한다.
도구	여러 가지 악보, 내담자가 좋아하는 노래의 악보, 기타
형태	개인 / 집단 치료
과정	① 만남 노래를 하고 시작 시간과 마침 시간에 대해 안내한다. ② 치료사는 내담자가 즐겨 부르거나 좋아하는 노래에 대해 질문한다(치료사는 보호자를 통해 또는 내담자 또래가 좋아할 만한 노래의 악보를 미리 조사하여 확보해 두도록 한다). ③ 내담자 또는 내담자 그룹이 선택한 노래를 치료사의 기타 반주에 맞춰 함께 부른다. ④ 내담자 자신의 생각이나 느낌을 이야기하게 하고 칠판이나 종이에 적어 본다. ⑤ 적은 내용을 토의를 통해 악보에 맞춰 노랫말로 만든다. ⑥ 만든 노래를 함께 부르며 연습한다. ⑦ 노래를 만들고 난 후 서로 토의하고 느낌을 나눈다. ⑧ 함께 노래를 부르고 마무리한다.
응용 및 발전	① 내담자가 자신의 느낌을 표현하는 데 어려움을 겪거나 전체 가사를 바꾸는 것이 무리가 있을 경우, 치료사는 내담자의 상황에 맞춰 개사를 한 다음, 느낌을 표현할 수 있는 특정 부분을 괄호( )로 처리하여 내담자로 하여금 완성하게 한다. ② 집단치료의 경우 서로 의견이 다를 수 있으므로 미리 공통의 주제를 정하고 각자 가사를 쓴 다음, 서로 토의를 통하여 좋은 부분을 선택하여 완성할 수 있도록 치료사가 유도한다.
음악이 치료사	음악의 구성 요소에서 노래 가사는 내담자가 생각과 느낌을 표현하고 반영하기에 좋은 도구가 된다. 또한 자신만의 노래는 스스로에 대한 자긍심을 향상시키고 집단의 노래는 결속감과 소속감을 주어 편안함을 느끼게 한다. 함께 토의하며 노래를 만드는 음악 활동은 서로의 생각과 느낌을 공유하게 하고 사회적 교류를 촉진하는 역할을 한다.

4) 시안 예시 4

주제	나도 음악가- 색깔 악보를 이용한 핸드벨 연주
목적 영역	• 자아존중감 향상 • 주의집중력 증가
목표	내담자는 치료사가 제시하는 색깔악보와 지시에 따라 자신의 순서에서 핸드벨을 연주하기를 세 번 시도하여 두 번 이상 수행한다.
도구	색깔악보, 핸드벨, 기타
형태	집단치료
과정	① 만남 노래를 하고 시작 시간과 마침 시간에 대해 안내한다. ② 치료사의 기타 반주에 따라 연주할 노래를 함께 부른다(핸드벨 연주에 사용할 노래는 집단의 구성원들에게 익숙한 노래를 선택하여 노래를 배우는 데 시간이 낭비되지 않도록 유의한다). ③ 내담자들의 자리를 반원 형태로 배치한다. ④ 집단의 인원에 따라 적절하게 핸드벨을 배분하되 1인당 두 개를 넘지 않게 하고 C음, D음, …… B음, C음의 순서가 반시계 방향이 되도록 한다. ⑤ 치료사는 핸드벨을 연주하고 소리를 멈추는 시범을 보이고 각자 자신의 핸드벨로 연습하게 한다. ⑥ 치료사의 지시에 따라 도, 레, 미, ……의 순서로 옥타브 연주 연습을 한다. ⑦ 색깔악보와 자신의 핸드벨 색깔을 비교하여 연주하게 한다. ⑧ 내담자는 치료사의 지시와 색깔악보에 따라 자신의 순서에서 핸드벨을 연주한다. 익숙해질 때까지 세 번 반복한다. ⑨ 연주 후 느낌에 대해 서로 나눈다. ⑩ 마침 노래를 한다.
응용 및 발전	내담자들이 치료사가 준비한 악보를 너무 쉽게 연주해 내거나 구성원이 자신의 순서를 기다리지 못할 경우, 치료사는 새로운 시도에 대한 긴장감을 주고 순서를 예측할 수 없게 하는 즉흥 핸드벨 연주를 시도한다.
음악이 치료사	색깔악보와 치료사의 지시에 의한 핸드벨 연주는 인지 발달이 지체되어 있거나 악기 연주 기술이 부족한 내담자라 할지라도 쉽게 따라 할 수 있는 음악 활동으로 내담자의 자긍심을 향상시키는 효과를 가져온다. 또한 내담자는 자신의 순서에 맞게 악기를 연주하기 위해 치료사의 지시에 집중하게 되어 집중력을 향상시킨다.

5) 시안 예시 5

주제	눈으로 말해요! – 음성을 이용한 즉흥 리듬놀이
목적 영역	• 사회교류 능력 향상 • 자기조절 능력 향상
목표	내담자는 치료사의 안내와 시범에 따라 음성을 이용한 즉흥 음악놀이에 즐겁게 80% 이상 참여한다.
도구	내담자의 음성
형태	집단치료(6~20명)
과정	① 만남 노래를 하고 시작 시간과 마침 시간에 대해 안내한다. ② 치료사는 음악 활동에 대해 안내하고 집단을 세 집단으로 나눈다. ③ 각 집단의 내담자는 치료사의 동작을 보고 이를 음성 즉흥으로 표현한다. 치료사는 자신이 원하는 음성이 만들어질 때까지 계속해서 동작을 표현한다. 이때 언어는 사용할 수 없으며 치료사와 내담자는 눈빛과 몸짓 언어(손 흔들어 부정하기, 손가락으로 동그라미를 만들어 긍정하기, 고개를 흔들거나 끄덕거리기… 등)로만 의견을 교환하도록 한다. ④ 세 집단 모두 동일한 과정을 통해 치료사의 각기 다른 동작에 대한 각각의 즉흥 음성을 만든다. ⑤ 치료사의 동작에 따른 각 집단의 즉흥 음성을 확인하고, 동작을 빠르게 하면 빠르게, 느리게 하면 느리게, 크게 하면 큰 소리로, 작게 하면 작은 소리로 … 등등을 연습한다. 이때도 언어 사용은 허락되지 않는다. ⑥ 치료사는 즉흥 지휘를 통하여 즉흥 음성을 음악놀이를 한다. ⑦ 치료사의 지휘에 따른 즉흥 음악놀이 후 서로의 느낌을 나눈다. ⑧ 마침 노래를 한다.
응용 및 발전	① 내담자가 즉흥 음성을 만들어 내기를 어려워하거나 지나치게 산만해질 경우 치료사의 동작을 즉흥 음성으로 표현하는 단계에서 활동을 마무리하되, 내담자가 원하는 즉흥 음성을 만들어 낼 경우 다소 과장스러운 표정과 몸짓으로 보상을 주어 활동에 흥미를 일으키도록 돕는다. ② 순조롭게 진행될 경우 집단 구성원 중 지원자를 뽑아 치료사의 역할을 대신하여 진행해 보도록 한다.
음악이 치료사	타인의 동작을 즉흥 음성을 이용하여 표현하는 음악 활동은 타인의 느낌에 귀 기울이고 공감하게 하여 사회교류 능력을 향상시킨다. 언어 사용을 배제한 제한된 조건은 자기조절 능력을 길러 주고 눈빛과 몸짓 언어 역시 공감 능력을 향상시켜 준다.

제7장

문학을 통한 치료

개요

문학치료는 통합적 치료 방법으로서 신체와 정신의 건강을 돌보기 위하여 여러 수단을 사용한다. 이때 문학이 주도적으로 혹은 부수적으로 사용될 수 있다. 이 장에서는 문학치료의 역사, 개념 및 원리를 이해하고, 문학치료의 이론적 토대와 과정, 문학치료의 종류에 대해 살펴보기로 한다. 문학치료의 종류를 독서치료, 이야기치료/스토리텔링, 연극치료, 시/글쓰기치료 등으로 구분하여 설명하고 있다.

학습 목표

문학치료의 역사, 개념, 원리 및 과정 등 문학치료의 전반에 대해 살펴보고, 다양한 문학치료의 종류를 다룸으로써 통합적 문학치료의 형식을 이해한다.

1. 문학치료의 역사

말을 치유의 도구로 사용하는 행위는 원시종교의 주술, 주문에서 기원된 것으로 추정된다. 약 5,000년 전 오늘날의 이라크 지역에서 점토판에 새겨서 쓰는 설형문자의 발명으로 말의 기록에 대한 말의 문자화는 놀랄 만한 기술적 도약이 이루어졌다. 이는 현대 알파벳의 시초가 되었다. 이후 이집트 사람들은 영생을 위해 파라오의 무덤에 그들의 생애를 기록했다. 환자들은 파피루스에 적힌 주술적인 말들이 그들의 병을 치료해 줄 것으로 믿었다(Malchiodi, 2005).

기원전 5세기 그리스에서는 연극이 공동체 사회의 중요한 치료법으로 여겨졌다. 연극은 살인, 강간, 근친상간과 같은 외상들을 묘사하였다. 그것은 인간 삶의 결과들이 운명인가, 아니면 자유의지인가 하는 문제를 제시하였다. 아리스토텔레스는 '카타르시스'의 기전을 설명하였다.

그리스 신화에서는 오체아누스가 프로메테우스에게 "말은 병든 마음의 의사다"라고 말하였다. 기원전 1세기 로마시대에 소라누스라는 의사가 처음으로 내담자에게 시와 드라마로 처방했다는 기록이 있다. 그러나 의학과 문학이 어떤 관계가 있는지는 서술하지 않았다. 문학의 치료적 가치가 오래전부터 알려져 왔으나 이에 본격적으로 관심을 가지기 시작한 것은 20세기였다(변학수, 2005).

문학의 치료적 기능을 잠정적으로 인정하는 데서 나아가 문학의 치료적 효과를 본격적으로 연구하게 된 것은 캐롤라인 쉬로드스(Shrodes, 1950)가 「Bibliotherapy: A Theoretical and Clinical-Experimental Study」라는 논문을 발표하면서부터다. 그는 문학이 독자의 정신에 영향을 미치는 방법을 이해하기 위해 정신분석학적인 원리를 적용시켰다(Shrodes, 1960).

특히 문학치료[1]는 미국에서 일찍 발달하게 되었는데, 이는 몇 가지 요인이 있다. 첫째는 종교적인 영향으로 환자들에게 성경과 종교서적을 읽게 한 것이다. 둘째는 전쟁에 의한 영향으로 제1차 세계대전 이후에 육군병원의 발달과 더불어 환자들에게 도서관 봉사가 실제화되기 시작하였고, 뒤이어 일어난 제2차 세계대전으로 독서치료 연구의 기초가 확립되었다. 셋째는 정신의학과 심리학의 영향을 받아 독서치료의 이론과 실제의 연구가 체계화될 수 있었다(김현희 외, 2004).

1916년 『Atlantic Monthly』에 실린 기사에서 '문학치료는 새로운 학문이다. 문학치료를 하는 중에 어떤 특정한 책이 가지는 실제적인 치료 효과에 대해 다른 의견이 많다는 것은 당연하다.'라고 하였다. 1930~1940년에 정신병원에서 문학치료를 사용하였는데 이때 문학치료는 책을 읽는 활동을 포함한 치료 프로그램의 하나였다.

1950년부터는 문제아와 비행청소년의 치료, 죄수들의 집단치료 방법으로도 적용되기 시작하였다. 이 당시 엘리 그라이퍼(Eli Greifer)라는 시인이 시치료(Poem Therapy)를 시작했는데, 그는 정신과 의사인 리디(Jack J. Leedy)에 의해 지원을 받기도 하였다.

리디는 시치료의 현대적 분야를 열었다. 그는 뉴욕에서 시치료 클리닉을 개설하였고, 편집자로서 그의 활동은 치료, 교육, 문학 분야에 종사하는 전문가들을 결집시켰으며, 최초 시치료 단체인 시치료협회(APT)를 출범시켰다.

1960년 정신적 문제와 적응의 문제들을 극복하는 데 시치료의 효과가 있는지에 관한 수많은 연구들이 나왔다. 시치료가 심리치료에서 임상적으로 사용되는 것과 학교에서 교사나 상담자가 교육적인 목적으로 사용하는 것을 구별하기 시작했다.

그 이후 1970년에는 러너(Arthur Lerner)가 시치료를 로스앤젤레스의 두 병원에 도입했다. 그는 시치료연구소를 설립하여 많은 사람들을 그 분야로 인도하였다. 1971년 베리(Berry)는 임상적인 문학치료와 교육적인 목적으로 사용하는 문학치료

---

[1] 문학치료는 독서치료와 글쓰기치료, 시치료 모두를 포함하고 있어 여기서는 문학치료와 독서치료, 시치료라는 용어를 혼용하여 사용하기로 한다.

를 조력자의 역할과 기능상의 차이, 참가자들의 특성상의 차이, 독서치료 과정에 있어서 목적상의 차이 등 세 가지 측면으로 구별하였다.

1981년 쉐리 라이터(Sherry Reiter)를 비롯한 일부 사람들은 시치료협회(APT)를 오늘날의 회원 단체인 국제시치료협회(National Association for Poetry Therapy: NAPT)로 승격시켰다. 이후 국제적으로 저명한 시인들이 이 협회에 소속되어 있다. 1990년대에 이 분야는 두 가지의 큰 흐름이 있었는데, 하나는 자기치료를 위한 독서의 효율성을 뒷받침해 주는 연구가 계속되고, 다른 하나는 소설이 독서치료의 중요한 수단임을 입증하였다.

국내에서는 유중희(1964)가 하니간(Hannigan)의 책을 '도서관과 비브리오세라피'라는 제목으로 번역하여 소개한 것을 시작으로, 유 · 아동학, 교육학, 상담심리학 등의 분야에서 활발히 연구되고 있다(장희경, 2006). 특히 2000년 이후에는 독서치료(김현희, 2000, 2001, 2004)와 문학치료(변학수, 2005, 2006)의 이름으로 소개되고 있다.

2. 문학치료의 이해

문학치료는 아직까지 확실하게 정립되지 않은 영역이다. 심리학에서 문학을 치료나 내담자의 회복으로 이용하기 위하여 시도한 경우는 있으나 아직 체계적인 성과는 없다. 문학치료는 장르에 따라 독서치료(Bibliotherapy)와 시쓰기치료(Poetry Thera-py)로 구분할 수 있다. 다시 말해 문학치료는 문학, 즉 읽기와 쓰기를 통한 치료라고 할 수 있다.

이야기가 문학이라는 형태로 심리치료에 활용된 것은 긴 역사를 갖고 있다. 이야기는 삶 가운데 없어서는 안 될 중요한 요소로 자리 잡고 있다. 이야기를 활용한 심리치료는 다양하게 발전하고 있는데, 이는 이야기(story), 서사(narrative), 말하기(talk-ing), 담화(dialogue) 등의 형태로 심리치료에 활용된다.

박종수(2005)는 이야기를 몇 가지 치료유형으로 분류하였다. 첫 번째 유형은 내담자 자신의 경험 이야기에 초점이 모아진다. 상담과 심리치료 과정에서 삶의 이야기를 말하고 듣게 되며, 상담자는 내담자의 이야기를 통해 이야기 세계를 파악하고 현실세계와 어떠한 연관을 맺고 있는지를 탐구한다(양유성, 2004). 사람들이 의식, 무의식 가운데 자신의 이야기를 함으로써 불안감이 해소될 만큼 이야기는 그 자체로 큰 힘을 갖는다. 기존의 해석에 얽매이지 않고 자신에게 맞는 해석을 시도함으로써 이야기로부터 새로운 경험을 얻어내는 것이 이야기치료(narrative)에 해당된다. 이러한 형태는 이야기식 대화기법이며, 인지치료에 바탕을 둔다. 이처럼 자신의 이야기를 말이나 글로 표현할 때 글쓰기치료의 바탕이 될 수 있다.

두 번째 유형은 다른 사람의 이야기를 통해 자신을 돌아보는 방법이다. 부모가 경험한 삶의 이야기나 신앙적인 교훈들이 유익한 길잡이가 되는 것도 바로 인간 경험의 한계성에서 출발한다. 이처럼 실제 삶 속에서 일어난 일들은 이야기가 되어 다른 사람들에게 길잡이가 되는 경우가 많다. 위인전이나 진솔한 삶의 이야기는 성장과정에 있는 아동에게 희망을 주고 꿈을 키워주는 훌륭한 안내자가 된다. 작가의 상상에 의한 소설이라고 해도 그것이 심리적 실제들을 다루기 때문에 인간의 내면세계를 보는 도구가 된다. 바로 독서치료가 사람들의 심리치료에 효과가 있는 것은 이야기가 담고 있는 원형적인 성격에서 기인한다. 독서치료는 특히 사람들이 자신의 감정을 구체적인 말로 표현할 때나 어려운 상황에 직면하게 될 때 자연스럽게 문제에 대한 해결점을 제시한다는 점에서 유용한 기법이다(김민주, 2004).

문학치료는 좁은 의미로 심리치료의 한 방법이기도 하다. 그러므로 키틀러(Kittler)와 문첼(Munzel)의 정의를 따르면, 의학이나 정신과 및 심리치료의 진료에 수반되는 대안으로 이용될 수 있다. 넓은 의미로 문학치료는 인생의 목표를 설정하거나 삶의 위기를 극복하기 위한 삶의 대체물로 이해할 수 있다(변학수, 2005).

1) 문학치료의 개념

문학치료를 일컫는 용어는 학자들마다 다소 차이를 보이고 있다. 가장 흔히 쓰이는 용어는 독서치료(bibliotherapy)로, 고대 그리스어의 biblion(책, 문학)과 therapeia(도움이 되다, 의학적으로 돕다)의 합성어에서 유래되고 있다.

문학치료를 정의하는 개념 또한 학자들마다 강조하는 입장에 따라 다르다. 문헌정보학 관점에서 테우스(Tews, 1962)는 '문학치료는 치료사가 선정된 문학작품으로 환자의 정서적인 문제를 치료하는 독서 프로그램이다. 이것은 치료사와 환자의 상호작용이며, 문학작품이 상호작용의 수단이자 치료를 강화시키는 촉매가 된다. 그리고 문학작품은 전문적인 사서의 협조를 얻어 기술적으로 처방되어야 한다.'고 밝혔다. 상담심리학 관점에서 베리(Berry, 1978)는 '시에서부터 단편소설, 자서전, 개인일기, 생활사 등에 이르기까지 가능한 모든 문학적 형태를 포함하는 문학작품들을 가지고, 치료사와 참여자가 문학작품을 같이 이해하고 나누는 일종의 상호작용의 기술'이라고 정의하였다.

문학치료의 용어와 과정을 좀 더 구체화하여 정의를 내린 학자들도 있다. 변학수(1998)는 문학이 독자의 심미적, 정서적 공감에 호소하는 구조를 담고 있을 뿐만 아니라 적극적이고 구체적인 문학 활동을 포함하기 위해 '문학치료'라는 용어를 쓰면서 문학치료를 문학, 즉 읽기와 쓰기를 통한 치료라고 정의하였다. 그리고 문학치료는 독서치료(책읽기)와 글쓰기치료(텍스트 만들기)로 구성된다고 보았다. 정운채(2003)는 모든 문학이 서사에 바탕을 두고 있다는 전제 아래, 문학작품의 서사와 독자의 서사, 그리고 치료사의 서사가 상호작용하여 독자의 서사를 건강하게 변화시키는 과정이 문학치료라고 정의하였다. 그리고 그 과정은 감상하는 것과 창작하는 것으로 이루어지며, 두 가지 활동에서 진단과 치료가 이루어진다고 밝혔다.

이러한 문학치료는 초기 의학에서 시작되어 점점 범위를 넓혀가고 있는데, 이를 예방과 치료의 차원으로 나누어 정의한 브라운(Brown)은 과학차원과 예술차원으로 나누었다. 과학차원은 개인적 장애나 문제를 의사, 간호사, 사서의 협조에 의해 처방하는 것으로, 예술차원은 개인의 정서적, 심리적 요구에 의하여 사서, 교사, 상담자의 도움을 받는 것으로 정의하였다.

현대의 문학치료에 대한 가장 정통한 정의는 미국문학치료학회의 정의다. 이 학회에서 "문학치료는 통합적 치료 방법으로서 신체와 마음과 정신의 건강을 돌보기 위하여 여러 수단을 사용한다. 이때 문학이 주도적으로 혹은 부수적으로 사용될 수 있다. 그리고 훈련받은 문학치료사가 참여자에게 글쓰기 작업을 통하여 자신의 문제를 인지하고 감정을 표현하게 하여 자신의 삶을 변화할 수 있도록 도와준다.”라고 정의한다(변학수, 2006).

이상의 정의를 살펴볼 때, 문학치료는 문학과 독자의 상호작용에서 이루어진다는 점, 상호작용은 구체적으로 감상과 창작과정이라는 점, 그리하여 독자의 정서적 건강을 회복하거나 유지할 수 있다는 점, 이는 예방과 치료 차원으로 분류될 수 있다는 점으로 요약할 수 있다.

2) 문학치료의 원리

문학치료는 문학작품과 독자의 상호작용에서 이루어진다. 작품의 경험을 함께 체험해 나가면서 독자의 내부에 정서적 · 인지적 자극이 생성되고, 이러한 자극이 실제 경험과 상호작용하여 독자를 변화시키는 것이 문학치료의 과정이라고 할 수 있다. 이 과정을 생성하는 원리를 정신분석학적 관점에서 밝히려는 노력이 많이 진행되었다. 문학치료의 원리에 대해 쉬로드스(Shrodes, 1950)는 ‘동일시 – 투사 – 정화 – 통찰’로, 파르텍(Pardeck, 1998)은 ‘동일시 및 투사 – 정화 – 분출 및 통합’으로, 윤정옥(1998)은 ‘동일시 및 투사 – 분출 – 직관 및 적용’으로 밝히고 있다. 변학수(2005)는 투사는 동일시의 원리로 이루어지는 작용이고, 분출 또한 정화의 원리와 같은 작용이므로 이를 다음의 세 단계, 즉 동일시, 정화, 통찰로 언급하였다. 이를 구체적으로 살펴보면 다음과 같다.

(1) 동일시

동일시(identification)는 특정인물의 태도나 감정, 행동을 마치 자신의 체험인 것처럼 느끼는 것으로, 작품 속 인물과 독자 자신을 하나로 생각하는 심리적 작용이다. 이것은 작품의 여러 요소들(인물, 플롯, 서술 방식, 이미지 등)에 의해서 일어나지만, 감상하는 과정에서 독자가 일상의 삶이나 구체적 사건을 떠올리게 되는 경험으로 더 강력해진다. 그리고 이러한 경험은 교사나 동료와의 대화 과정에서 더 구체화되며, 전체 문학치료 과정에서 촉매작용을 하게 된다.

　　동일시는 명확한 의식의 지각작용이라기보다는 잠재의식적인 반응의 결과다. 강한 동일시를 바탕으로 독자의 억압된 감정이 작품 속 인물과 공유될 때, 독자는 부정적 사고와 행동을 인물에게 투사하면서 무의식적으로 자신의 문제를 덜어버리게 된다. 이렇게 문제와 자신 사이에 안전한 미적 거리를 만드는 과정에서 정화가 촉진된다. 또한 강한 동일시는 작품을 이해하고 공감하게 도와주면서 동일시 한 인물의 사고나 행동을 자신의 내면에 받아들이게 한다. 이는 인물의 사고나 행동을 스스로 깨달음으로써 자신과 타인에 대한 통찰을 가능하게 한다. 이처럼 동일시는 문학치료의 첫 단계로서 상당히 중요한 역할을 한다.

(2) 정화

　　정신분석에서 정화(catharsis)는 감정의 정화를 의미하며, 개인의 내면에 쌓여 있는 욕구불만이나 심리적 갈등을 언어나 행동으로 표출시켜 충동적 정서나 부정적 감정을 발산시키는 것을 말한다. 문학을 감상하는 과정에서 독자는 동일시에 의해 작품 속 인물과 유사한 정서를 경험하게 한다. 이를 말이나 글, 행동, 그 밖의 매체를 통해 표현함으로써 충동적 정서나 억압된 감정을 발산하는 것이 문학치료에서 말하는 정화다. 루빈(Rubin, 1978)은 정화가 동일시된 결과로서 인물의 감정에 공감적으로 반응하고, 독자 자신의 정서를 인물에 투사하면서 직접적으로나 대리적으로 경험하게 되는 정서적 해방이라고 하였다.

　　문학치료에서 정화는 작품 속 인물의 감정, 사고, 성격, 태도 등에 대한 감상을 표현하면서 구체화된다. 이러한 표현은 의식적으로 판단해서 자신이 아니라 작품 속 인물에 대한 감상이므로 특별한 저항이나 죄책감 없이 이루어진다. 그리고 말이나 글로 감상을 표현해 나가는 동안 의식적인 억제나 억압이 점차 약해져 작품 속 인물에 대한 감상이라는 간접적인 표현에서 현실생활의 인물에 대한 감상이라는 직접적인 형태로 나가게 된다(손정표, 2003). 죄책감으로 인해 표현하지 못했거나 억압되었던 감정이 인물에 대한 감상 또는 직접적인 표현을 통해 발산되면서 정서적 해방감을 맛보게 되는 것이다. 또한 자신이 표현하는 감정에 주목하게 되면서 스스로에 대한 인식을 발전시키기 시작한다.

문학치료에서 이러한 과정이 독자에게는 정서적으로 안정을 얻는 과정이 되지만, 치료사에게는 진단의 과정이 된다. 작품에 대한 단순한 표현에도 독자의 내면이 투사되기 때문이다. 따라서 독자의 소리 없는 고백을 잘 듣고 그 내면을 파악하는 안목이 요구된다고 하겠다. 이제까지 독자의 다양한 반응을 추출해 내는 방법에 관심을 쏟았다면, 이제는 그 반응을 어떻게 해석해 내고, 해석한 결과에 따라 어떤 피드백을 주어야 하는지에 대해서도 관심을 두어야 할 것이다(장희경, 2006).

(3) 통찰

통찰(insight)은 자기 자신이나 타인에 대해서 올바른 객관적 인식을 갖는 것을 의미한다. 동일시를 바탕으로 정화를 경험하는 동안 독자는 자신에 대한 인식을 향상시키기 시작한다. 억압되었던 감정이 작품 속 인물의 대리체험을 통해 재현되면서 분명해지고, 또 발산되는 과정에서 그동안 인식하지 못했던 자신의 정서를 의식하게 되기 때문이다. 강력한 정서적 반응을 인지적으로 성찰하게 됨으로써 숨어 있던 자아에 대한 이해를 하게 된다(Gold, 2003).

그러나 이것만으로 통찰을 가져온다고 할 수 없다. 작품 속 인물과 정서적 동질성을 바탕으로 하되, 이질적인 것에서 오는 차이를 이해할 수 있을 때, 그리고 그 차이를 독자의 의미로 구성해 나갈 때 실제적으로 새로운 통찰이 이루어진다(변학수, 2005). 이는 인물과의 정서적 일체감에서 인지적 거리두기로 초점이 이동하게 되는 것을 의미한다. 이제까지 정서적 동질성에 의해 감정을 배출했다면, 이질성을 인지적으로 이해하고 구성하는 것은 감정을 조절할 수 있는 힘을 강화하게 된다. 또한 감정을 배출함으로 해서 정서적 안정을 기하였다면, 감정을 조절하는 힘을 강화하여 정서적인 성숙을 기하게 되는 것이다. 이러한 통찰 경험은 이제까지 왜곡된 사고를 전환시키고 생산적인 행동으로 바꿀 수 있는 기회를 제공한다.

3) 문학치료의 과정

(1) 일반적인 문학치료 과정

일반적인 문학치료의 과정에 대해 변학수(2006)는 다음과 같은 네 단계를 제시하고 있다,

① 도입 단계

친밀감을 형성하고 참여자의 통찰을 문학적으로 표현하게 한다. 주로 과거를 회상할 수 있는 문학, 시, 동작, 음악, 그림 등이 수단으로 사용된다.

② 작업 단계

참여자가 글쓰기에 몰입하는 단계를 말한다. 즉, 자신의 내면을 참여자와 공유하는 것으로 피드백과 나누기라는 두 가지 기술이 사용된다. 여기에서 피드백은 글을 읽을 때 다른 참여자가 '나는 당신이 ~ 한 것처럼 느껴져요.'라는 긍정적 정서를 되돌려주는 것이다. 나누기는 좀 더 적극적이다. '당신이 쓴 시를 읽으니까 나의 ~ 생각이 나네요.'라고 말한다.

③ 통합 단계

치료사가 참여자에게 작업 단계의 역동적 과정을 자신의 것으로 이행하게 하는 단계다. 참여자 각자가 산출한 글쓰기 텍스트에 대해 한마디 말이나 하나의 문장으로 느낌을 말하도록 하는 것이다.

④ 새방향 설정 단계

참여자가 자신을 객관화하고 자신의 감정을 이해하여 어떤 파괴적이고 부정적인 감정이 분출되고, 긍정적인 감정을 얻게 된 참여자는 이제 자신이 어떤 목표로 행동할 것인가 새로운 방향을 설정한다.

(2) 구매어의 문학치료 과정

문학치료를 설계하고 진행하는 데 직접적인 지침이 될 만한 과정을 구매어(Gumaer, 1990)의 입장에서 설명하면 다음과 같다. 그는 문학치료에서 요구되는 기술로 세 단계를 제시하고 있다. 첫째는 적절한 유형의 문학작품을 선정하여 적절한 시기에 읽게 하는 것이다. 둘째는 작품에서의 경험과 관련지어 아동과 치료사 사이의 치료과정이나 상호작용을 하는 것이다. 셋째는 그러한 상호작용을 자극하기 위한 치료사의 활동을 제시한다. 이를 문학치료의 원리와 연관지어 설명한다.

① 동일시 단계

우선 동일시를 고려한 문학작품의 선정이다. 이는 문학치료에서 가장 핵심이 되는 부분이다. 작품을 선정하는 것만으로 치료가 이루어지기도 하기 때문이다. 그러므로 문학작품을 선정할 때는 아동에 대한 정확한 이해가 선행되어야 한다. 아동의 주제와 정서를 정확히 파악하고 그와 연관된 작품을 선정해야 주인공과 동일시 할 수 있다.

그러므로 작품의 주인공이 현실감 있게 묘사되는 작품이 적절하다. 그리고 동일시를 통해 정서적인 안정을 꾀할 수 있는 작품인가를 판단하여 선정하는 것이 좋다. 여기서 주의해야 할 것은 정서적 유사성에 의해서만 선정하는 것은 정서적 동요를 불러일으킬 수도 있다는 점이다. 이는 구매어가 말한 적절한 유형의 작품을 적절한 시기에 읽게 하는 것과도 연관된다. 예를 들어, 이혼가정의 아이들에게 직접적으로 같은 상황의 책을 읽게 하는 것은 오히려 역효과를 가져올 수도 있다. 따라서 동일시를 통해 얻을 수 있는 긴장완화, 불안감의 해소, 대리만족 등의 정서적 안정감을 염두에 두고 작품을 선정하는 자세가 필요하다.

② 정화 단계

다음은 정화를 고려한 대화단계다. 대화를 할 때에는 작품의 정서에 대한 내담자의 인식과 이에 따른 반응을 표현하도록 하는 것이 중요하다. 동일시를 바탕으로 작품에서 드러나는 정서를 탐색하면서 반응하는 것은 안전한 거리를 두고 무의식적으로 자신의 일상 정서를 표현하게 한다. 그리고 작품의 정서와 유사한 정서적 반응을 경험하게 되면서 의식적인 억제가 약해지면, 자신의 부적절한 정서를 떠올리고 구체화하도록 유도하는 대화를 통해서 드러내지 못한 내면의 정서를 의식적으로 드러낼 수 있게 한다.

이 과정에서 치료사는 언어적, 비언어적으로 내담자를 지지하고 격려해 주어야 한다. 수용적으로 반응하기, 긍정적으로 격려하기 등의 언어적 공감이나 고개 끄덕임, 맞장구, 미소 등의 비언어적 공감이 필요하다. 그렇게 함으로써 자신의 정서를 정확하게 인식할 수 있는 기회를 제공하고, 정서표현을 주저하지 않게 정화를 동반한 대화를 가능하게 해 준다. 그리고 치료사는 내담자의 표현을 세심하게 진단할 수 있는 안목을 갖추어야 한다. 대화과정을 통해 내재되어 있던 감정을 발산하게 하면서 그에 따라 내담자를 새롭게 이해하고 치료의 방향을 모색하는 것도 가능하다.

③ 정화와 통찰을 고려한 활동 단계

다음은 정화와 통찰을 고려한 활동이다. 정화는 대화를 통해서도 일어나지만 그 밖의 다른 매체를 통해서도 일어날 수 있다. 내담자는 다양한 활동을 하는 가운데 흥미를 느끼며 적극적으로 참여할 수 있고, 대화를 통한 직접적인 표현보다 의식적인 판단분별에서 벗어나 자유뷰게 표현할 수 있다. 이 과정에서 정화를 동반한 통찰력을 갖게 될 수도 있다. 자신이 표현한 반응을 의식적으로 재경험하는 과정에서 자신에 대한 이해를 도울 수 있는 것이다. 작품 속 인물과의 이질성을 이해하기 위해 작품과 자신을 비교하는 것도 통찰을 위한 방법이 될 수 있다. 인물의 행동과 그 동기를 이해하는 것, 어떻게 문제를 해결해 나가는지 살펴보는 것, 객관적으로 자신과 비교하는 것 등의 활동을 통해 자신과 타인을 이해하도록 도울 수 있다. 또한 내담자의 문제해결능력 향상에 도움이 된다. 그리고 이를 독자의 의미로 구성하기 위해 인지적 역할수용과 인지적 재평가(행동이나 사건의 의미 변화와 재해석)도 고려해 볼 수 있다.

4) 문학치료의 종류

다음은 문학치료의 종류에 대해 설명한 것으로, 여기에는 독서치료, 이야기치료/

스토리텔링, 연극치료, 시/글쓰기치료로 구분하여 제시한다(변학수, 2005).

(1) 독서치료

일반적으로 독서치료는 참여자가 다양한 독서치료의 자료를 매개로 하여 치료사와 일대일이나 집단으로 토론, 글쓰기, 그리기 등 다양한 방법의 구체적인 활동과 상호 작용을 통해 내담자 자신의 적응과 성장 및 당면문제를 해결하는 데 도움을 얻는 것을 뜻하는 넓은 의미로 해석할 수 있다.

독서치료는 치료사가 문학작품을 분석하여 발문함으로써 내담자가 문학작품과 더욱 깊은 차원에서 치료적으로 상호작용을 할 수 있도록 도울 수 있다. 예컨대, 어린 내담자에게 "네 문제에 어떻게 이름을 붙일 수 있겠니?"라고 직접 묻기보다 "책 속의 주인공이 겪는 문제에 대해 우리 어떻게 이름을 붙여 볼까?"라고 질문할 수 있을 것이다. 대안적 이야기 개발에 있어서도 문학작품에 등장하는 인물들의 행동은 내담자에게 학습모델이 될 수 있다. 즉, "그 책 속의 주인공은 그 문제에 대하여 어떻게 다르게 반응하기 시작했니? 우리 그것에 대해 어떻게 이름을 붙여 볼까?"라고 물을 수 있다.

문학작품은 내담자의 문제를 보는 거울과 같은 역할을 하고 있기에 한 번 발화되면 공기 중으로 사라져 버리고 내담자의 기억에만 의존해야 하는 음성매체보다는 문자로 기록된 책을 매체로 사용한다면 훨씬 효과적일 것이 분명하다. 책에 기록된 문학작품을 매개로 이야기치료를 접근하는 것의 또 하나의 장점은 상담의 저항을 최소화할 수 있다는 점이다. 어떤 문제들은 내담자가 상담자 앞에서 말하기 거북스러울 수 있다. 생각조차 하기 싫을 정도로 억눌려 있는 기억들도 있을 것이다. 그럴 때 책 속의 주인공에 관하여 이야기하는 것은 간접적이어서 상담의 저항을 줄일 수 있게 된다.

지금까지 독서치료의 심리치료 근거로서 정신역동의 동일시, 정화, 통찰, 적용이 주로 논의되어 왔다. 그렇지만 이 이론은 문학 작품의 서사성을 입체적으로 고려하지 못하는 단점이 있다. 독서치료가 이야기의 본질을 보다 깊게 다루어 서사의 치료적 속성에 기초한다면 텍스트와 내담자의 보다 효과적 상호작용을 위한 치료계획을 설계하는 데 많은 아이디어를 줄 수 있을 것이다.

파르덱(Pardeck, 1989)은 독서치료의 대상을 정서적인 문제를 갖고 있는 사람, 적응에 어려움을 겪는 사람, 성장하고 발달하면서 누구나 가지는 전형적인 요구를 가진 사람의 세 분류로 나누어 설명한다. 반면, 랙(Lack, 1985)은 독서치료의 활동의 종류와 참여자의 특성에 따라 발달적 독서치료와 임상적 독서치료로 구분하였다. 발달적 독서치료는 사람이 일상의 과업에 잘 대처할 수 있도록 하기 위하여 문학작품을 활용하는 것이다. 따라서 읽기 자료와 토론활동이 일반적인 인성발달을 강조하게 된다. 그러나 임상적 독서치료는 정서나 행동 면에서 심하게 문제를 겪고 있는 사람들을 도와주는 개입의 형태로 특별한 문제에 초점을 두게 된다(김현희 외, 2010).

이러한 독서치료를 두 단계로 나누어 설명해 볼 수 있다. 첫째, 감정의 소산이다. 치료의 일차적 과정으로 등장인물이 경험하는 괴로운 트라우마(trauma)에 내담자가 감정이입함으로써 동류요법의 효과를 얻는다. 이는 동일시, 공감이라고도 하는데, 우선 등장인물의 심정에 동의하는 것을 말한다. 둘째, 통찰(재인식)과 치료 단계다. 이 과정에서 내담자에게 확인시킬 것은 작가의 '거절당하고 싶은 소망'이 내담자에게도 마찬가지로 쾌감으로 자리하고 있다는 점이다. 정상적인 사람이라면 어느 정도 쾌감은 있어도 계속해서 그것을 반복하지는 않겠지만 내담자는 그렇지 않을 수도 있다. 내담자에게 일회적 쾌감으로만 남는다면 치료적 효과는 없다. 우선 내담자에게 그런 고통을 소산할 이야기들을 털어놓을 수 있는 분위기를 만드는 것이 중요하며, 집단치료를 하면 더욱 효과를 볼 수 있다(변학수, 2005).

(2) 이야기치료/스토리텔링

이야기는 치료에서 내담자의 정보를 얻을 수 있는 가장 좋은 수단이다. 하지만 이야기를 듣는 순간 치료사는 그 이야기에 빠지지 않고 이야기 너머에 있는 이야기, 즉 이야기하는 내담자의 정서를 말해 주는 실마리를 잡는 데 주력해야 한다. 그러므로 내담자의 개인사를 아는 데 이야기보다 더 좋은 것은 없다. 이야기에서 우리는 내담자의 고통을 일으키는 특별한 행동패턴이나 감정구조를 알 수 있다. 그것은 항상 지배적 이야기로 남아 있기 쉽다. 이런 지배적인 이야기 구조는 트라우마나 기억, 삶의 패턴을 간직하고 있기 때문에 진단을 할 수도 있고, 그 이야기를 바꾸면서 내담자가 스스로의 삶을 다르게 만들어 가게 하는 것이다.

그러므로 진단평가를 내릴 때 중요한 것은 내담자가 용기를 갖고 이야기에 거짓을 보태지 않고 이야기할 환경을 만드는 것이다. 자유연상이나 공감은 내담자가 자연스러운 분위기에서 자기 삶을 이야기할 수 있게 하는 수단이다. 치료사는 내담자가 이야기하는 과정에서 내담자의 정서나 행동구조가 잘 드러날 수 있도록 분위기를 만들어야 한다.

이야기치료에서 제일 중요한 것은 문제가 자신만의 것이 아니라는 것을 알게 하는 작업이다. 이후 내담자가 자신의 문제를 외재화하기 시작하면 그와 연관된 이야기로 넘어갈 수 있다. 내담자가 어떤 이야기를 꺼낼지 모르지만 그것은 대부분 현상기술일 가능성이 있다. 치료사는 내담자의 현상기술에 현혹되어서는 안 되며, 내담자 스스로 새로운 가능성과 자아를 열 수 있도록 대안을 설정해 주어야 한다. 하지만 이런 대안적 이야기로는 치료가 충분하지 못하기 때문에 내담자에게 '분위기'와 '동기'에 대해 설명해야 한다. 이 과정을 통해 내담자는 새로운 이야기를 창조한다. 새로운 이야기는 문학으로 형상화될 수 있다.

이야기치료는 내담자와 치료사가 직접 대화를 통해 치료가 이루어진다. 이야기가 지닌 치료적 효과 덕분에 내담자는 감정의 구속과 억압으로부터 자유로움을 얻게 된다. 이야기의 재구성 과정은 독서치료에서도 활용된다. 이야기치료가 이야기를 만들어 가는 과정을 통해서 문제를 해결하거나 상처를 치료해 가는 것이라면, 독서치료는 이미 만들어진 이야기를 매개로 한다는 점이 다르다.

스토리텔링이나 이야기 극화작업을 할 때 서술 시점을 어떻게 잡는가는 매우 중요하다. 이야기는 삼인칭 시점에서 진행될 때 가장 분리적이다. 예를 들어, 한 내담자가 자기 자신이 살인자가 된 일인칭 시점에서 이야기를 풀어가다가 갑자기 멈추더니 감정에 복받쳐 어쩔 줄 몰라 했다. 치료사가 이때 내담자에게 일인칭에서 삼인칭으로 시점을 바꿔 '내'가 살인을 한 게 아니라 '그'가 했다라고 이야기하도록 도왔다. 이야기의 틀거리를 분리적으로 전환하면서 내담자는 이야기를 완성할 수 있었고 내담자는 마음에 품고 있던 살인에 대한 환상을 자각하게 되었다. 이와 반대로 이야기에 지나치게 거리를 두는 내담자에게는 일인칭 시점으로 접근할 수 있을 것이다.

이야기에서 시간 또한 무시할 수 없는 거리조절의 요인이다. '옛날 옛날에~'로 시작하는 고전적인 틀거리는 이야기로부터 거리를 두어 분리적인 태도를 취하게 한다면, '지금-여기'에서 풀어가는 이야기는 내담자와 이야기 사이의 거리를 좁히는 특성이 있다.

치료사가 내담자에게 이야기를 들려주기도 한다. 이런 경우 이야기를 선택할 때 이야기의 구성과 인물은 단순하고 명확한 것이 좋다. 하위 플롯과 인물들이 복잡하게 얽히면, 이야기를 듣는 내담자들에게 혼란을 주고, 내담자가 대상에게 동일시나 투사를 하기 힘들 수 있다. 신화와 우화는 대체로 구성과 인물 면에서 초점이 명확한 편이다. 그렇지만 구조상 다소 복합적인 이야기라도 치료사의 재량에 따라 이야기를 들려주는 과정에서 얼마든지 단순화할 수 있다. 이야기가 갖고 있는 깊이 있는 주제들을 손상시키지 않으면서도 초점을 명확히 잡아 단순화하는 것이 치료사의 몫이다 (Landy, 1994).

스토리텔링은 또한 연극치료에서 초점을 찾아내는 장치다. 투사이자 동일시로서 스토리텔링은 구체적인 역할에 숨겨져 있는 문제를 찾아내고 거기에 주의를 집중시킨다. 또한 이야기는 원형적 이미지의 체현으로서 신화속의 영웅과 악마를 무의식에 숨어 있는 그것들과 이어주는 다리가 된다.

(3) 연극치료

연극치료(Drama Therapy)는 아직 생소한 영역이다. 심리극(psychodrama)에 비해 덜 알려진 연극치료가 최근 국내에서 점점 확대되고 있는 추세에 있지만 미국이나 유럽에서는 심리치료의 한 영역으로 상당히 활용되고 있다. 연극치료에는 여러 가지 작업이 가능하다. 역할과 무대, 동작과 음성이 필요하고, 음악과 무용, 인형과 가면 등도 연결하여 진행할 수 있다. 연극치료는 문학치료영역 중에서도 가장 효과적인 영역으로 본다. 왜냐하면 우선 극 안에 시나 동화, 서사 등 이야기를 포함시킬 수 있으며, 치료에 동기가 없는 내담자나 집단치료가 어려운 내담자들에게도 관심을 이끌어 내기가 쉽기 때문이다.

연극치료에서 내담자는 기존의 텍스트를 사용할 수도 있고 작업과정에서 대본을 새로 만들 수도 있다. 두 가지 방법을 병용하여 기존의 텍스트에서 개인적인 연관과 의미와 해석을 찾아낸 다음, 즉흥극이나 더 심화된 연관을 탐험하는 작업으로 발전시킬 수도 있다. 요즘은 작가나 치료사의 의도보다 내담자가 중요하다고 느끼는 주제에 대한 관심과 중요성이 부각되고 있다. 이미지, 상호작용, 인물, 텍스트에 대한 반응 등이 모두 주제에 속한다. 내담자는 텍스트나 이야기에서 개인적인 의미를 찾을 수 있다. 저시(Gersie, 1991)는 이를 두고 '이야기-인물과 개인 사이의 긍정적이고 투사적인 동일시의 잠재력은 새로운 존재 방식을 일깨워 준다.'라고 말했다. 연극치료는 내담자가 텍스트를 재료로 하여 내면의 심리적인 주제를 투사하고, 또 그것을 자기 탐구의 수단으로 사용하는 방식에 관심을 기울인다.

이야기 형식은 치료에 유용한 틀거리를 제공할 수 있다. 베텔하임(Bettelheim)은 이야기를 되풀이해서 듣고자 하는 어린이의 욕망은 '동화에서는 내면의 과정이 외재화되고 이해 가능한 것이 된다.'는 사실에 근거한다고 본다. 폰 프란츠(Von Franz) 그리고 저시(Gersie)와 킹(King)은 모두 이야기가 어른과 어린이에게 치료에서 상징적이고 은유적인 가치로 사용될 수 있다고 입을 모은다. 이러한 접근에서 이야기의 인물과 사건 그리고 배경과 시나리오는 내담자로부터 상징적이고 은유적인 의미를 부여받게 된다.

이야기를 활용한 접근은 두 가지 측면에서 치료적으로 의미를 찾을 수 있다. 첫 번째는 은유적 언어(인물, 이야기의 사건)는 내담자가 자신에 대해 직접적으로 말하지 않으면서도 개인적인 내용을 다룰 수 있게 한다는 것이다(미적 거리 유지). 두 번째는 이야기를 극화한다면 그저 말로만 할 때보다 신체적이고 시각적인 표현에 더 의존하게 될 것이라는 점이다(경험의 촉진).

연극치료에서 극적 은유는 유사한 기능을 한다. 은유는 치료에 새로운 인식을 가져다주고 평상시에는 접근하기 어려운 내용에 다가갈 수 있도록 통로를 열어 준다. 특히 이야기 모델의 연극치료는 이야기 모델의 연극치료는 이야기의 은유에 초점을 두고, 이 이야기를 극화하면서 이야기 속의 인물과 동일시를 통해 자신의 삶을 연결한다. 즉, 내가 아닌 이야기 속의 인물을 통해 자신의 삶을 연결하는 미적 거리를 추구한다.

(4) 시/글쓰기치료

수동적이고 인지적인 독서치료나 능동적이고 인지적인 연극치료와는 달리, 능동적이고도 감성적인 치료 장르로서 시치료가 있다. 시는 존재하는 모든 것에 대한 감성적 접근과 신화적, 마법적 특성이 있기 때문에 드라마나 소설, 영화 같은 장르보다 정서를 표출하기에 훨씬 좋은 장르이므로 문학치료의 매체로 잘 이용된다.

시의 언어는 상징적이고 비유적인 영역으로 영혼이 그 안에서 자연스럽고도 아름답게 살아 숨 쉬는 공간이라 할 수 있다. 이러한 시는 비밀스러운 영역이며 리듬과 그림으로 펼치는 영혼의 영역이다. 그래서 시는 죽은 혼을 불러올 수 있고 고향과 어머니를 불러올 수 있다. 시를 통하여 상처받은 우리의 영혼이 역동적인 감성과 언어의 아름다움 속에서 치유될 수 있다.

시치료는 먼저 시에 대한 감상과 감정이입을 통해 시를 이해해야 한다. 시를 이해하기 위해서는 천천히 그리고 내면적으로 읽어보는 것이 중요하다. 시 읽기의 반복으로 시의 이미지, 리듬, 음악성에 적응하게 되면 내담자는 산만한 생각을 버리고 집중할 수 있게 된다. 조용히 심상을 떠올릴 수 있고 그것을 관조할 수 있게 된다. 이것은 시를 통한 치유를 얻기 위해서는 반드시 거쳐야 할 과정이다.

시는 그 반복된 리듬, 음률을 통하여 우리 마음속의 어린아이를 깨어나게 한다. 떼쓰고 사랑받고 싶어 하는 어린아이를, 시의 반복된 리듬과 심상이 그 아이를 달랠 수 있다. 불안하거나 우울한 기분은 차분하게 되고, 또 자신을 솔직하게 만들어 그 시각적 장면을 떠올리고 그것과 대화할 수 있게 한다. 리듬은 여러 가지 형태로 나타나지만 우울한 시의 리듬은 하행종지로 되어 있다. 그러면서 혼잡한 내적, 외적 사건들을 단순한 내적 경험에 통합한다. 자기 안에 내재한 부정적 감정은 리듬 반복을 통하여 긴장이 완화될 수 있다. 반복되는 리듬은 최면효과를 가지고 있다. 프로이트가 정신분석에서 최면 대신 연상을 치료수단으로 받아들인 것은 이 반복의 효과를 알았기 때문이다.

글쓰기치료는 정신적, 육체적, 정서적, 영적으로 더 나은 건강과 행복을 위하여 반성적인 글쓰기를 사용하는 것이다. 글쓰기는 자신에게 상처가 되었던 과거의 사건을 자세히 묘사하고 그때 느꼈던 감정과 사건을 보는 현재의 느낌을 함께 쓸 때 치료의 효과가 크다는 것이 밝혀지고 있다. 글쓰기를 통하여 모호한 감정들이 의미 있는 감정으로 재구성되고, 내담자는 감정을 다스릴 수 있는 상태가 된다. 독서치료에서 글쓰기는 글을 읽은 후 다양한 방법으로 글쓰기를 시도하여 내담자 자신의 문제를 철저하게 고찰할 수 있도록 도와줄 수 있다.

우리가 글쓰기를 하는 이유는 다양하다(Nathan, & Mirviss, 1998). 첫 번째는 감정의 발산이다. 낙서나 사적인 일기와 일지는 글쓴이가 생각하고 반성하며 자신과 접촉할 수 있도록 돕는다. 진실한 마음을 담아서 쓴 글은 감정을 정화한다. 두 번째는 자기반성과 나누기다. 자서전, 회고록, 인생사, 구전 이야기 등이 될 수 있다. 이는 자존감을 향상시키고 사회화시키는 것이 주요 목적이다. 세 번째는 즐거움이다. 익살스러운 이야기, 단편소설, 서술적인 글 등이 해당된다. 네 번째는 상상력의 확장이다. 유토피아, 미래투사, 다른 상황에서의 자기모습, 뒤바뀐 세상이나 다른 사람에 대해 글을 쓰는 것이다. 다섯 번째는 시적 표현이다. 하이쿠, 자유시, 소네트(14행시) 혹은 간단한 운율 등은 글쓴이의 느낌이나 감정을 전달할 수 있다.

5) 아동을 위한 문학치료

아동은 문학치료를 통해 성장과 발달을 촉진시키며 현실에서 부모나 어른들로부터 받고 있는 억압, 갈등, 성장기의 불안 등을 해소하는 도움을 준다(김경중, 2003). 문학치료는 전문가가 문학을 매개체로 하여 아동의 직면한 문제, 갈등 해소, 분노의 표출뿐만 아니라 일상생활에서 부딪히는 일들이 문제시되는 것을 예방하는 방법이기도 하다. 문학치료는 동화, 동시, 동요, 미술 및 다양한 심리 프로그램을 개인 혹은 집단으로 진행할 수 있다. 개인 아동들을 치료사와 일대일의 관계로서 그들의 문제를 의논할 수 있고 감정의 해소 방법으로 여러 가지 추후활동을 할 수 있다. 이렇게 함으로써 자아개념의 강화, 개인적 그리고 사회적으로 긍정적인 변화를 도울 수 있다. 집단활동에서 치료사는 아동들에게 집단의 문제에 관련된 문학작품을 읽어주거나 직접 읽게 한 후 토론과 활동이 뒤따르게 한다. 아동들은 그들의 느낌에 대해 함께 토론하고 참여함으로써 자신의 문제에 대한 일반화와 재인식을 할 수 있다.

구매어(Gumaer, 1997)는 독서치료에 대한 필수적 요건으로 세 가지를 들고 있다. 첫째, 아동의 상황에 맞는 도서를 선정하여 적절한 시기에 읽게 한다. 이를 문학치료에 연관 지어 생각해 보면 그때그때 상황에 맞는 문학작품을 보여 줌으로써 꼭 필요한 시기에 적절한 치료를 해야 한다는 뜻이다. 둘째, 책에서의 경험과 관련지어 아동과 치료사 사이에 상호작용을 한다. 독서치료뿐만 아니라 시치료나 연극치료 등의 문학작품을 소재로 하는 모든 일련의 활동들은 아동과 문학작품, 그리고 아동과 치료사가 서로 상호작용을 해야 효율적인 치료를 할 수 있다. 셋째, 상호작용을 자극하기 위한 치료사의 활동이 뒤따라야 한다. 즉, 문학작품이나 시를 그냥 읽는 것으로만 그치는 것이 아니라 감정이입을 할 수 있도록 도와주며 아동 스스로가 이해할 수 있도록 다양한 활동을 제공해야 한다.

특히 동화나 전래동화는 아동과 작업할 수 있는 풍부한 자료로 활용할 수 있다. 동화에는 심리학적인 의미가 상당히 많다. 동화는 아동에게 상당한 호소력과 가치가 있다. 전래동화는 깊은 인간성의 표현이며, 세대를 초월해서 사람들이 경험하는 모든 종류의 투쟁과 갈등, 슬픔과 기쁨을 그 속에 내포하고 있다. 또한 동화는 사랑과 미움, 두려움과 분노, 외로움과 소외감, 무가치함과 박탈감 같은 인간의 보편적인 기본감정을 직접 직면케 해준다. 만약 전래동화가 무엇보다도 하나의 예술작품이라는 사실을 도외시한다면 아마 동화가 갖는 영향력은 매우 적을 것이다. 동화를 읽다 보면 듣는 사람의 마음과 생각을 자연스럽게 넘나들게 하는 리드미컬하고 마술적인 뭔가가 있다. 이런 동화들은 자주 아동들이 이해하기 힘든 단어를 사용하기도 하지만, 아동은 이야기 속에 푹 빠져 진심으로 귀 기울여 들으며 그것을 그대로 받아들인다.

글쓰기는 자기를 표현하고 자기를 발견할 수 있는 가장 만족스럽고 가치 있으며 효과적인 방법이다. 그럼에도 불구하고 아동에게 글쓰기를 적용할 때 아동들 대부분은 글쓰기를 싫어한다. 글쓰는 것을 싫어하는 아동에게 글쓰는 즐거움을 발견하도록 도와줄 다양한 방법으로 접근하는 것도 가능하다. 글쓰기는 우리가 이야기할 때 사용하는 말과 표현양식이 다를 뿐이다. 따라서 아동의 이야기를 녹음한 후 그것을 타이핑하여 글로 표현하거나 아동의 말을 직접 받아 적거나 타이핑을 할 수도 있다.

글쓰기 형식의 투사적 심리검사로 알려진 문장완성검사(SCT)는 문학치료에서 손

쉽게 아동들에게 사용되고 있다. 예컨대, '내가 공평하지 않다고 느끼는 것은 ……, 때이다.' '내가 행복하다고 느끼는 것은 …… 때이다.' '내가 슬프다고 느끼는 것은 …… 때이다.' '나의 가장 친한 친구는 …… 이다.' '내 자신에 대하여 가장 좋은 점은 …… 이다.' 이처럼 미완성 문장을 완성하는 것은 아이들로 하여금 자신에 대해 진술할 수 있는 자신감을 주며, 자신의 소원과 바람, 욕구와 실망, 생각과 아이디어, 그리고 감정과 접촉하도록 도와준다. 문장완성검사는 아동이나 청소년이 치유적 글쓰기 작업을 위한 풍성한 소재를 제공한다.

게슈탈트치료에서는 아동용주제통각검사(Children's Apperception Test: CAT)의 그림을 가지고 이야기치료 형식으로 작업하는 경우가 많다(Oaklander, 1978). CAT의 그림들은 동물이 의인화되어 그려져 있다. 같은 그림일지라도 각각 다른 아동이 그림을 이야기로 만들 때 그 이야기의 내용은 전혀 다르다. 그림을 가지고 아이들에게 이야기를 만들도록 하면 아동들은 이야기를 통해 표현된 감정과 경험에 대해 말할 기회를 갖게 된다. 어떤 그림에는 곰 세 마리가 줄다리기를 하는 장면이 그려져 있다. 한쪽에 큰 곰이, 다른 한쪽엔 아기 곰과 엄마 곰처럼 보이는 곰이 있다.

도날드(12세)란 아이가 위에서 설명한 곰 그림을 보고 지어낸 이야기를 소개하면, "곰 세 마리가 있었는데, 아빠 곰, 엄마 곰, 그리고 아기 곰인데, 서로 꿀단지를 놓고 싸우고 있어요. 그래서 줄다리기를 했는데, 아빠가 졌어요. 그래서 아빠 곰이 아기 곰을 속여서 밧줄을 잘라버렸고, 그래서 모두 언덕 아래로 굴러 떨어졌어요."

치료사: 어떤 것이 너지? 그중 하나가 되어 봐.
도날드: 아기 곰일 거예요.
치료사: 아빠 곰에게 말해 봐. 속은 기분이 어떤지 그에게 말해 봐.

치료사는 이런 식으로 진행해 나가다 도날드에게 실제 아빠에게 속은 느낌이 든 적이 있었는지 물었다. 우리가 탐색해 볼 수 있는 많은 감정들이 나왔다. 물론 이런 형식으로 집단작업을 할 경우에 아동들에게 이야기 중 하나를 골라 실제로 연극을 해보라고 요청할 수 있다. 또는 이야기를 한 아동이 다른 역할을 연기할 수도 있다. 이야기를 한 아동이 집단원 중에서 각본의 여러 배역을 선택하게 하면 더욱 재미있다.

6) 그림책을 활용한 문학치료

'이야기가 담긴 그림'은 그림책의 그림이 갖추어야 할 가장 중요한 요건이다. 이야기가 담긴 독자적인 그림 하나하나가 모여 더 큰 이야기를 이루는 그림책의 형태가 되는 것이다. 반면, 그림동화는 연극이라 할 수 있다. 기본적으로 많은 관객을 의식하여 표현함으로써 드라마 대본이나 시나리오적인 성격을 띤다.

그림책은 아동들에게 보여 주며 읽어주는 활용 방법의 측면으로서 그림동화와는 발상도 다르고 글과 그림의 표현방법도 다르다. 여기서 명확히 말할 수 있는 것은 그림책은 책이라는 것이다. 쇼윈도를 들여다보는 것처럼 단편적인 그림이 아니라, 통일성 있는 세계 속에서 자유롭게 상상하고 놀 수 있는 그림을 보여 준다. 하나의 화면에서 다음 화면으로 긴장과 연결로 발전하고 변화하는 통일된 그림책을 보면 앞표지부터 끝표지에 이르기까지 하나의 세계가 펼쳐지며 많은 것을 단편적으로 들여다보기보다 하나의 아름다운 세계에서 자유롭게 생각하고 느끼고 상상할 때 어린이의 창의성은 신장된다(심명자, 2014).

마쯔이 다다시에 따르면, 그림책은 지식의 정보가 아니라 언어로 전달되는 힘이 있다. 현대는 언어의 존재감과 실체감이 약하다. 풍부한 언어, 알맹이가 있는 언어, 존재감이 있는 언어, 읽는 사람과 듣는 사람이 마음으로부터 공감할 수 있는 언어가 담겨 있는지 여부에 따라 좋은 그림책이 결정된다.

흔히 그림책은 아동들이 좋아한다. 그림책에는 그림이 있어 그림의 언어에 더 쉽게 끌린다. 아동은 알 수 없는 활자는 대강 보아 넘기고 그림 속으로 빨려 들어간다. 그러나 어른들은 그림의 언어보다 글자의 언어를 더욱 익숙해한다. 어른들은 그림을 대충 본 후 글자를 읽기 시작한다. 그림책은 글자가 아니라 그림이 말하는 것이므로 아동은 그림을 읽고 어른이 글자를 읽어 준다면 그림책 전체의 모습은 아동 머릿속에 선명하게 그려진다. 이것이 그림책을 제공하는 좋은 방법이다.

그러나 그림책은 요즘 성인들에게도 간결하게 메시지를 전달하는 도구로 활용되는 경우가 있다. 그림책은 그림과 함께 내용은 간결하고 정확하게 전달하려는 특성 때문이다. 그림책에서 그림을 통해 전달하는 메시지는 언어를 통해 전달하는 메시지만큼 간결하고 압축되어 있다. 그림과 함께 글자로 간결하게 전달하는 이야기는 많은 상상력을 동원하게 한다. 그림 안에서 떠오른 이미지와 이야기의 은유를 통해 우리의 삶을 연결하는 것이 가능하다.

그림책에도 이야기를 통한 은유가 명확히 내재되어 있다. 특히 이야기가 매우 압축되어 있기 때문에 이야기를 다양하게 확장할 수 있는 측면이 있다. 거기에 그림이라는 구체성이 함께 포함되어 있어 이야기의 내용을 이해하기가 쉽다. 또한 그림의 상징성을 찾는 것도 가능하다. 즉, 그림책은 이야기의 은유와 그림이 주는 상징을 우리의 삶과 연결할 수 있다. 이것이 그림책을 치료적으로 이끌 수 있는 장치다.

다시 말해 그림책의 그림이 매우 사실적이고 구체적인 것도 있지만 상징적으로 그려 압축된 의미를 전달하는 것도 있다. 기존의 이야기를 청각적인 말과 활자를 통해 상상하는 것과 다르게, 이야기를 압축시킨 시각적인 그림을 통해 상상하는 것은 다소 다른 면이 있다. 또한 그림은 특정한 사물이나 인물을 구체화하는 측면이 있기 때문에 현실과 연결하는 것이 보다 쉬울 수 있다.

이러한 측면을 고려할 때 그림책을 문학치료에 활용하는 효과적인 이유는 다음과 같다.

첫째, 그림책은 이야기 내용을 전달하는 것이 쉽다. 이야기의 내용과 그와 관련된 그림을 함께 제시함으로써 독자가 이야기의 내용을 명확히 이해할 수 있다. 이야기를 압축한 것이 바로 그림이기 때문이다. 치료사와 내담자가 이야기의 내용을 정확히 이해하는 것은 문학치료를 진행하는 데 도움이 된다.

둘째, 그림책에 제시된 그림은 이야기를 극적으로 표현하는 데 유용하다. 이야기를 극화하는 역할극은 이야기를 장면으로 구성하는 것이 중요하다. 그림책에 나와 있는 그림을 토대로 하여 장면을 만든다면 문학치료를 극화하여 통합적으로 진행하기가 매우 용이하다.

셋째, 그림책은 흥미롭다. 일반적으로 글을 읽는 데 흥미가 없는 독자들은 문자화된 책을 싫어한다. 그림책은 이야기가 짧게 압축되어 있고, 이야기의 내용이 그림으로 표현되기 때문에 누구에게나 흥미를 유발한다. 흥미가 있는 그림책의 이야기를 문학치료의 소재로 삼는 것은 사람들에게 치료의 동기를 강화할 수 있다.

넷째, 그림책은 이야기가 짧게 구성되어 있다. 긴 동화보다 짧게 압축한 그림책의 이야기를 연극치료로 극화하는 것은 내담자에게 유용하다. 긴 이야기의 내용을 간결하게 몇 개의 핵심내용으로 만들어 진행하는 문학치료는 짧게 압축된 그림책의 이야기를 활용하는 것이 편리하다.

다섯째, 그림책 속의 인물과 사물의 상징적 의미를 문학치료의 치료적 요소로 활용하는 것이 쉽다. 그림책을 활용한 문학치료는 독서치료와 마찬가지로 은유적인 이야기를 현실과 연결하여 동일시와 통찰, 그리고 정화를 이끈다. 그림책에서 그림(사물, 인물)의 상징은 각 개인에게 다르게 전달될 수 있다. 문학치료 과정에서 상징적인 그림의 의미가 내담자들에게 어떻게 전달되는지 그 의미를 파악하는 것은 치료에 매우 유용하다.

여섯째, 그림책의 이야기를 현실적인 문제와 연결하여 치료적으로 유도하는 문학치료는 이야기를 변형하는 것이 가능하다. 문학치료는 이야기를 개인의 주제나 집단의 주제와 연결하여 재구성할 수 있다. 예컨대, 『미운 오리 새끼』 이야기를 변형하여 늘 따돌림을 당하는 미운 오리 새끼가 백조가 되기 전에 당당한 오리 새끼로 변신하여 미워하는 오리들에게 자신있게 맞서는 내용으로 바꿀 수 있다. 이때 현실에서 미운 오리처럼 따돌림을 당하는 내담자가 있다면 변형된 이야기의 주인공, 즉 당당한 오리 새끼가 되어 자신의 삶을 새롭게 재구성할 수 있다. 집단에서 진행한다면, 이 이야기를 학교폭력이나 집단따돌림의 주제로 선정하여 역할극 형식으로 진행하는 것도 가능하다. 미운 오리나 백조의 상징성은 다양하게 해석할 수 있고 다르게 변형할 수 있다.

그림책을 주제별로 분류해 보면 다음과 같다

❖ 부모 및 가족사랑
　　너를 위해서라면 – 영교
　　엄마 어디 있어요 – 마루벌

아주 특별한 너를 위하여 - 고슴도치

엄마는 언제나 네 친구야 - 어린이중앙

엄마 맘은 그래도 난 이런 게 좋아 - 베틀북

엄마의 의자 - 시공주니어

내가 아빠를 얼마나 사랑하는지 아세요? - 프뢰벨

책 읽어주세요, 아빠 - 프뢰벨

고릴라 - 비룡소

엄마는 동생만 좋아해 - 경독

혼나지 않게 해주세요 - 베틀북

아빠는 너를 사랑하니까 - 나무상자

터널 - 논장

집나가자 꿀꿀꿀 - 웅진주니어

늑대와 일곱마리 아기염소 - 씽크하우스

잘자요 아기 북극곰 - 웅진주니어

당나귀 실베스타와 요술 조약돌 - 비룡소

메아리 - 길벗어린이

언제까지나 너를 사랑해 - 북뱅크

오늘은 무슨 날 - 한림

오른발 왼발 - 비룡소

할머니가 남긴 선물 - 시공주니어

◈ 자기애

난 곰인 채로 있고 싶은데 - 비룡소

물고기는 물고기야 - 시공주니어

작은 조각 - 에버북스

거미와 파리 - 열린어린이

오늘도 멋진 동구 - 책속물고기

❖ 아이의 화난 마음

　　괴물들이 사는 나라 ― 시공주니어

　　부루퉁한 스핑키 ― 비룡소

　　소피가 화나면, 정말 정말 화나면 ― 책읽는곰

　　화가 나는 건 당연해 ― 비룡소

❖ 외로움과 두려움

　　베어 ― 시공주니어

　　알도 ― 시공주니어

　　천둥 케이크 ― 시공주니어

　　침대 밑에 괴물이 있어요 ― 웅진닷컴

　　힐드리드 할머니와 밤 ― 시공주니어

　　안녕, 울적아 ― 키다리

❖ 학교생활의 기쁨과 슬픔

　　고맙습니다, 선생님 ― 아이세움

　　우리 선생님이 최고야 ― 비룡소

　　지각대장 존 ― 비룡소

　　학교 안 갈 거야 ― 베틀북

❖ 따돌림과 관계

　　까마귀 소년 ― 비룡소

　　모르는 척 ― 길벗 어린이

　　내 짝꿍 최영대 ― 재미마주

　　무지개 물고기 ― 시공주니어

　　짜장, 짬뽕, 탕수육 ― 재미마주

　　보이지 않는 아이 ― 책과콩나무

난 왕따가 아니야 - 웅진주니어

숲속 작은집 창가에 - 북극곰

동물 재판 - 웅진주니어

우리 친구하자 - 한림출판사

뽐내기 대장 - 삼구바인텍

과자 - 도서출판 한길사

언제나 둘이서 - 웅진주니어

❖ 장애문제

깃털 없는 기러기 보르카 - 비룡소

나와 조금 다를 뿐이야 - 푸른책들

내게는 소리를 듣지 못하는 동생이 있습니다 - 중앙출판사

반쪽이 - 보림

❖ 자존감과 자기정체

가지를 자르는 나무 - 양철북

폭풍우 치는 밤에 - 아이세움

너는 어떤 씨앗이니 - 책읽는곰

미술관의 초대 - 문학동네

모래물고기 - 소년한길

강아지 똥 - 길벗어린이

너는 특별하단다 - 고슴도치

❖ 용기와 희망

비 오는 날 - 시공주니어

내 마음을 누가 알까요 - 노란상상

난 뭐든지 할 수 있어! - 나무상자

종이봉지공주 - 비룡소

용감한 아이린 - 웅진주니어

옛날에 오리 한마리가 살았는데 - 시공주니어

용기 - 반디

7) 독서치료의 과정

(1) 준비를 위한 단계

내담자와의 신뢰관계 형성, 문제의 정도와 정확한 특성을 찾기, 심리검사 등의 부가적인 평가를 실시한다.

(2) 자료의 선택

내담자의 독서 수준과 흥미를 감안하고, 문학적으로나 예술적으로 질이 높은 책, 이해할 수 있는 책, 내담자의 문제 상황에서 성공할 수 있는 해결책을 제공하는 자료를 선택한다.

(3) 자료 제시

내담자의 흥미를 촉진시킬 수 있는 방법으로 책을 제시한다. 내담자의 이해를 돕기 위하여 계획된 활동을 중간에 끼어 넣음으로써 읽는 것을 중지할 수도 있다. 책에 대하여 정서적으로 건강하지 못한 반응이나 심각한 걱정거리를 보이면 조정해 주고 완화시켜 준다.

(4) 이해의 조성

① 전반적 인식을 돕는 질문

책의 주제와 책에 대한 이해 등을 파악하는 질문 유형으로 책에 대한 전반적인 인상, 등장인물과 사건에 대한 이해, 느낌을 파악한다.

- 이 책을 읽고 당신은 어떤 생각이 드나요?
- 이 책의 주제는 뭐라고 생각하나요?

② 이해 및 고찰을 돕는 질문

책의 내용을 구체적으로 살펴보고 사건들 간의 관계, 책 내용과 자신의 생각을 보다 심도 있게 연결 지어 보는 질문 유형으로서 등장인물이 지닌 문제, 행동과 동기, 문제해결 방법 등을 이해한다.

- 이야기에 나오는 _____ (인물)에 대해 어떻게 생각하나요?
- 이 이야기의 _____ (사건)에 대해 당신은 어떤 생각을 갖고 있나요?

③ 기존 해결 방법에 대한 다각적인 평가와 새로운 접근을 시도하는 질문

본문의 사건이나 일어나지 않은 다양한 사건에 대해 생각해 보고 결과를 예측해 보게 한다.

- 이야기의 끝을 어떻게 생각하나요?
- 이야기의 끝을 다시 쓴다면 어떻게 쓰겠습니까?

④ 자기적용을 돕는 질문

책을 통해 얻은 느낌이나 감정이 실제 자기에게 어떤 의미가 있으며 자기 문제와의 유사성을 찾아보는 질문유형으로서, 직면이나 카타르시스, 통찰, 자신이 극복하고 수행해야 할 실천목표 등을 생각해 보게 한다.

- 당신 자신이 이 책의 _____ (인물)이라면 이 이야기처럼 할 것 같습니까? 그렇지 않다면 어떻게 했을까요?
- 혹시 이 책의 내용과 당신의 삶에 어떤 유사한 점이 있나요?
- 이 책의 _____ (문제)를 극복하려면 어떻게 하면 될까요?

이때 집단으로 작업을 할 경우 책의 내용에 대해 집단원들 간에 토론을 할 수 있고, 책의 내용이 자신들의 삶과 어떻게 연관되는지 등을 집단상담형식으로 진행할 수 있다. 특히 책의 내용을 모티브로 자신의 삶에 대해 글쓰기 작업이 가능하며, 특정한 장면에 대해 미술작업이나 역할극으로 진행할 수 있다.

(5) 추후 활동과 평가

내담자가 적절한 활동을 할 수 있도록 결정을 내리게 격려하고, 성공 가능한 합리적인 계획을 도우며, 행동계획의 지속 여부를 조정한다. 그리고 행동계획의 효과를 보기 위해 필요한 만큼 바꾸고 재시도를 한다.

참고문헌

김민주(2004). 어린이의 상한 마음을 돌보기 위한 독서치료. 서울: 한울아카데미.

김춘경 외(2004). 아동집단상담 프로그램. 서울: 학지사.

김현희 외 공역(2004). 시치료: 이론과 실제. 서울: 학지사.

김현희 외(2003). 독서치료의 실제. 서울: 학지사.

김현희(2000). 아동을 위한 독서치료: 상호작용의 과정. 교육개혁과 유아교육: 한국유아교육학회 2000년도 정기총회 및 춘계학술대회, 79-87.

김현희(2001). 독서치료란 무엇인가? 독서치료의 가능성 탐색. 한국어린이문학교육학회 제 3차 학술대회, 15-50.

김현희(2004). 표현예술치료로서의 독서치료. 독서치료연구, 창간호, 99-117.

김현희, 김재숙, 강은주, 나해숙, 양유성, 이영식, 이지영, 정선혜(2010). 상호작용을 통한 독서치료. 서울: 학지사.

박종수(2005). 분석심리학에 기초한 이야기심리치료. 서울: 학지사.

변학수(1998). 문학치료와 문학적 경험. 독일어문학, 10, 한국독일어문학회.

변학수(2005). 문학치료. 서울: 학지사.

변학수(2006). 통합적 문학치료. 서울: 학지사.

손정표(2003). 신독서지도방법론. 서울: 태일사.

심명자 (2014). 그림책의 문학적 이해. 2014년 한국심리극 · 역할극상담학회 전문가 자격연수 자료집.

양유성(2004). 이야기치료. 서울: 학지사.

유중희(1964). 도서관과 비브리오세라피. 국회도서관보, 1(3), 133-139.

장희경(2006). 문학치료 과정에서 나타나는 아동의 정서체험 양상. 한국교원대학교 대학원 석사학위논문.

정대련 역 (2003). 힐드리드 할머니와 밤. 서울: 시공주니어.

정 진(2005). 독서치료의 이론적 탐색. 실버산업전문인력 양성촉진을 위한 국제 워크숍. 대전 보건대학.

정운채(2004). 고전문학 교육과 문학치료. 국어교육, 113, 한국국어교육연구회.

한국독서치료학회(2004). 건강한 자아와 독서치료: 발달단계별 접근. 한국독서치료학회 제 2차 학술대회 자료집.

Adams, K.(1990). *Journal to the Self*. New York: Warner Books, Inc. (강은주, 이봉희 공역. 저널치료. 서울: 학지사. 2006).

Fox, J.(1997). *Poetic Medicine: The Healing Art of Poem-Making*. (최소영 외 공역. 시치료. 서울: 시그마프레스. 2005).

Gumaer, J.(1990). *Counseling and therapy for children*. (이재연 외 공역. 아동상담과 심리치료. 경기: 양서원).

Landy, R.(1994). *Drama Therapy: Concepts, Theories and Practices*. New York: Charles Thomas. (이효원 역. 연극치료. 서울: 울력. 2002).

Nathan, A. A., & Mirviss, S.(1998). *Therapy Techniques, Using the Creative Arts*. NY: Idyll Arbor, Ins. (박희석, 류정미, 윤명희 공역. 창조적 예술치료 기법. 서울: 학지사. 2011).

Oaklander, V.(1988). *Windows to Our Children*. A publication of the Gestalt Journal. (김정규, 윤인, 이영이 공역. 아이들에게로 열린 창. 서울: 학지사. 2006).

Pardeck, J. T.(1998). *Using Books in Clinical Social Work Practice: A Guide to Bibliotherapy*. NY: The Haworth Press.

Rubin, R. J.(1978). *Using Bibliotherapy: a guide th therapy and practice*. London, Mansell.

Shrodes, C.(1950). *Bibliotherapy: A Theoretical and Clinical-Experiment Study*. University of California.

Tews, R. M.(1962). Introduction. *Library trends*, 2(2).

제8장

문학치료 프로그램의 실제

개요

문학치료는 크게 읽기치료와 쓰기치료로 구분하고 있다. 읽기치료의 대표적인 유형은 독서치료가 있고, 쓰기치료는 시/글쓰기치료가 있다. 이 장에서는 기존의 이야기를 통해 독서치료를 어떻게 진행하는지 몇 가지 방법으로 안내하고 있다. 또한 시/글쓰기치료에서 개인 시쓰기, 집단 시쓰기와 더불어 기존의 시를 통해 내면작업을 유도하는 방법을 소개하고 있다. 아울러 글쓰기치료를 변형하는 기법도 소개하고 있다.

학습 목표

문학치료에서 가장 핵심이 되는 읽기치료와 글쓰기치료의 핵심적인 방법을 배움으로써 다양한 응용력을 기른다.

주요 용어			
시/글쓰기치료	집단 시쓰기	독서치료	클러스터 기법
개인 시 쓰기	그림책		

1. 철웅이의 비둘기

(1) 목표:『철웅이의 비둘기』를 읽고 평가적인 질문을 통해 내용을 이해하고 자신의 생각을 표현하도록 돕는다(김춘경 외, 2004).

(2) 대상: 아동/청소년, 개인/집단

(3) 준비물:『철웅이의 비둘기』동화책, 질문카드

(4) 과정

① 집단 치료사는 집단원들에게 이번 회기 프로그램을 소개한다.

② 『철웅이의 비둘기』동화책을 읽도록 하고 사실적인 질문을 통해 내용과 주인공의 성격을 이해한다. 다음과 같은 질문에 대해 자신이 생각하는 답을 이야기하도록 한다.

• 이 책의 주인공은 누구일까요?

• 선생님은 철웅이를 어떤 아이라고 생각하나요?

• 이야기 시간에 철웅이가 비둘기 이야기를 했을 때 다른 친구들은 어떤 반응을 보였나요?

• 왜 철웅이의 집에 다녀온 아이들은 소식란에 아무것도 쓰지 않았나요?

③ 동화책의 내용에 대한 평가적인 질문을 통해 자신의 생각을 표현해 본다. 이때 질문을 선택한 집단원은 다른 집단원에게 그 질문을 하고 지명 받은 집단원이 자신의 생각을 이야기한다.

• 철웅이 엄마가 비둘기를 버린 것을 여러분들은 어떻게 생각하나요?

• 비둘기를 버리는 대신에 어떻게 할 수 있었을까요?

- 엄마가 비둘기를 버리신 걸 알게 된 철웅이의 기분은 어땠을까요?

(5) 마무리

① 이번 활동을 통하여 새롭게 발견한 것이나 느낀 점에 대해 이야기를 나누도록 한다. 이때 3분간 생각할 시간을 준 뒤, 각자 자신의 생각을 발표하도록 한다.

② 발표한 것을 간단히 정리해 주고 다음 회기의 주제와 시간을 알려 준다.

2. 미운 오리 새끼

(1) 목표

① 작품 속의 주인공(미운 오리 새끼)을 동일시하고 주인공의 느낌을 자기화한다.

② 따돌림이라는 주제에 대해 객관적인 인식을 갖도록 한다.

③ 따돌림의 피해자로서, 가해자로서 어떻게 하는 것이 올바른지 그 해결책을 찾도록 유도한다.

(2) 대상: 아동/청소년, 개인/집단

(3) 준비물: 『미운 오리 새끼』 동화책

(4) 과정

① 『미운 오리 새끼』 동화책을 읽는다.

② 이야기를 읽고 난 후 집단원들에게 동화책의 내용에 대해 자신의 생각이나 느낌을 이야기하게 한다.

③ 이때 기존의 해결 방법에 대한 다각적인 평가와 새로운 접근을 시도하는 질문을 한다.

- 이야기의 끝을 어떻게 생각하나요?
- 여러분이 이 책의 '미운 오리 새끼'라면 어떻게 했을까요?

④ 그런 다음, 미운 오리 새끼가 어떤 노력과 행동으로 따돌림을 극복하는지에 대해서 각자 A4용지에 '행복한 오리 새끼' 이야기를 만들어 보게 한다. 즉, 집단원들에게 따돌림 당하는 상황을 피하기 위해 집을 나가는 미운 오리 새끼의 내

용과 다르게 따돌림 상황 속에서도 굴하지 않고 노력해서 따돌림을 극복한다는 '행복한 오리 새끼' 이야기를 만들게 한다.

⑤ 집단원들이 만든 새로운 이야기를 발표하게 한다.

(5) 마무리

① 이번 회기를 통하여 따돌림에 대해 새롭게 발견한 것이나 느낀 점 또는 앞으로의 각오에 대하여 이야기를 나누도록 한다.

② 따돌림에 대한 적절한 해결책을 발견하게 되면 역할극을 통해 적절한 행동을 학습하게 한다.

3. 강아지 똥

(1) 목표

① 작품 속의 강아지 똥을 동일시하고 주인공의 느낌을 자기화한다.

② 강아지 똥이 주는 의미를 통해 자신의 소중한 점을 알게 한다.

(2) 대상: 아동/청소년, 개인/집단

(3) 준비물: 『강아지 똥』 동화책, A4용지, 필기도구

(4) 과정

① 『강아지 똥』 동화책을 읽는다.

② 동화를 읽고 난 후 집단원들에게 동화책의 내용에 대해 질문하고 자신의 생각이나 느낌을 이야기하게 한다.

③ 모두 보잘것없게 생각한 강아지 똥이었지만 예쁜 민들레꽃을 피우는 데 밑거름이 된 강아지 똥처럼 각자 자신의 소중한 점이 무엇인지 찾아보게 한다. 이때 A4용지에 자신의 장점을 적도록 한 후 발표하게 한다.

④ 이어서 단점을 장점으로 바꿀 수 있는 방법을 찾도록 진행할 수 있다. A4용지에 자신이 생각하는 자신의 성격이나 외모 중에서 불만족스러운 점이나 단점들을 몇 가지 적게 한다. 이때 집단원들에게 자신의 이름을 쓰지 않게 한다. 치

료사가 A4용지를 모아 집단원들의 성격이나 외모 중에서 불만족스러운 점이나 단점을 말하면 장점으로 바꾸는 방법을 찾게 한다.

⑤ 여기에 덧붙여 미술치료의 신체 본뜨기 기법을 적용하여 신체 부위에 자신의 장점을 기록하게 한다.

(5) 마무리

① 회기를 통해 알게 된 점을 이야기하게 한다.

② 자신의 장점이 무엇인지, 자신의 소중함에 대해 함께 나누도록 한다.

4. 세 나무의 꿈

세 나무의 꿈

옛날 어느 산마루 위에 아기 나무 세 그루가 살고 있었다. 하루는 저마다 서로의 꿈을 이야기했다. 첫째 나무가 하늘을 올려다보며 말했다. "저 하늘의 별들 좀 봐, 온통 보석들로 가득 찼어. 난 말이야 이 다음에 세상에서 가장 아름다운 보석을 담는 보석함이 될 거야." 둘째 나무가 이야기를 이었다. "나는 왕을 모시고 온 세상을 누비고 다니는 큰 범선이 될 거야. 생각만 해도 신이 나는 걸." 셋째 나무는 산 아래를 바라보며 이렇게 말했다. "나는 여기가 좋아. 여기서 나는 세상에서 가장 키가 큰 나무가 될 거야. 하늘을 향해 있는 날 보고 사람들은 하나님을 생각하겠지?"

세월이 흐르고 세 아기 나무는 어른이 되었다. 어느 날 나무들은 나뭇꾼에게 잘려 목수에게 전해졌다. 산마루에 남아 있기를 원한 셋째 나무까지도……. 정신을 차려 보니 첫째 나무는 자신이 가축의 여물을 담는 구유가 되었다는 것을 알았다. 실망과 한숨 속에 하루하루를 보내던 첫째 나무, 어느 날 새벽 부스스 눈을 떠 보니 자신에게 한 아기가 눕혀지고 있었다. 곧이어 자신에게로 쏟아지는 황금 별빛……. 첫째 나무는 그제야 깨달았다. "와! 내가 이 세상에서 가장 귀한 보석을 담고 있구나."

고깃배가 된 둘째 나무는 이제 많이 낡아 있었다. 많은 어부의 손을 거치면서 둘째 나무의 꿈도 희미해질 무렵, 그날 바다로 나간 배는 갑자기 심한 폭풍우를 만났다. 우왕좌왕하는 사람들 가운데 한 사람이 앞으로 나와 손을 들고 크게 외쳤다. "잠잠하라!" 거짓

말같이 잔잔해진 바다와 하늘, 둘째 나무는 그제야 깨달았다. "아! 내가 하늘과 땅의 왕을 모시고 있구나."

어느 금요일 아침, 셋째 나무는 목재소 뒤뜰에 쌓인 채 몇 해를 묵다가 밖으로 나왔다. 셋째 나무는 한 남자의 어깨에 걸쳐진 채 끌려 가고 있었다. "내가 십자가 형틀이라니." 셋째 나무는 자신의 삶을 한탄했다. 너무나 수치스럽고 부끄러웠다. 그 남자가 죽은 지 사흘 뒤에 셋째 나무에게 이상한 이야기가 들려왔다. 자신에게 매달린 그 남자는 부활했으며, 다름 아닌 그가 하나님의 아들이었다고, 하나님의 사랑이었다고. 셋째 나무는 그제야 깨달았다. "하나님께서 내 꿈을 이루셨구나!"

〈엔제라 헌트 '그리스도인을 위한 우화이야기'〉

(1) 목표: 세 나무의 꿈을 통해 각자 자신의 소중한 꿈에 대해 생각하게 한다.

(2) 대상: 아동/청소년, 개인/집단

(3) 준비물: '세 나무의 꿈' 이야기

(4) 과정 1

① 집단원들이 돌아가면서 '세 나무의 꿈'을 읽는다.

② 이 이야기에서 가장 중요한 요소(인물이나 사물)가 무엇인지 찾게 한다. 예컨대, 보석함이 되고자 한 첫째 나무, 범선이 되고자 한 둘째 나무, 가장 큰 키가 되고자 한 셋째 나무, 목수, 아기, 폭풍 등. 이때 집단의 요구에 따라 요소들은 다양하게 변할 수 있다.

③ 이야기의 요소들을 구체화하기 위하여 집단성원들에게 공감되는 요소별로 집단을 나눈다. 예컨대, 첫째 나무에 공감되는 사람끼리, 폭풍에 공감되는 사람끼리 모이도록 한다.

④ 집단별로 모이면 이 요소에 왜 공감되는지? 이 요소에 끌리게 된 배경을 집단원들끼리 이야기 나누도록 한다.

⑤ 집단원들끼리 이야기하는 과정에서 자신의 이야기도 함께 나누도록 한다. 자신이 원했던 꿈은 무엇인지? 그 꿈을 이루기 위해 어떤 노력을 기울이고 있는지? 이 과정까지 진행한 다음 프로그램으로 확장할 수 있다.

(5) 과정 2

이 이야기를 토대로 도서극(bibliodrama)으로 연결한다면 다음 과정을 이어서 진행한다.

① 소집단에서 소감을 나누고 나면, 각각의 소집단에서 역할을 할 배우 1명씩을 선발하도록 한다.

② 선발된 배우를 중심으로 '세 나무 꿈'의 이야기를 몇 개의 장면으로 나누어 연극으로 만든다.

③ 이야기를 연극으로 표현하고 나면 이야기가 새롭게 이해될 수 있다. 따라서 연극을 마치고 난 다음 함께 소감을 나누거나 토론을 하는 것이 좋다.

(6) 마무리

① 이 이야기의 교훈이 무엇인지 함께 나누기한다.

② 각자의 꿈을 이루기 위해 무엇을 해야 할 것인지 생각해 보게 하고 발표하게 한다.

③ 이야기를 극화하였을 때, 이 극을 통해 배울 수 있는 것이 무엇인지 나누기하도록 한다. 〈세 나무의 꿈 동영상: http://youtu.be/JKcReVlgJcc〉

5. 나를 키우는 말

나를 키우는 말

행복하다고 말하는 동안은
나도 정말 행복해서
마음에 맑은 샘이 흐르고

고맙다고 말하는 동안은
고마운 마음 새로 솟아올라
내 마음도 더욱 순해지고

아름답다고 말하는 동안은
나도 잠시 아름다운 사람이 되어
마음 한 자락이 환해지고

좋은 말이 나를 키우는 걸
나는 말하면서
다시 알지.

(이해인 작)

(1) 목표: '나를 키우는 말'의 시를 읽고 자신과 삶에 대해 감사하고, 행복하고, 아름다운 점들을 알게 한다.

(2) 대상: 아동/청소년, 개인/집단

(3) 준비물: '나를 키우는 말'의 시, A4용지, 필기도구

(4) 과정

① 집단원들에게 '나를 키우는 말'의 시를 낭송해 준다.

② 자신과 자신의 삶에 대해 고마운 점, 행복한 점, 아름다운 점이 무엇인지 생각해 보게 한다.

③ A4용지에 자신과 타인 그리고 삶에 대해 고마운 점, 행복한 점, 아름다운 점을 기록하게 한다.

④ 그런 다음, 각자의 인생에 있어서 가장 고마운 경험, 행복한 경험, 아름다운 경험에 대해 그림을 그리거나 글을 쓰게 한다.

(5) 마무리

① 기록한 내용을 발표하거나 2명씩 혹은 4명씩 짝을 지어 소개하도록 하고 마무리한다.

② 자신과 자신의 삶에 대해 새롭게 인식하게 된 것을 나누게 한다.

6. 매듭이 있어요

매듭이 있어요

내 안에 매듭이 하나 있다.
풀어질 수 없는 매듭
단단하고 아프다.
마치 내 안에
돌을 넣어 놓은 것처럼

난 항상 옛날을 생각한다.
우리 여름 집에서 놀던 것을
할머니 집에 가던 것을
할머니 집에 머물던 것을

그날들이 다시 왔으면 좋겠다.
그날들이 다시 오면 매듭이 풀릴 텐데
그렇지만 내 안엔 매듭이 하나 있다.
너무 단단해서
그건 날 아프게 한다.
마치 내 안에 돌이 하나 있는 것처럼

(Okalander, 1988)

(1) 목표

① 이 시를 통해 아동의 마음 안에 있는 불편한 감정이 무엇인지 알게 한다.

② 불편한 감정을 표현할 기회를 제공함으로써 마음의 자유를 경험한다.

(2) 대상: 아동/청소년, 개인/집단

(3) 준비물: 시, A4용지, 크레파스, 필기도구

(4) 과정

① 먼저 시를 낭송해 준다.

② 아동들 각자의 마음에서 자신을 불편하게 한 감정이 무엇인지 찾도록 한다.

③ 또는 시를 낭송해 줄 때 떠오르는 기억을 A4용지에 그리도록 한다.

④ 그려진 그림을 가지고 서로 돌아가면서 소개한다.

(5) 마무리

① 집단원들 각자 힘들었던 경험에 대해 나누게 한다.

② 불편한 감정을 어떻게 해결할 것인지를 함께 나누게 한다.

7. 즉흥시 쓰기

(1) 목표: 즉흥시 쓰기를 통해 내면에 있는 소망, 기대, 욕구, 갈등 등을 표현할 수 있는 기회를 갖는다.

(2) 대상: 아동/청소년, 개인/집단

(3) 준비물: A4용지, 잔잔한 음악, 펜, 크레파스

(4) 과정

① 먼저 잔잔한 음악을 들려 주고 자유롭게 즉흥시를 쓰게 한다.

② 작성한 시를 개별 혹은 집단으로 낭송하게 한다.

③ 그런 다음 자신의 시에서 의미 있는 구절을 찾아보게 하고, 이것이 자신의 삶과 어떤 관계가 있는지 그 연관성을 찾아보게 한다.

(5) 마무리

① 즉흥시를 통해 표현된 각자의 소망, 기대, 욕구, 갈등 등에 대해 나누도록 한다.

② 다른 사람의 즉흥시를 듣고 난 소감을 나눈다. 즉, 누구의 시가 가장 마음에 와 닿았는지, 그것이 어떤 점에서 그런지 이야기하게 한다.

(6) 변형

① 이때 최근의 감정을 그림으로 그리게 한 다음, 그 감정과 연상되는 내용에 대해

시를 쓰게 할 수 있다. 이러한 작업을 통해 내담자는 자신의 감정상태를 좀 더 명료하게 이해할 수 있을 것이다.

② 시의 주제를 미리 제시할 수 있다. 예컨대, 가장 슬픈 일, 나의 소원, 희망, 행복, 기쁨 등 다양한 주제를 줄 수 있다.

③ 시는 하이쿠(5, 7, 5음절의 3행시)나 시조 형식으로 표현할 수도 있다.

8. 하이쿠

(1) 목표: 자신과 타인에 대한 감정과 생각을 글로 표현할 수 있고, 창조적으로 생각하도록 한다.

(2) 대상: 아동/청소년, 개인/집단

(3) 준비물: A4용지, 펜과 연필, 하이쿠 예문, 잔잔한 음악

(4) 과정

① 치료사는 하이쿠의 시 몇 편을 들려주고 그 역사적 배경을 간단히 설명해 준다 (Nathan & Mirviss, 1998).

'하이쿠는 3행 17음절의 아주 조밀하게 구성된 시로, 자연의 이미지와 운율을 강조한다. 하이쿠는 일본문학에서 처음 발견되었고, 자연과 미에 대한 일본사람의 애정을 다루고 있다. 이것은 감정을 환기시켜 최소한의 낱말로 심상을 표현하게 한다. 하이쿠는 14세기에 성행했으며, 15세기에 불교의 수도승들이 명상의 형태로 발전시켰다. 수도승 중의 한 명인 야마자키 사콘(Yamazaki Sakon, 1946~1553)은 처음 큰 주류의 시 형태에서 벗어나 새로운 유형의 하이쿠를 만든 창시자로 알려져 있다. 다음은 하이쿠를 만들 때 주의해야 할 다섯 가지 사항이다.

• 명확한 심상을 제공해야 한다.

• 진실한 마음에서 우러나와야 한다.

• 설교를 해서는 안 된다.

- 간단한 진술문으로 설명을 해야 한다.
- 일반적으로 연중의 계절과 관계를 맺고 있다.

다음 예문은 아동들이 만든 하이쿠의 한 예이며, 하이쿠의 구조와 함께 음절의 수를 보여 주고 있다.

> 1) 예쁜 내 동생
>   나랑 함께 늘 놀던
>   하나뿐인 너
>
> 2) 공부는 싫고
>   학교는 늘 지겨워
>   어떻게 하지?

② 마음을 잠시 차분하게 하고, 어떤 생각이나 느낌을 떠올려 3행시(5/7/5)를 쓰도록 한다.

(5) 마무리

① 집단원들끼리 자신이 쓴 하이쿠 씨를 낭송하도록 한다.

② 시를 쓰고 난 다음 각자 소감을 나눈다.

③ 다른 사람의 시를 들으면서 특별히 인상적인 시가 무엇이었고, 그 시가 어떤 점에서 인상적이었는지 돌아가면서 소감을 나누게 한다.

9. 집단 시 쓰기

(1) 목표: 집단으로 집단 시를 씀으로써 집단원들의 친밀감을 유도하고, 집단의 공동의식과 공동무의식을 일깨운다.

(2) 대상: 아동/청소년, 집단

(3) 준비물: A4 용지, 펜, 클래식 음악, 필기도구

(4) 과정

① 6~7명 정도로 소집단을 구성하고, 각 개인에게 A4용지 한 장씩을 나눠 준다.

② 각 집단원들은 자신의 A4용지에 시상을 떠올려 즉흥시 제목을 적고, 그 아래에 작가의 이름(처음 시 제목을 쓴 사람의 이름)과 한 구절의 시를 작성한다.

③ 그런 다음 모든 집단원들이 오른쪽 집단원에게 용지를 돌리면 이어서 한 구절씩 쓰고 다시 오른쪽으로 돌리게 한다.

④ 이런 식으로 전 집단원이 한 구절씩 시를 쓰고 원래의 자리로 돌아오면 처음 시를 쓴 작가는 마지막 한 구절의 시를 쓰고 마무리한다.

⑤ 다 완성된 시를 소집단별로 낭송하게 한다.

⑥ 각 소집단에서 집단원들의 마음을 가장 잘 대표한 시를 선정하여 전체 집단원들에게 시를 다시 낭송하게 한다. 이때 배경음악을 활용하는 것이 좋다.

(5) 마무리

① 집단 시쓰기를 통해 느낀 소감을 나누도록 한다.

② 전 집단원들에게 낭송된 시의 의미를 자신의 삶과 연관시켜 나누기를 하도록 한다.

10. 나의 어린 시절

(1) 목표

① 이미지 만들기의 치유 잠재력, 즉 창조적 반응을 일으키는 이미지의 힘, 느낌을 담아 간직해 둘 수 있는 역할을 하는 이미지의 수용력, 자신의 느낌을 표현하기 위한 영감의 목소리를 고취시키는 이미지의 수용력 등을 보여 준다(Fox, 1997).

② 어린 시절의 다양한 감각을 일깨워 어린 시절의 중요한 경험을 알아차리도록 돕는다.

(2) 대상: 청소년/성인, 개인/집단

(3) 과정 1

① 집단원들에게 기억하는 어린 시절의 이미지를 목록으로 만들도록 한다.

② 떠오른 이미지 중에서 긍정적인 기억들을 고르게 한다. 이때 이미지들은 오랜 세월이 흐른 뒤에 보게 될 스냅사진처럼 여긴다. 이 연습의 목적은 창조성을 일깨우고, 집단원들이 자신의 삶에 대한 느낌에 집중하게 하는 것이다.

③ 이미지를 떠올릴 때 어떤 감각을 경험했는지 재빨리 자신의 경험을 묘사해 보도록 한다.

(4) 과정 2

① 집단원들에게 어린 시절의 이미지를 떠올리고 그것과 관련된 감정들을 알아차리도록 한다.

② 이때 집단원들의 감정을 직접 말하기보다 이미지를 통해 감정을 표현하도록 한다. 이 감정들은 은유적인 글을 통해 표현될 수 있다.

(5) 과정 3

① 활동 1과 활동 2에서 모은 소재를 사용하여 시를 쓰게 한다. 이때 이미지에 집중하듯이 감각과 접촉을 유지하게 한다.

② 이미지의 소리에 귀를 기울이게 하고, 그 다음에는 처음 이미지에서 느꼈던 느낌을 시로 표현하도록 한다.

(6) 마무리

어린 시절의 이미지와 감정에 대해 발견하게 된 것들을 서로 나누도록 한다.

(7) 변형

① 어린 시절과 관련한 시를 쓰는 대신에 그와 관련이 있는 그림을 그리게 하여 유년시절의 감정을 더욱 명료화하도록 한다.

② 시를 쓰게 한 다음, 이 시를 동작으로 표현하게 할 수 있다. 이때 시를 동작으로 표현한 다음, 소감을 나누도록 하여 자신의 감정과 더욱 분명하게 접촉하게 한다.

11. 삶의 사건들

(1) 목표: 이제까지 살아온 삶에서 중요한 사건들을 떠올리게 하고 이것이 현재의
삶과 어떤 관계가 있는지를 알게 한다.

(2) 대상: 아동/청소년/성인, 개인/집단

(3) 준비물: A4용지, 도화지, 크레파스, 조용한 음악, 필기도구

(4) 과정

① 잠시 명상을 통해 이제까지 살아온 자신의 삶을 떠올리도록 한다.

> "잠시 눈을 감고 편하게 호흡하기 바랍니다. 숨을 들이마시고…… 내쉬고…… 마
> 음을 이완해 보세요……. 마음을 집중하시고…… 이제 지금까지 살아왔던 지난 시
> 절을 떠올려 보려 합니다. 세상을 처음 맞이했던 아주 어린 시절로 거슬러 올라가
> 봅니다. 아주 어렸을 때 말입니다……. 시간은 흘러갑니다……. 한 살, 두 살, 세
> 살…… 다섯 살…… 열 살…… 점점 나이를 먹습니다……. 지금까지 살아왔던 날들
> 을 되돌아보면서 슬펐던 일, 기뻤던 일, 행복했던 일, 가슴 아팠던 일 등 매우 중요
> 했던 사건들을 떠올려 봅니다……. (이때 시간을 적당히 준다)…… 이제 다시 현재로 돌
> 아올 시간이 되었습니다. 지금 우리는 지금까지 살아오면서 자신에게 가장 중요한
> 사건들을 찾아보았습니다. 잠시 후에는 눈을 뜨고 지금 이 사건들을 상징적인 그림
> 으로 그릴 것입니다……. 이제 눈을 뜨세요."

② 눈을 뜨게 한 후 중요한 사건들을 한 장의 도화지에 그리게 한다. 여기서 그림
은 그 사건의 의미를 내포하는 형태로 그린다. 이때 그림은 색, 선, 형태, 크기
등으로 표현할 수 있다.

③ 사건의 그림을 그린 다음, 이 사건이 서로 어떤 관계를 맺는지 선과 색을 통해
표현하게 한다.

그림 8-1 개인의 삶의 사건들

④ 각 사건의 그림을 그렸으면, 각 사건과 관련된 내용을 A4용지에 작성하도록
  한다.

⑤ 이때 각 사건에 대한 느낌을 동작으로 표현하게 할 수 있다.

(5) 마무리

① 중요한 사건을 그림으로 표현하고, 이를 다시 글로 옮기는 과정에서 자신에 대
  해 인식하게 된 것들을 서로 나누도록 한다.

② 현재의 삶과 가장 깊은 관계가 있는 사건을 토대로 이야기를 만들어(스토리텔링)
  보게 한 다음, 이를 극화할 수 있다.

12. 두 늑대의 싸움

(1) 목표: 선과 악에 대해 생각해 볼 수 있는 기회를 갖도록 하며, 선과 악의 선택은
  자신에게 달려 있다는 것을 일깨운다.

(2) 대상: 아동/청소년, 개인/집단

(3) 준비물: '두 늑대의 싸움' 이야기

(4) 과정

두 늑대의 싸움

한 인디언 추장이 어린 손자에게
마음속에서 일어나는 큰 싸움에 대해 이야기했습니다.
"우리 모두의 마음속에서는 늑대 두 마리가 싸움을 하고 있단다.
한 마리는 악한 늑대로 그놈이 가진 것은
화, 미움, 질투, 탐욕, 열등감, 거짓, 자만심, 우월감, 이기심이란다.
다른 한 마리는 선한 늑대인데 그놈이 가진 것은
기쁨, 평안, 사랑, 소망, 인내심, 겸손, 친절, 진실, 믿음이지."
손자가 호기심 어린 눈을 반짝이며 할아버지에게 물었습니다.
"어떤 늑대가 이기나요?"
추장은 미소를 지으며 대답했습니다.
"네가 먹이를 주는 놈이 이기지."
내 마음속에 언제나 함께 있는 늑대 두 마리,
어느 쪽을 키워 나가느냐는 자신에게 달려 있습니다.

(웅진씽크빅, 『선과 악은 정해져 있을까?』에서)

---

① 이 이야기가 복사된 용지를 나눠 주거나 읽어 준다.

② 집단원들에게 언제 각자의 마음에서 두 늑대가 나타나는지 묻는다. 예컨대, 화
가 나고, 미운 마음이 들고, 거짓말을 하고, 이기심이 생기는 때가 언제인지 악
한 늑대를 확인한다. 그 다음, 기쁘고, 사랑스럽고, 친절하고, 누군가를 믿어주
는 그런 때가 언제인지 선한 늑대를 확인한다.

③ 집단원들이 제시한 악한 늑대가 나타나는 상황과 선한 늑대가 나타나는 상황 중
에서 가장 공감되는 두 상황을 선택한다.

④ 그 다음 악한 늑대가 나타나는 상황과 선한 늑대가 나타나는 상황을 두 집단으

로 나누어서 역할극을 진행한다. 두 장면이 전혀 다른 상황일 수 있지만, 두 장면을 동일한 상황으로 만들어 하나는 화를 내는 상황으로 하고 다른 하나는 친절하게 대하는 상황으로 표현할 수 있다.

⑤ 두 상황을 표현하고 나면, 악한 늑대 상황을 연기한 배우들에게 소감을 묻는다. 이어서 선한 늑대 상황을 연기한 배우들에게 소감을 묻는다. 그리고 관객으로 있던 집단원들에게도 두 상황을 보면서 어떤 느낌이 드는지 묻는다.

(5) 마무리

① 전체적으로 어떤 늑대를 키우는 것이 더 유익한 것인지 전체적인 소감을 나누도록 한다.

② 선한 늑대든, 악한 늑대든 그것은 모두 자신에게 달려 있다는 것을 알게 한다.

13. 클러스터 기법

(1) 목표: 글을 쓰기 위한 훌륭한 웜업 활동이 클러스터 기법이다. 이 기법은 한 낱말이 자극제가 되어 일정시간 동안 마음에 떠오르는 모든 낱말들을 기록한다. 클러스터 기법은 많은 정보들을 재빠르게 접할 수 있도록 도와주는 재미있고, 쉽고, 자연스러운 글쓰기 기법이다. 마인드 맵 기법 또는 웹 기법으로 불리고 하는 이 기법은 브레인스토밍이나 프로젝트 경영에서 널리 알려져 있다(Adams, 1990). 이 기법을 통해 자연스럽고 효과적으로 글을 쓰는 방법을 익히도록한다.

(2) 대상: 아동/청소년, 개인/집단

(3) 준비물: A4용지, 필기도구

(4) 과정

① 먼저 집단원들에게 A4용지 중앙에 주제어로 '초원'을 쓰도록 하고 초원과 연상되는 단어나 구를 써 나가도록 한다. 주제어는 치료사의 의도에 따라 제시할 수 있다.

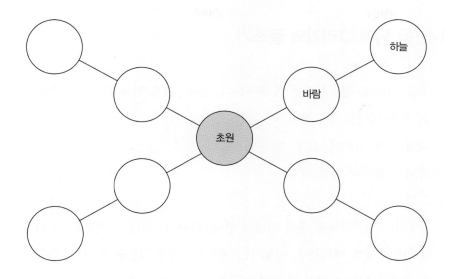

② 클러스터가 완성되면 이것을 보면서 자연스럽게 다른 종이에 글을 쓰도록 한다. 여기서 모든 단어를 다 넣을 수는 없다. 클러스터는 이야기를 만드는 토대가 될 뿐이다.

③ 글을 다 쓰게 되면 자연스럽게 집단에 발표하도록 한다.

(5) 마무리

① 글쓰기를 통해 발견하게 된 것이 무엇인지 서로 소감을 나누도록 한다.

② 다른 사람이 쓴 글을 듣고 난 소감도 함께 나눈다.

(6) 변형

클러스터를 만들고 나면 그것을 보면서 떠오르는 이미지를 그림으로 그려도 좋다 (적극적 명상). 그런 다음 이 그림을 보면서 몸 안에서 느껴지는 대로 움직이도록 한다 (진정한 움직임). 이렇게 내면의 욕구나 감정을 몸으로 알아차리게 한 다음, 이것을 주제로 글을 쓰게 한다면 훨씬 중요한 내용의 글을 쓰게 될 것이다. 통합적 문학치료가 되는 것이다.

14. 등 뒤에 그리기와 글쓰기

(1) 목표: 집단을 웜업시키는 데 유용하다. 집단원들을 처음 만났을 때 친밀감을 갖
   게 하는 데에도 유용하다.

(2) 대상: 아동/청소년, 집단

(3) 준비물: 펜이나 연필, 종이

(4) 과정

① 치료사는 집단원들을 둘씩 만나게 한다. 앉아서 '캔버스' 역할을 할 의자를 식
   탁주변에 넓게 배치한다. 치료사는 예술가들에게 그림을 천천히 그려서 '캔버
   스' 역할을 하는 사람이 잘 이해할 수 있도록 하라고 지시한다.

② 그런 다음, 한 사람은 의자에 앉아서 '캔버스'가 되고 다른 한 사람은 그 뒤에
   서서 '예술가'가 되도록 한다.

④ 서 있는 예술가는 한 손가락을 이용하여 앉아 있는 사람의 등에 어떤 모양이나
   형태를 그린다.

⑤ 앉아 있는 사람은 등 뒤에 표현된 그 형상을 앞에 있는 종이 위에 그대로 그리도
   록 한다.

⑥ 그런 다음 두 사람은 그 상징과 경험에 대해서 생각한 바를 글로 적는다.

⑦ 이렇게 한 다음, 역할을 바꿔서 다시 진행한다.

(5) 마무리

① 짝끼리 서로 그린 그림의 의미를 확인한다.

② 그림의 상징과 경험을 글로 옮기면서 느낀 소감을 나눈다.

15. 이야기를 활용한 적극적 명상

(1) 목표: 적극적 명상은 무의식에 내재된 이미지나 콤플렉스 내용이 아직 의식화되

지 않았거나 정의되지 않았을 때 그 내용을 수면 위로 떠오르게 하는 기법이다. 명상에 잠긴 채 이야기를 듣고 난 후에 그림을 그리거나 음악과 놀이를 통해 무의식의 내용을 드러낼 수 있다. 아이들에게 이야기 혹은 동화를 들려주고 떠오르는 이미지의 내용을 통해 내면의 무의식을 이해하게 하는 데 목적이 있다.

(2) 대상: 아동/청소년, 집단

(3) 준비물: 고전동화나 민담, 그림책

(4) 과정

① 치료사가 특정한 이야기(동화)를 선정해서 집단원들에게 읽어 준다.

② 집단원들은 이야기에 집중하면서 어떤 내용이 기억에 남는지 기억나는 대로 이야기를 적게 한다.

③ 다 적은 다음, 이야기를 들으면서 떠올랐던 이미지를 그림으로 그리게 한다.

④ 원래의 이야기와 비교해 본다. 원래의 기록에 없는 내용이 첨가되었거나 누락된 사항이 있는지 체크한다.

⑤ 이야기를 듣는 동안 특별히 기억에 남는 이미지와 느낌에 대해 소감을 나누도록 한다.

⑥ 이야기에서 기억에 남는 내용과 떠오르는 이미지에 대해 다양한 각도에서 검토해 본다. 내담자로 하여금 적극적 명상을 통해 이야기의 주인공(혹은 등장인물)과 대면하게 하여 그 결과를 분석할 수 있다. 물론 어떤 해석도 절대적인 결론이 될 수 없다. 오히려 다양한 각도에서 검토될 때 이야기는 생명력을 지니게 된다.

(5) 마무리

① 전체적으로 활동을 마치게 되면 각자 무엇을 이해하게 되었는지를 나누도록 한다.

16. 그림책을 활용한 역할극

(1) 목표: 그림책에는 이야기를 통한 은유가 명확히 내재되어 있다. 특히 이야기가

매우 압축되어 있기 때문에 이야기를 다양하게 확장할 수 있는 측면도 있다. 또한 그림이라는 구체성이 함께 포함되어 있어 내용을 이해하기가 쉽다. 이런 그림책을 통해 이야기의 은유와 그림의 상징을 삶과 연결하여 치료적으로 이끌어 간다.

(2) 대상: 아동/청소년, 개인/집단

(3) 준비물: 그림책

(4) 과정

① 치료의 목적에 맞게 그림책을 선정한다. 예컨대, 행복과 불행, 희망과 절망 등 극단적인 삶의 주제를 찾기 위하여 '힐드리드 할머니와 밤'을 선정한다.

② 집단원들에게 그림을 보여 주면서 그림책을 읽는다. 이때 집단원들이 돌아가면서 읽어도 무방하다.

③ 그림책의 장면을 결정한다.

　# 1.

　# 2.

　# 3.

　# 4.

④ 그림책에서 주요 인물(역할)을 결정한다. 그리고 집단원들 가운데 역할을 맡을 배우를 선정한다.

⑤ 역할극을 실연한다.

⑥ 질문과 토론을 유도한다.

　가) 역할을 맡은 배우들에게 소감을 묻는다.

　나) 관객들에게 특정한 역할에 대해 동일시하도록 하여 그 소감을 묻는다. 예컨 대, "여러분들이 밤새도록 밤과 싸우는 힐드리드 할머니라면 어떤 느낌일까?"

　다) 관객들에게 이 역할극을 보면서 개인적인 소감을 이야기하게 하고, 이 이야 기가 자신의 삶과 어떤 연관이 있는지를 나누도록 한다. 2~3명씩 함께 소 감을 나누도록 해도 좋다.

　라) 집단원들 간의 관점에서 차이가 있을 때 차이에 대해 집단원들끼리 토론을 하도록 유도한다.

　마) 이야기에서 특정한 인물과 사물에 대해 어떻게 이해하는지 그 상징에 대해 함께 나눈다. 특정한 인물이나 사물의 상징은 개인의 갈등과 욕구, 무의식 적 주제를 포함할 수 있다.

안녕히 주무세요.

　－ 어둠과 빛의 상징이 각 개인에게 어떤 의미가 있는가?

- 어둠을 없애기 위해 힐드리드 할머니가 했던 많은 방법들처럼 각 개인은 어떤 경험을 했는가?

여기까지 역할극을 마무리할 수 있다. 그러나 그림책의 스토리를 확장해서 한다면 ⑦번 이후로 진행할 수 있다.

⑦ 그림책의 이야기를 현실적인 주제로 각색한다. 만일 특정한 개인의 이야기로 만들 수 있고, 집단의 이야기로 만들 수 있다. 개인의 이야기는 심리극에 가깝고, 집단의 이야기는 사회극에 가깝다. 예컨대, 할머니가 어느 순간 잠에서 깨어났다면? 이후 어떤 이야기가 진행될까? 이후의 이야기를 각색해서 이를 장면으로 만들 수 있다.

⑧ 각색한 스토리를 다시 역할극으로 진행한다.

⑨ 역할극을 재실연한 다음, 전체적으로 소감을 나누고 마무리한다.

(4) 변형

① 치료사는 치료의 목적에 맞게 그림책을 선정한다.

② 이야기를 보고 들으면서 강하게 떠오르는 이미지를 그림으로 그리게 한다.

③ 그림과 연결된 느낌을 찾게 하고 그림의 제목을 붙인다.

④ 그림과 연결된 감정을 조각으로 표현하고, 그 다음 소리로, 동작으로 표현한다.

⑤ 전체가 그린 그림을 모아 유사한 것끼리 분류해서 집단화한다.

⑥ 집단으로 모인 사람들끼리 그림의 의미와 느낌을 함께 나눈다.

⑦ 가장 공감되는 느낌을 하나의 주제로 선정해서 역할극을 만든다. 이 역할극은 그림책의 내용을 소재로 해도 좋고, 완전히 다르게 각색해서 해도 좋다.

⑧ 역할극을 진행한 다음, 소감을 나누고 마무리한다.

제9장

모래놀이를 통한 치료

개요

모래놀이치료는 모래상자와 그 안에 담긴 모래, 물, 그리고 여러 작은 소품을 사용하여 원하는 대로 창조해 내는 예술치료의 한 분야다. 모래놀이치료에서는 기본적으로 인간의 깊은 무의식 안에는 스스로를 치유하려는 자율적 경향성이 있음을 강조한다. 모래라는 재료가 흙과 같은 느낌으로 편안한 창조적 퇴행 과정으로 이끌어 다른 방법으로는 소통할 수 없는 깊은 개인의 내면세계로 이끈다. 이 장에서는 이러한 모래놀이치료의 역사적 배경과 함께 모래놀이치료를 하기 위한 여러 환경과 방법을 살펴보도록 한다.

학습 목표

모래놀이치료의 역사, 특성을 파악하고 모래놀이치료에 필요한 재료들에 대해 습득하여 모래놀이치료 과정의 중요한 의미를 찾는다.

1. 모래놀이치료의 역사

모래놀이치료가 시작되기 이전, 그 근원을 살펴보면 모래그림을 그리던 원시부족들을 떠올릴 수 있다. 이들은 종교 의식의 하나로 모래그림을 사용하여 자신들의 기원을 담고 치유 의식을 행하였으며, 모래그림을 초자연적인 힘을 가진 신성한 것으로 여겼다.

이후 학문적으로 모래놀이치료가 발전되기 시작한 효시는 1929년 영국 런던의 아동심리연구소에서 일하던 마거릿 로웬펠드(Margaret Lowenfeld)가 『세계기법: 아동기의 놀이(World Technique: Play in Childhood)』라는 책을 쓰면서부터라고 할 수 있다. 로웬펠드는 소아과 의사이자 아동심리학자로 후에 소아정신과로 변경하여 많은 아동을 치료하는 과정에서 아동과 의사소통할 수 있는 유용한 매체가 작은 장난감 소품들이라는 것을 깨달았고, 이 책을 쓰기 전 1911년에 작가 웰즈의 『Floor Game』이라는 책에서 영감을 받았다(Dundas, 1978). 웰즈는 자신의 두 아들과 군인 모형이나 작은 물건들을 가지고 바닥에서 놀이를 하는 모습을 묘사하였다. 그녀는 작은 장난감 소품들을 모아서 'wonder box'라고 부르고 아동들에게 'wonder box' 안의 작은 장난금 소품들로 아연으로 된 모래가 반쯤 채워진 모래놀이 안에 작은 세계를 구성해 보도록 하였다. 이렇게 함으로써 아동은 자기 내부의 정서와 갈등을 표현하고 만들어 보는 기회를 가졌다(Lowenfeld, 1979; O'Connor & Schaefer, 1994).

그녀의 연구가 점차 알려져, 로웬펠드의 기법에 대해서 연구하고 배우고자 하는 전 세계 임상가들의 방문을 받게 되었다. 독일의 아동심리학자인 샬럿 뷜러(Charlotte Bühler)는 1934년에 연구소를 방문한 후 'World Test'를 개발하였다. 이 테스트는 다양한 연령대의 아동들의 놀이세계를 연구하기 위해서 표준화된 재료를 사용한다

(Bühler, 1951a, 1951b). 뷜러는 심리적인 문제를 안고 있는 아동은 일반 아동과는 다른 세계를 꾸민다는 것을 알게 되었다. 보다 명확하게 말하면, 부적응 아동은 더 공격적이고 공허하고, 혼란스러운 세계를 만들어 내는 경향이 있다고 하였다(O'Connor & Schaefer, 1994).

네덜란드의 소아정신의학자인 루카스 캠프(Lucas Kamp)는 로웬펠드의 연구 방법을 수정하여 아동 놀이의 발달적인 측면을 연구하는 데 사용하였다.

스웨덴의 심리학자인 한나 브랫(Hanna Bratt)은 1933년에 로웬펠드를 방문하였고, 후일 스톡홀름에 있는 에리카 재단(Erica Foundation)의 설립자 중 한 명이 되었다(Danielson, 1986). 브랫의 연구가 World Test에 명확한 비전을 주었지만, 치료적인 목적으로만 한정되었고, 그 역시 장난감의 수집을 개인적으로 하였고, 표준화되어 있지 않았다. 이후 스웨덴의 소아정신의학자인 고스타 하딩(Gosta Harding)은 모래상자에서 아동 놀이를 하게끔 하자는 아이디어를 소개받았을 때, 표준화된 절차를 실제로 개발하고 진단 도구로 사용하는 가능성에 대해 흥미를 가졌다. 그는 아동들이 모래놀이 안에 어떠한 세계를 만들어 가는 작업에 잘 반응하며 이 세계는 매우 개인적이고 때로는 말로 설명하는 것보다 의미 있게 아동의 상황을 나타낸다는 것을 발견했다. 그로부터 아동심리학자인 앨리스 다니엘슨(Allis Danielson, 1986)과 하딩(Harding, 1965)은 함께 방법을 개발하고 점차 특별한 상징적 의미가 있는 작은 장난감 소품들을 수집하여 정리하게 되어, '에리카 분석법(Erica Method)'이라고 명명된 독특하고 유용한 모래놀이 기법을 실행하게 되었다(O'Connor & Schaefer, 1994).

그러나 모래놀이치료를 더욱 발전시키는 데 공헌한 학자는 1956년에 취리히의 정신치료학회에서 로웬펠드의 『세계기법』에 강한 인상을 받은 도라 칼프(Dora M. Kalff)였다. 그녀는 융의 상징을 사용하면서 자신만의 모래놀이치료 기법을 발달시키고 아동에게 적용하기 시작하였다. 그녀는 치유를 위해서는 판단을 배제한 관찰자로서 내담자를 조건 없이 수용할 수 있을 때만이 내담자에게 '자유로운 공간(free space)'을 제공해 줄 수 있다고 생각했다(Kalff, 1980). 당시 그녀는 취리히에서 유일하게 아동을 치료하는 융학파 분석가였고, 비언어적인 접근법을 사용하여 아동의 창작 과정을 방해하지 않고 단지 그 시간에 무슨 일이 일어나는지 단순히 관찰하고 수용하였다. 도라 칼프는 아동을 치료하는 과정에서 아동들이 상당히 빠른 변화를 보이는 것을 보았고, 이를 설명이나 해석이 최소화된 아동 스스로의 자발적인 과정 때문으로 받아들였다. 그리고 아동 안에서 일어나는 심리적 성숙의 표현인 모래그림의 발달 단계를 알아 가기 시작하였지만 그 현상을 설명할 수 있는 개념적 틀은 갖추지 못하였다. 이후 유명한 융 분석가인 에리히 노이만(Erich Neumann)의 강의에서 초기 아동기의 심리발달에 대한 견해를 접하면서 자신의 경험을 이론화할 수 있는 확신을 얻었다(Dundas, 1978).

칼프 이후에는 도미니코(Dominico)가 치유와 성장의 힘은 내담자에게 있다는 내담자에 대한 신뢰를 강조하면서 로웬펠드와 칼프와는 다르게 접근하는 방식을 취하였다. 도미니코는 내담자를 진단하는 것과는 관계없이 각 개인 안에서 인간의 무의식적 기능이 작용한다고 보았고 개인, 가족, 사회, 우주의 영역에서 경험하는 총체적 경험을 모두 포함하여 모래놀이를 보려 하였다(김경희, 이희자, 2005).

우리나라에서 모래놀이치료를 소개한 것은 숙명여자대학교 아동복지학과에 재직 중이던 주정일 교수라 할 수 있다. 그녀는 최초로 놀이치료실을 마련하여 아동을 치료하였고 아동 중심 놀이치료와 모래놀이치료를 함께 사용하였다. 또한 1994년 심재경 선생이 가와이 하야오의 『모래상자 놀이치료법』이라는 번역서를 출판하면서 한국에 모래놀이치료를 도입하는 계기를 마련하였다(김경희, 이희자, 2005).

이후 놀이치료 전문가인 노치현, 황영희가 한국에서 최초로 모래놀이치료 장기 교육 과정을 개설하여 많은 아동 상담자가 교육을 받아 오고 있으며, 그 밖에도 한국임상모래놀이치료학회, 한국모래놀이치료학회 등 학회를 중심으로도 전문가를 배출하고 있다.

2. 모래놀이치료의 이해

1) 모래놀이치료의 정의

우리는 어릴 때 한번쯤 놀이터의 모래나 흙을 가지고 장난을 하면서 터널을 만들고 두꺼비집을 만드는 즉흥적인 모래놀이를 해 본 적이 있다.

모래놀이는 물이나 하늘을 상징하는 푸른색으로 칠해진 상자를 사용하며 여기에는 모래가 담겨져 있다. 또한 작은 장난감 소품들이 선택되어 사용되기도 하고 사용되지 않은 채 모래로만 세계를 꾸미기도 한다. 꾸며진 모래 세계는 내담자에 의해 분석되며 치료사는 거의 개입을 하지 않는다(Bradway & McCoard, 1997; Weinrib, 1983).

웨인리브(Weinrib)는 모래놀이에 대하여 "정신세계의 깊숙한 언어 이전의 단계에 도달하도록 하는 비언어적이고 비합리적인 치료 형태"라고 정의하였다. 그녀는 "적절한 조건만 주어진다면 그 정신은 스스로를 치유하려는 자율적인 경향이 무의식 속에 있다."라고 덧붙였다(Weinrib, 1983).

브래드웨이와 매코드(Bradway & McCoard, 1997)는 모래놀이를 "적극적 명상의 형태이지만, 모래놀이에 이용된 이미지들은 눈에 보이지 않고 손으로 만질 수 없는 것이 아니라 구체적이고 명백한 실체가 있는 것"으로 설명하였다. 그러면서 이를 치료사와 내담자가 함께하는 꿈에 비유하였다.

모래상자 안에서 이루어지는 작업은 내담자에게 내면의 느낌을 지각할 수 있게 하며 개인의 독특한 정신내적 현실과 외부세계의 현실을 이어 주는 역할을 한다. 더 나아가서는 정신의 무의식적이고 비언어적인 측면과 의식적이고 언어적인 측면을 연결해 준다. 또한 모래상자라는 매체는 놀이를 이끌어 내는 특성이 있어서 놀이, 상상력, 공상의 욕구를 일깨워 언어 이전의 사고 양식인 심상사고(image making)를 활성화하여 창의성과 자발성을 길러 준다(노치현, 황영희, 1998).

2) 모래놀이치료의 특성

모래놀이치료는 기본적으로 모래상자, 모래, 물, 소품이 반드시 필요하며, 각 재료는 상징적 의미를 가지고 있다. 또한 그러한 재료들이 만들어 내는 세계는 모래만으로 구성되는 세계, 모래와 물이 만나서 구성되는 세계, 모래 위에 소품들이 구성되는 세계로서 창작 과정으로서도 많은 의미를 내포하고 있다(Steinhardt, 2000). 이에 크게 재료와 창작 과정이라는 두 가지 관점에서 모래놀이치료를 살펴보면 다음과 같다(홍은주, 2007; Steinhardt, 2000).

(1) 재료로서의 모래놀이치료

① 모래놀이

상자는 서양에서 '용기(container)'라는 의미가 있듯이 상자가 가지는 치료적 의미는 모래놀이치료에서 치료사의 역할과 유사하다. 즉, 품어 주면서도 경계 안에서의 수용을 경험하게 해 준다. 그리고 수용, 즉 담긴다는 의미에서 단순히 사물을 담는 것을 넘어서 내담자의 심리적 의미와 상상세계로 채워질 가능성이 있는 공간으로 볼 수 있다. 어릴 적 일기장이나 소중한 사람의 편지, 반지, 경험을 나누었던 친구들 사진, 말린 꽃잎, 메모들이 담겨 있던 상자는 의미 있는 기억과 소중한 감정이 담겨지는 곳이다.

상자의 여러 의미(정경영, 1996; 홍은주, 2007; Steinhardt, 2000)를 보면 다음과 같다.

첫째, 상징성이다.

상자의 상징적 의미는 자신의 영역을 나타내는 것이면서 그것을 통하여 자신의 존재를 확인하는 하나의 공간으로 표현된다. 상자는 집의 문과 같이 경계를 주고 공간을 한정시키는 한계의 의미가 있으며, 안과 밖의 세계를 구별하고 대립시키는 동시에 분리된 두 세계가 교류하는 것을 가능하게 한다.

둘째는 조형성이다.

상자는 대체로 사각의 형태를 띠는데, 상자의 형태를 세 가지로 구분해 보면, 가로로 긴 상자 형태는 수평 느낌을 주어 공간이 넓고 시원하게 느껴지게 한다. 세로로 긴 상자 형태는 수직의 느낌을 강하게 나타내고 좁지만 무한한 깊이를 느끼게 해 준다. 정방형의 상자는 한정된 공간을 잘 나타내 주면서 몰입과 안정성을 준다.

셋째, 보는 각도에 따라 관점의 변화가 있다.

상자의 한쪽 면만 바라본 사람은 약간 다른 각도에서 보는 사람과 상자 안에 담긴 세계가 다르게 보인다. 자신이 보는 관점에서의 경험만을 유일한 것으로 믿고 사물을 바라보면 다양한 관점과 경험을 수용할 수 없다. 따라서 다양한 관점을 수용하면서 자신을 성장시킬 수 있게 해 주는 기능이 있다.

넷째, 모래놀이치료에서의 상자는 내부의 색이 여러 경험을 이끌어 준다.

일반적으로 모래놀이치료에서 사용되는 상자는 안쪽이 푸른색으로 칠해져 있으며 하늘이나 물, 바다를 나타냈다. 그리고 이 푸른색은 모래의 색과 입자, 젖은 모래인지 마른 모래인지에 따라 다르게 느껴지는 감정처럼 깊이감을 주어 감정과 연관될 수 있다. 젖은 모래가 마른 모래보다 좀 더 깊은 정서적 표현으로 이끄는 것처럼 상자 안의 푸른색도 옅은 푸른색은 짙은 푸른색보다 깊이감이 덜 하다. 따라서 마른 모래와 옅은 푸른색의 바닥, 젖은 모래와 짙은 푸른색의 바닥이 함께 사용되는 경향이 있다.

◉ 준비 POINT

모래상자의 규격은 학자마다 조금씩 다르게 제시하고 있는데 51cm×71cm×10cm의 직사각형 모래상자가 일반적이다. 또한 두 개 이상 구비하여 한쪽은 마른 모래상자, 다른 한쪽은 젖은 모래상자로 준비하는 것이 좋다. 상자의 바닥은 푸른색으로 칠해져 있는 것이 좋은데 옅은 푸른색과 짙은 푸른색의 상자가 모두 있는 것이 좋다. 그리고 물을 사용하는 젖은 모래상자는 바닥을 방수 처리하는 것이 좋다. 모양은 직사각형 외에 정사각형, 원형을 사용할 수도 있다.

② 모래

모래는 인류가 살아온 과정처럼 수백만 년의 역사를 가져 바람과 물에 의해 먼 거

그림 9-1 모래상자 사진

리를 이동하며 깨지거나 끊임없이 침식, 연마되는 과정을 통해 암석 조각과는 다른 고유의 색을 지니게 된다. 모래는 아주 미세하고 하얀색, 흐리고 짙은 갈색, 누런색, 검은색, 붉은색 등을 띨 수 있다. 또한 모래는 외부의 힘에 따라 이리저리 움직이는 무정형의 작은 알갱이 더미다. 모래는 편편하게 만들거나 무늬를 새길 수 있고, 물과 결합되어 튼튼하고 견고한 건축물을 만들 수도 있다. 또한 깊게 골을 파낼 수도 있고, 묻고, 파헤칠 수도 있다. 모래는 바다와 육지의 경계를 이루며, 모래놀이치료에서는 품고 양육하고 수용해 주는 영원하면서 강력한 토대인 대지를 상징한다. 모래는 작품으로 만들어지기 전에는 형체가 없지만 내담자와 치료사의 창조적 만들기 과정에서 그 구체화된 형태를 드러낸다(Steinhardt, 2000).

일반적으로 모래놀이치료에서 모래는 상자 안에 일정한 양으로 담겨 있다. 이것은 우주 안에 항상 일정하게 존재하는 물질의 총량과 같다. 또한 인간의 몸이라는 테두리 안에서 이를 구성하는 물질과 에너지의 총량에 비유할 수 있다. 물질과 에너지와 마찬가지로 모래는 이동을 통해 다양한 방식으로 분포하게 된다. 자연 상태의 모래는 물과 바람의 힘에 의해 먼 거리를 이동하지만 항상 지구 위에 있는 물질 전체의 일부다. 치료에서 내담자의 에너지는 점차 균형을 유지하면서 방향이 정해지고 분배되는데, 이것은 모래놀이치료 세션이 진행됨에 따라 모래상자에서의 모래로 표현될 수 있다(Steinhardt, 2000).

내담자의 에너지 수준에 따라 모래상자 안의 모래 양은 조절되기도 한다. 상자 안의 모래가 너무 부담스러울 때 내담자는 모래를 덜어 낼 수 있다. 이는 모래와 물이 결합되어 나타나는 진흙과 점토 작업에서와 유사하다. 미술치료에서도 내담자의 에너지 수준이 낮을수록 사용되는 점토의 양이 조절되는 경향이 있다.

◉ 준비 POINT

모래는 상자 안에 절반 정도 채워져 있고 따로 모래를 덜어 낼 수 있는 용기를 두는 것이 좋다. 모래의 색은 흰색, 사막모래색, 검은색, 보라색, 초록색, 붉은색 등 여러 가지가 있다. 입자는 설탕처럼 반짝이면서 고운 모래가 있고, 흔히 볼 수 있는 중간 정도 입자의 모래가 있고, 굵은 모래가 있다. 모래는 자연 모래가 좋으며 인공적으로 색을 입힌 모래는 권장하지 않는다. 또한 깨끗하게 씻어 햇볕에 말려 주는 것이 좋다.

그림 9-2 검은 거친 모래

그림 9-3 일반 고운 모래

③ 물

물은 생명이 존재하기 위해서 반드시 있어야 하는 것이며, 지구의 3분의 2가 물이고 인간의 몸도 3분의 2는 물로 구성되어 있다. 인간 생명의 근원도 양수가 있는 자궁에서 시작된다. 그리고 감정도 종종 물의 성격을 가지는 눈물, 혈액, 땀 등 몸의 분비물을 통해 표현된다. 물은 온도와 중력에 반응하여 증발하거나 얼어붙거나 흘러내리는 등의 모습으로 그 형태가 변화하는데, 이 각각의 상태 또한 인간의 감정에 대한 은유로 사용될 수 있다(Wildenstein, 1996).

물은 다른 상태의 물질을 용해시키거나 변화시키기도 한다. 물은 바위를 침식시켜 모래로 만든 후 그것을 운반하여 강가나 바닷가에 퇴적시킨다. 물은 맑고 시원하지만 한꺼번에 많은 물로 홍수를 일으키기도 한다. 모든 물은 위대한 모성을 상징하며 탄생, 여성의 원리, 우주와 같은 자궁, 근원, 다산, 삶의 원천 등을 연상시킨다(Cooper, 1978).

> **◉ 준비 POINT**
>
> 모래상자 옆에 항상 물통을 두어 아동이 원하는 만큼 물을 부어서 사용할 수 있도록 준비되어 있는 것이 좋고, 물의 양은 모래상자를 넘치지 않을 만큼이 좋다. 때로는 따뜻한 물과 찬물을 함께 준비해 아동이 선택하게 하는 것도 좋다. 아동이 물을 엎지를 경우를 대비하여 물수건도 함께 준비하고, 손에 묻은 모래를 닦을 때 사용할 물티슈도 준비해 두면 좋다.

④ 모래와 물

흙의 재료인 모래와 물이 만나면 점토의 특성을 띤다.

점토가 갖는 의미를 보면, 첫째, 변형성이 있다. 내담자들이 여러 매체 중에서도 모래놀이를 선호하는 이유 중에 하나는 만들고 부수고 다시 만드는 과정이 자유롭다는 점이다. 따라서 모래와 물이 만나면 어떠한 형태로도 조형이 가능하고 자신의 창조성을 최대한 발휘할 수 있다.

둘째, 촉감성이 있다. 점토는 만지는 것만으로도 심리적인 안정감을 주고 무엇인가를 만들고 싶게 하는 특성이 있다. 유연성과 촉감성으로 내담자들이 재료에 대한 거부감 없이 손쉽게 이미지를 표현하게 해 준다(김자영, 2002).

그러나 점토작업은 생애 초기 접촉의 중요성과 관련하여 많은 사람에게 쉽게 접근할 수 있기도 하지만 거부 반응도 없지 않다. 모래놀이치료에서도 모래 표면을 그대로 사용하지 않고 잔디나 다른 천을 깔아서 사용하는 것은 모래와의 직접적인 접촉을 회피하는 것으로, 모성적인 것과의 심리적 거리감 혹은 따뜻한 것에 안기고 싶다는 의존 갈망이 있는 것으로 본다(니시무라 스에이오, 2004).

⑤ 소품

재료로서의 작은 장난감 소품들은 아동이든 성인 내담자들이든 흥미를 유발시킨다. 소품은 내담자의 내면세계를 표현할 수 있도록 다양하게 준비하여 선택되도록 하여야 한다.

소품은 여러 학자에 의해 다음과 같이 5범주 혹은 7범주로 나뉘고, 재료로서는 크게 자연물과 인공물로 나눌 수 있다. 스타인하르트(Steinhardt, 2000)는 돌이나 뼈, 조가비, 화석, 광물과 크리스털, 나무, 지푸라기, 씨앗, 말린 꽃 등 자연물을 모래놀이치료의 소품으로 포함하지 않으면 생명력이 없을 것이라고 제안했다. 자연물은 명상적 접근을 시도하는 입장에서 대개 치유적인 의미로 사용된다.

〈5범주-로웬펠드의 세계 기법(노치현, 황영희, 1998)〉
- 인간 세상의 것(사람들/동물들)
- 풍경과 관련된 것
- 운반 및 수송과 관련된 것
- 내부 및 외부 장식
- 잡동사니

〈7범주-도미니코〉
- 제1범주: 인간과 인간생활
- 제2범주: 동물과 동물생활
- 제3범주: 식물
- 제4범주: 광물
- 제5범주: 인간과 환경의 조화
- 제6범주: 교통 수단 및 의사소통에 관련된 물건

• 제7범주: 잡동사니

도미니코의 분류(노치현, 황영희, 1998; 김경희, 이희자, 2005)를 좀 더 자세히 제시하면 다음과 같다.

• 제1범주: 인간과 인간생활
　　→ 일반적으로 내담자의 삶에서 실제적인 개인의 상징 혹은 내담자 개개인과 관련된 심리적 상징으로 사용된다.

- 크기: 거인, 난장이
- 연령: 아기, 아동, 청소년, 성인, 노인
- 행동: 앉아 있거나 서 있거나 누워 있는 등 일상생활에서의 모습들을 담은 사람 모형들
- 시대: 원시인, 석기시대~현대
- 역할: 다양한 직업을 나타내는 사람 모형들
- 재료: 금속, 나무, 도자기, 플라스틱으로 만들어진 사람 모형들

그림 9-4 1범주

- 모습: 쌍둥이, 세 쌍둥이, 양성인간, 반인반수, 외계인, 죽은 사람, 미라, 해골 등
- 동화, 옛이야기, 만화, 영화 속 주인공: 공주와 왕자, 왕과 왕비, 선녀와 나무꾼, 백설공주와 일곱 난쟁이, 신데렐라, 마녀, 인어공주, 해리 포터, 슈렉, 니모, 슈퍼맨, 원더우먼, 마법사 등
- 신체 일부: 손, 발, 귀, 눈, 입 등
- 종교적 인물: 예수, 부처, 성모마리아 등
- 부서진 사람
- 내담자가 직접 만든 사람

• 제2범주: 동물과 동물생활
→ 동물은 이성과는 반대로 본능적으로 행동하는 것과 관련되며, 동물 본연의 특성과 관련된다.

- 서식지: 바다에 사는 동물, 땅 속에 사는 동물, 육지에 사는 동물, 하늘을 날아다니는 동물, 곤충 등

그림 9-5 2범주

- 특성: 야생동물, 가축, 멸종동물, 동화나 신화 속에 등장하는 동물 등
- 동물생활: 우리, 울타리, 동물원, 서커스, 둥지, 동굴, 사냥꾼, 낚시꾼, 다이 버, 동물의 먹이, 알, 그물, 거미줄, 벌집 등
- 동물의 일부: 깃털, 털, 발톱, 뿔, 상아 등
- 화석이 된 동물
- 상상의 동물: 유니콘, 용 등

• 제3범주: 식물
→ 식물은 생명력, 탄생, 죽음, 계절의 변화를 통한 심리적 상태 등을 나타낸다.

- 서식지: 바다, 땅, 산, 사막, 열대 지방에 사는 식물
- 특성: 활엽수, 침엽수, 열매나무, 꽃나무, 과일나무, 보석나무, 크리스마스트 리, 죽은 나무, 손상된 나무, 이끼, 덤불, 정원수, 사계절을 나타내는 나무 등
- 곡식류, 콩류, 씨앗, 가시, 이삭, 채소, 과일 등
- 나뭇가지, 말린 잎, 화분 안의 식물 등

그림 9-6 3범주

- 내담자가 직접 만든 나무

- 제4범주: 광물
  → 광물은 상징적으로 불변성, 정신, 안정성, 견고, 단단함 등을 나타낸다.

  - 색: 흰 돌, 검은 돌, 반짝이는 모형 보석 등
  - 화석, 금속, 대리석 등

그림 9-7 4범주

- 제5범주: 인간과 환경의 조화
  → 인간이 생활하는 모든 것과 관련된 소품들로 문화, 시대, 종교 등을 나타낼
    수 있는 것이어야 한다.

  - 집: 인디안 천막, 벽돌집, 초가, 기와집, 이글루, 원두막, 아파트 등
  - 집 내부: 화장실, 거실, 욕실, 침실 등
  - 성, 숲, 과자로 만든 집, 동굴 등
  - 교회, 학교, 성당, 병원, 경찰서, 주유소, 우체국, 소방서 등
  - 울타리, 문, 다리, 아치, 신호등, 거울, 램프 등

그림 9-8 5범주

• 제6범주: 교통 수단 및 의사소통에 관련된 물건
  → 교통수단은 움직임과 추진력, 에너지를 나타내며, 의사소통과 관련된 것은 소통, 관계를 나타낸다.

  - 육상 교통 수단: 자동차, 트럭, 일반 버스, 유치원 버스, 택시, 수레, 자전거, 오토바이, 썰매, 탱크, 마차, 기차, 구급차, 소방차, 경찰차, 공사 차량, 캠핑카 등
  - 해상 교통 수단: 배, 군함, 잠수함, 보트, 카누, 해적선, 전함 등

그림 9-9 6범주

- 항공 교통 수단: 헬리콥터, 비행기, 여객기, 열기구, 전투기, 우주선 등
- 상상 속 교통 수단: 마법의 양탄자 등
- 의사소통: 전화기, 텔레비전, 신문, 컴퓨터, 라디오, 공중전화, 우편함, 편지, 책, 무전기 등

- 제7범주: 잡동사니

→ 위의 어느 범주에도 포함되지 않는 그 밖의 소품들이 여기에 속한다.

- 미술 재료: 평면 및 입체 재료들
- 우주의 행성들, 해, 반달, 보름달, 구름, 무지개, 별, 비, 눈 등
- 구슬, 거울, 램프, 양초, 소품으로 된 악기 등
- 십자가, 『성경』, 부적, 마법의 책, 마술 도구 등
- 유령, 관, 비석, 무덤, 납골당 등
- 카펫, 담요, 다양한 천 조각 등

◉ 준비 POINT

모래놀이치료의 소품 준비는 학자들마다 여러 의견이 있는데 기본적으로 현재 많이 사용되고 있는 분류는 위의 도미니코의 7범주다. 소품을 준비할 때에는 단순히 치료사가 좋아하고 선호하는 것을 구비하는 것이 아니라 위의 분류 항목에 맞추어 수집하기 시작해야 한다. 또한 크기와 촉감, 재료에서도 다양하게 준비해야 한다. 예를 들어, 같은 동물이라 하여도 어미와 새끼가 구분되도록 가족으로 준비하는 것이 좋고, 다양한 표정을 갖추는 것이 좋다. 재료에서도 금속 재질로 된 것과 나무 재질로 된 것, 털로 만들어진 것은 느낌이 다르므로 다양하게 준비한다. 때로는 필요에 의해 치료사가 직접 제작할 수도 있다.

---

(2) 창작 과정으로서의 모래놀이치료

창작 과정으로서의 모래놀이치료는 대부분의 모래놀이치료가 다 만들어진 후의 모

그림 9-10 **모래놀이치료실**

래그림에 치중되던 것과는 다른 입장으로 과정을 중시한다. 여기서는 스타인하르트 (Steinhardt, 2000)의 입장을 재구성한다.

① 모래만으로 구성되는 세계

(a) 모래 표면을 이용하는 작업

표면은 어떤 물체의 안과 밖의 경계가 되는 부분이다. 모래는 땅의 표면인 동시에 우리 몸을 대변해 주기도 하기 때문에 몸의 표면이기도 하며, 땅의 내부와 몸의 내부를 모두 나타낸다. 이런 점에서 어쩌면 모-자 관계의 첫 대화공간으로서 최초의 접촉 기억을 상기시킬 수 있다.

모래놀이치료에서 모래는 땅처럼 그 위에 올려진 것들을 받쳐 주고 공간적 특성과 환경과의 관계를 나타내 준다. 모래는 미술치료에서의 화지의 기능을 담당한다. 이때 화지는 무의식의 억압으로부터 내면의 감정을 내보내는 출구의 기능을 하는 상징적인 껍질(Anzieu, 1989)에 비유될 수 있다. 모래놀이치료에서 모래의 촉각적 느낌은 내담자가 모래를 만지고 자국을 남기고 형태를 만들어 가면서 모래라는 표면에 무의식이 투사된다. 앙지외(Anzieu, 1989)는 이 표면을 느낌과 압력, 고통, 온도를 감지하는 것으로 설명하면서 세상에서 양육, 보호되는 주머니 같은 기능을 한다고 하였다. 즉, 피부가 외부의 공격으로부터 보호하고 몸을 지키며 피를 담아 두는 곳이듯이 내담자를 상처받기 쉬운 것으로부터 보호하는 곳이다. 또한 모래 표면은 피부의 움직임을 통한 표정으로 우리의 감정을 전달하듯 타인과의 관계를 나타내는 대화의 장이기도 하다. 모래 표면 위에 어떤 표시를 새김으로써 메시지를 전달한다.

● 찍기

모래놀이에서 가장 흔히 볼 수 있는 것이 바로 찍기다. 그릇에 모래를 담고 다시 뒤집어서 모래 위에 찍어 낸다. 이 과정에서 모래는 아무 형태가 없던 무형에서 어떤 형태를 띠는 유형으로 바뀐다. 이러한 무에서 유로의 변화는 탄생과 같은 의미를 지닌다. 엄마의 몸이 탄생 전의 근원인 것처럼 흙으로 구성된 땅은 우리 정신의 근원이 된다. 노이만(Neumann, 1988)은 모든 창조물은 엄마의 몸속에서 만들어지며 모든 존재의 시작은 큰 그릇에 담긴 작은 종속물이라고 하였다.

● 모으기

모래놀이에서 보이는 또 다른 형태는 모래를 가운데로 모아 두드리면서 작은 언덕을 만드는 것이다. 그 작은 언덕은 생명의 근원인 어머니의 일부인 가슴, 배, 자궁을 닮아 있다. 또한 고대 문명의 지층이 모아진 형태, 무덤, 공동묘지, 다른 세계로 향하는 입구 등과 흡사하다. 때로 더 높이 쌓아 산이 되면 세계의 중심이며 구름에 닿게 해 주고 땅과 하늘을 연결해 주는 것이 되기도 한다. 땅의 가장 높은 곳은 중심점으로 여겨지며 불변, 영원, 부동의 것을 상징한다. 이는 고대의 유한으로부터 전체, 무한으로의 최상의 상태를 달성하기 위한 염원을 나타내는 신성한 성지를 상징하는 것으로 여겨졌다(Cooper, 1978).

작은 언덕을 만드는 것은 언덕이 커지고 구멍, 터널, 나선형의 길이 만들어지고 물이 합쳐지면서 복잡한 것들로 이루어진 형태의 일부로 통합된다.

● 편편한 모래 표면 위의 그림

모래상자의 편편한 모래 표면은 모래 위에 선이나 길을 그리고 모래를 나눌 만큼 깊게 파란 바닥이 보일 만한 선을 그어 표현되기도 한다. 모래 위의 선을 통한 표현은 미술치료에서 그림을 그리는 것에 비유될 수 있다.

모래 위의 선은 모래놀이의 제한된 공간 안에서 직선이나 곡선, 나선으로 만들어 질 수 있다. 직선은 여행자가 본래의 목적에 다다르게 하는 가장 가까운 길이며, 나선 은 중심과 구석을 연결해 주는 좀 더 긴 길이 된다. 직선과 곡선 모두 모래상자 안에 서 각 영역을 연결해 주는 목적지를 가지고 있다. 나선은 중심에서 구석으로, 바깥에 서 중심으로, 평면에서 튀어나온 면으로 향하는 움직임으로 볼 수 있다. 땅과 하늘을 연결해 주는 산을 오르내리는 나선의 형태도 있을 수 있는데, 나선은 자연 안에서의 삶, 종잡을 수 없는 영혼, 중심으로 돌아가는 근본적인 목적을 서로 엮어 내는 에너지 를 상징한다(Cooper, 1978). 길의 원형은 선사시대 의식에서 비밀스러운, 혹은 가까 이하기 어려운 신성한 동굴 같은 곳으로 향하는 것이었다. 그러나 그 길은 분명 힘들 고 위험한 것이다(Neumann, 1983). 이런 점에서 모래놀이치료에서 모래 위에 선을 긋는 것은 모래놀이의 여정을 시작하였고 각각 나누어진 영역 간의 대화를 시작하게 된 것을 의미한다.

편편한 모래 표면 위에 남겨지는 자국은 또 하나의 그림 표현으로 볼 수 있다. 손 전체나 손가락 끝으로 자국을 남기는 것은 '나'라는 존재의 흔적으로 설명될 수 있다. 미술치료에서도 발달장애 아동이나 초기 유아기 아동에게 적용하는 기법 중 하나인

그림 9-11 찍기의 다른 형태

손찍기, 발찍기와 같이 자신의 흔적, 자국을 남기는 활동이다. 이를 통해 외부 환경에 자기 존재를 시각화해 줌으로써 자아인식을 돕는 활동을 한다.

(b) 모래구멍, 묻기와 파내기를 이용하는 작업

● 모래구멍

구멍은 무언가를 빨아들이고 배출해 내는 통로로서의 역할을 한다. 모래가 모아져 있는 상태에서 가운데를 파면 굴이 만들어진다. 그 굴은 따뜻한 보호를 받을 수 있는 자궁, 부활의 장소, 매장할 수 있는 무덤을 의미한다. 이는 인간이 신을 만나거나 성스러운 장소를 나타낼 수 있다. 파인 굴의 형태는 여성적인 형태를 나타내고 산으로 높게 솟아 있는 것은 남성적인 요소를 나타낸다(Cooper, 1978).

모래가 적은 얕은 모래상자에서는 굴을 파는 놀이가 적다. 그래서 이럴 때에는 인위적으로 만들어져 있는 동굴 소품을 사용하기도 한다. 때로는 굴의 형태가 마치 화산을 표현하는 것처럼 아주 높은 산더미에서 만들어지기도 한다. 이는 내부의 물질이 밖으로 폭발하기 위한 구멍이 될 수 있고, 동시에 내적인 감정이 밖으로 표출되는 경로가 될 수도 있다.

● 묻기와 파내기

모래놀이치료 과정에서 내담자는 손을 파묻거나 숨기고 모래 밑의 무언가를 찾는 다며 모래 속으로 파 들어가는 행위를 한다. 지하로의 길은 동굴, 무덤, 숨을 장소, 더 깊은 곳의 보물들도 만든다.

무덤을 만드는 것은 죽음 후의 새로운 탄생과 관련될 수 있다. 소품을 파묻고 꺼내는 놀이는 아동의 모래놀이 장면에서 많이 관찰될 수 있는 행동이다. 또 이 놀이 중에 무엇인가 파묻어 두고 아동 스스로 그것을 찾으려 하거나 치료사에게 찾아보라고 이야기하기도 한다. 아직 발견되지 않은 모래 속에서의 지하 탐험은 아동 자신의 어두운 내면세계에서 치료사의 협조를 통한 치료 과정을 거치면 어떤 가치 있는 것이 발견되리라는 믿음을 상징한다. 또한 어둠 속에 존재해 온 것들이 이제는 두려움이나 혐오감 없이 공개되고 수용될 수 있다는 것을 의미하기도 한다. 이것은 아동에게 잃어버렸던 소중한 것, 즉 부모의 사랑이나 자신에 대한 사랑, 그 사랑에 대한 욕구를 상징한다. 모래는 어머니의 몸처럼 느껴질 수 있으며 그 모래 안의 사물은 자궁 안에 있는 것처럼 경험될 수 있다. 어떤 아동들은 모래 속에 묻어 두고 다음 시간이 될 때까지 그대로 모래 속에 남겨 두기를 원하기도 한다. 이는 부화의 시간이 필요함을 의미할 수 있다.

② 모래와 물이 만나서 구성되는 세계

(a) 터널 만들기

아동들은 모래에 물을 조금 섞어서 터널의 형태를 만드는 것을 즐기기도 한다. 터널은 외부에 입구와 출구를 연결해 주는 통로다. 모래놀이치료에서 사용하는 소품 중에 다리와 같이 두 지점을 연결해 주는 기능을 한다. 따라서 터널은 서로 소통하는 것과 관련되며, 한 상황에서 다른 상황으로 넘어가는 과정을 상징한다. 터널의 시작과 끝에는 빛이 존재하지만 그 사이의 통로는 땅이나 물의 아래에 있는 어둠 속에 있다. 치료 과정에서 내담자는 심리적 터널을 지나게 된다. 모래에 약간 젖어 있으면서 어두운 이 통로를 지나는 것은 탄생 혹은 감정의 변화를 상징하기도 한다.

(b) 우물, 강, 연못, 호수, 바다 만들기

물은 흐르면서 모양이 변하고 계속 흐르며 안정적이지도 않고 딱딱하지도 않다. 물은 깊이, 무의식, 자궁, 흐름의 변화, 정화와 세정 혹은 소란과 혼란을 나타내는 것을 상징한다. 모래놀이 과정에서 물은 우물, 강, 연못, 호수, 바다와 같은 형태를 만든다. 모래상자에서 물을 상징하는 푸른색의 바닥은 실제 물을 넣고 물을 잘 조절하면 모래성과 탑을 쌓을 수 있게 해 준다. 그러나 물을 조절하지 못하면 모든 형태가 파괴되고 모래의 양을 넘어서 범람하게 되는 결과를 가져온다.

물의 유동성은 신체의 움직임에 비유된다. 동작치료사들은 몸의 움직임이 카타르시스와 치료적 도구로서 유용하다고 이야기한다. 신체의 움직임은 내적인 감정 상태를 반영하고, 움직임의 변화는 정신적 변화를 이끌어 줄 뿐 아니라 성장과 건강을 증진한다. 이와는 대조적으로 미술 작업에서는 신체보다는 매체를 통해 시각적 이미지에 의한 내적 감정의 움직임을 표현한다.

그림 9-12 물을 이용하여 젖은 모래를 활용한 예

(c) 부조

물과 모래가 만나서 만들어지는 또 다른 세계는 미술양식의 부조에 비유될 수 있다 (Steinhardt, 2000).

미술에서 부조는 땅으로부터 분리되어 모든 방향에서 볼 수 있는 조소와는 대조적으로 땅과 물리적으로 연결되어 있는 형태를 띤다. 그리고 이 형태의 정면은 높게 솟아 있거나 낮게 가라앉아 있다. 브리태니커 백과사전에서 부조는 "항상 땅 표면 위에 의존해서 결정되거나 덧붙여진다. 부조가 갖는 이러한 중요성은 조각의 분리되는 성질보다는 회화에 더 근접해 있다."라고 설명된다. 따라서 부조의 형태라 함은 모래상자 안의 모래 위에 소품을 눕혀서 배치하는 것과 연관 지을 수 있다.

모래놀이치료에서 모래는 상자의 파란색 바닥이 드러나지 않게 모든 내부를 덮은 상태로 시작하게 되어 있다. 이는 손상되지 않은 땅을 나타내고, 무엇이든지 그곳에 배치되는 소품을 분명하게 보여 주는 역할을 한다.

부조가 고대 미술에서부터 존재하고 대개 부착된 구조물과 관계된 무언가 중요한 메시지를 담고 있는 것(최병상, 1990)처럼 모래놀이치료에서 모래 위에 부조의 형태로 담겨지는 세계도 마찬가지로 내담자와 관계된 중요한 메시지를 전달한다.

③ 모래 위에 소품들이 구성되는 세계

모래 위에 소품들이 구성되는 세계는 모래놀이치료에서 가장 흔하게 볼 수 있는 세계다. 모래놀이치료의 유용성은 바로 작은 장난감 소품을 모래놀이 위에 가져다 놓기만 해도 하나의 작품이 완성된다는 점이다.

모래놀이치료에서 쓰이는 소품은 자연적인 것에서 인공적인 것에 이르기까지 다양하며 소품장에서 선택되어 개인에게 의미 있는 것이 되어 모래상자 안에 배치된다. 스타인하르트(Steinhardt, 2000)는 이를 미술양식의 콜라주와 아상블랑주에 비유하였다.

(a) 콜라주와 아상블랑주

모래놀이치료에서 대개 모래만 사용하기보다는 소품을 세워서 모래 세계가 그려진다. 이렇게 소품을 사용하여 만들어지는 세계는 미술치료에서의 콜라주나 아상블랑주와 유사하다. 콜라주는 예술작품을 만들어 내는 데 사용되는 자연적 · 인공적 재료의 조합을 요하는 미술 기법이다. 콜라주는 신문이나 옷 등 다양한 평면 재료의 조합

그림 9-13 콜라주 형태의 모래그림들

출처: www.findhorncollege.org

들을 평면에 붙이고 예술적인 효과를 위해 때로는 선과 색을 혼합하기도 하는 것으로 정의된다. 어떤 예술가는 콜라주를 표현할 때 평면으로만 꾸미기도 하고, 3차원적 재료를 혼합하여 꾸미기도 한다. 모래 위에 작은 소품을 세워서 모래 세계를 표현하는 것은 3차원적 입체작품의 형태를 꾸민다는 점에서 아상블랑주와 연관된다.

모래놀이치료에서의 작은 장난감 소품들은 치료실의 안전한 공간에서 내담자에게 모래 세계의 콜라주와 아상블랑주를 위해 땅 위에 배치할 수많은 대상을 제공하는 셈이다.

참고문헌

김경희, 이희자(2005). 모래놀이 놀이치료. 경기: 양서원.

김자영(2002). 입체조형활동의 미술치료적 효과에 관한 고찰. 원광대학교 보건환경 대학원 석사학위 청구논문.

노치현, 황영희(1998). 모래놀이치료. 서울: 동서문화원.

니시무라 스에이오(2004). 모래놀이치료 워크숍자료. 발달지원학회.

정경영(1996). 상자의 이미지에 관한 조형 표현. 홍익대학교 대학원 석사학위 청구논문.

최병상(1990). 조형. 서울: 미술공간사.

홍은주(2007). 미술치료적 관점에서의 모래놀이치료. 2007년 아동상담 및 심리치료 연구회 발표자료집. 한국심리학회 산하 아동상담 및 심리치료 연구회.

Anzieu, D. (1989). *The Skin Ego*. New Haven and London: Yale University Press.

Bradway K., & McCoard, B. (1997). *Sandplay-Silent Workshop of the Psyche*. London: Routledge.

Bühler, C. (1951a). The World Test, a projective technique. *Journal of Child Psychiatry, 2*, 4-23.

Bühler, C. (1951b). A comparison of the result of the World Test with teacher Judgments concerning children's personal adjustment. *Journal of Child Psychiatry, 2*, 36-38.

Cooper, J. C. (1978). *An Illustrated Encyclopedia of Traditional Symbols*. London:

Thamed and Hudson.

Dundas, E. (1990). *Symbols come alive in the sand*. Coventure, Ltd.

Kalff, D. (1980). *Sand Play: A Psychotherapeutic Approach to the Psyche*. Santa Monica: Sigo Press.

Lowenfeld, M. (1979). *The World technique*. London: George Allen and Unwin.

Neumann, E. (1988). The Child. London: Karnac.

O'Connor, K., & Schaefer, C. (1994). *The handbook of play therapy*(Vol. 2). New York: Wiley.

Steinhardt, L.(2000). *Foundation and Form in Jungian Sandplay*. Jessica Kingsley Publishers. Ltd.

Weinrib, E. (1983). *Images of the self*. Sigo Press.

Wildenstein, D. (1996). *Minet, of the Triumph of Impressionism*. Benedikt Taschen Verlag.

모래놀이치료의 실제

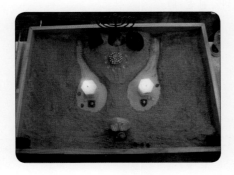

개요

모래놀이치료는 대개 비지시적으로 내담자가 스스로 놀이 소품을 선택하여 모래상자에 꾸미는 방법을 주로 사용하기 때문에 10장에서는 모래놀이치료 사례를 초기 진단부터 종결기까지 전 과정을 제시한다.

학습 목표

모래놀이치료 사례를 통해 실제적으로 치료가 어떻게 이루어지는지 알고 모래놀이치료의 전 과정을 완전히 이해하도록 한다.

1. 내담아동의 인적 사항 및 주 호소 문제*

접수 당시 만 8세 된 초등학교 3학년에 재학 중인 여아/도벽(겉으로 드러난 문제), 부모-자녀 관계 문제(파악된 문제)

2. 가족관계

부, 모, 언니, 아동

3. 치료 과정

1) 초기 단계(1~4회): 치료사와의 라포 형성, 정서적 욕구를 나타내는 음식 관련 테마의 등장, 치료에 대한 긍정적 메시지 등장

1회

입실하자마자 ct[1]와 t[2]의 몸이 닿으면서 정전기가 일어나 웃으며 시작하였다. ct는 시작하자마자 불(피겨)을 찾고 토끼를 풀 위에 놓고 지붕을 덮고서 "귀엽긴 귀여운데 먹을 걸 너무 많이 밝혀요."라고 하였다. 토끼를 우리 안에 넣고 우리 안에 있는지 확인하면서, 자기 이름을 어떻게 알았느냐는 등 치료사에게 질문하고, 이런 곳에 와 봤다고 하였다.

〈모래상자 선택〉 잠수부를 선택하여 옷을 벗겼다가 다시 입히고, 물(따뜻한 물)을 부을 수 있는지 묻고, (t: 원하는 만큼.) 모래를 만져도 되는지 묻고 만지며 높은 산꼭대기를 만들었다.

---

* 개인 사례의 비밀유지와 관련하여 발달사, 가족 특성, 원인 탐색을 통한 사례개념화는 본 책에 기술하지 않음.
1) ct: 내담아동
2) t: 치료사

이어서 물고기 잡이라며 잠수부 둘을 상자 안에 놓고 꾸몄다.

이후 보물찾기라며 컵, 생선, 접시 등을 모래에 묻고 "이따가 선생님이 찾는 거예요."(t: 그래.)라고 하였다. 끝나면서 왜 45분만 하는지 묻고, 다시 모래상자에 언덕을 각자 만들어 사람을 고르고, 그 반대편에서 서로 눈싸움을 하자고 하였다. 그리고 맞지 않기 위해 방어막을 만들었다. 일주일에 한 번씩 꼭 하는 건지 다시 묻고, 방어막을 만들면서 생긴 움막 같은 곳을 눈동굴이라 하면서 "따뜻해."라고 하였다. ct는 한마디하면서, 행동을 하면서 계속 t를 슬쩍 보는 등의 눈치를 보는 행동이 많고 아기 목소리로 이야기하였다.

그림 10-1

2회

ct는 입실하자마자 모래상자 앞에서 바로 피겨를 골라 만들기 시작하였다.

아이를 그네에 태우는데 떨어지자 아기 목소리로 "아--, 으으--."(t: 원하는 대로 안 돼?) "네……."라고 하였다. 바로 놀잇감으로 거칠게 모래를 푸고 음식물을 던져 상자 안에 흩트려 놓고서 "너무 많이 집어넣었나?" 하며 t를 흘끗 보았다. 무기함에는 총 한 개만 있어도 된다고 하고, 싸우려고 음식을 많이 먹었다고 하였다. 그리고 나서 음식들을 치우며 요리한다고 하였다. 이어 다 먹었다고 하며 치웠다. "전쟁 가야죠……. 이제……. (t: 전쟁이 언제인데?) 내일……. 폭탄은 숨겨 놓고(모래에 묻음). (t:

그림 10-2

엄마는 뭐하고 있어?) 어디 가요. 다치면 안 되니까……. 전쟁이다!! (폭탄을 쏘며 공격적
으로 놀이) 폭탄! 빗나갔다. 빗나갔다. 명중! 명중! (대포 안에 칼을 넣고 쏘며) 명중 아니
다! (t: 얘네는 지금 무엇 때문에 전쟁이 난 거야?) 몰라요……. 생각이 안 나요……."라고
하였다.

〈축구 게임〉 몇 점 한도로 정해서 그 점수를 먼저 얻은 사람이 승리하는 것으로 하
였다. t가 승리하자 ct는 안 되면 게임판을 막 흔들고 밀어 버렸다.

〈슈퍼 놀이〉 ct가 슈퍼 주인 역할을 하였다.

〈음식 요리〉 냄비에 음식을 넘치게 채우고 (t: 여기에 이 정도로 음식이 필요해?)
"네……. 쏟아지네……. 수박찌개인데 메론맛이에요."소시지에 케첩을 묻혀서 t에
게 주었다.

ct는 여전히 눈치를 많이 보았고 아기 목소리를 내며 치료사에게 반응하였다.

3회

작은 인형집을 보며 "이게 뭐예요?" 하며 보고, 열어 보라고 하자 열어서 보았다.

아기 목소리로 이야기하며 진열장의 피겨를 마구 다루고 상자에 던졌다. 이에 t는
오늘따라 기분도 안좋고 마음에 드는 피겨가 없는가 보다하고 반응하였다.

상자 밖에서 마법사와 소녀/아이 둘을 대결시키며 싸움을 한다고 하였다. 아이 쪽

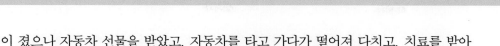

이 졌으나 자동차 선물을 받았고, 자동차를 타고 가다가 떨어져 다치고, 치료를 받아 하루 만에 낫고 천사 날개와 봉을 받았다고 하였다.

4회

하늘나라에서 땅 신문을 보는데 신문에 대회가 열린다고 나왔다며 t에게 산타와 아이를 고르라고 하고, 놀다가 갑자기 "제가 여기서 노는 게 집중력을 보려고 하는 거죠?"라고 하였다. t는 "○○(이)는 집중력 때문에 온 것 같구나."라고 하고 처음에 왔을 때 설명한 대로 마음이 힘들 때 놀이를 하면서 풀려고 오는 곳이라고 반응하였다.

다시 눈사람 만들기 대회가 열린다며 모래상자에 물(따뜻한 물은 필요 없다며 괜찮다고 함)을 붓고 다시 눈동굴 만들기 대회라고 하였다. t와 함께 대회에 출전하여 ct가 이겼다. ct는 t팀에 선물로 구급차를 주었는데 그 구급차를 타고 가다가 갑자기 차문이 열려서 튀어나와 뼈가 다 부러졌다고 이야기를 만들었다. 양손, 양발, 머리까지 다 다쳤다고 하였다. "할아버지는 너무해. 잡아 주지도 않고……"라고 하면서 천사가 와서 머리를 멀쩡해지게 하고 천사 왕관으로 다 낫게 되었다고 하였다. 발만 빼고……. 갑자기 뛰어내려서……. 천사 날개의 도움으로 발이 나았고, 날개가 지쳐서 무덤 속으로 갔다가 징검다리를 통해 하늘로 가는데 하늘나라에 가기 싫고 땅이 좋아서 다시 아이들한테 날개와 봉, 가운을 주고 갔다고 하였다. 다 낫고 친구들한테 자랑하는 것으로 끝을 냈다. "난 자유다!"라고 하였다.

ct의 눈치 보는 횟수가 현저히 줄어들었다.

2) 중기 단계(5~15회): 무의식세계로의 비유적 표현인 조난당하는 내용의 등장, 분리와 관련된 테마, dominant한 모성 상징, 마술적 힘을 가진 여아의 등장, 특별한 아이의 진화 과정, 새엄마를 통한 새로운 양육적인 모성상의 등장, 대극을 통한 자아성장의 과정이 출현

5회

ct는 잠시 비눗방울 놀이를 하고 칸막이상자를 이용하여 꾸몄다.

이어 ct는 "바다에서 조난당한 사람들 만들 거야. (t: 배에 먹을 게 잔뜩 있네.) 여기 음식만으로 평생 버텨야 해요. (사람들을 태우며) 엄마, 아빠, 아이들(남, 녀), 아기가 있어요. 아빠는 멍청해. 술 한잔할까? 뻥(엄마가 발로 참). 이층침대에 남매가 서로 올라가겠다고 싸워요. (여자아이가 위) 거기서 떨어지면 너는 죽음이다. (시계 보며) 벌써 시간이 저렇게 됐어. (t: 35분 남았는데…….) 여자아이는 일어나고 오빠는 난리 뽀개고 자고 있고……. 엄만 새벽이라 밥하러……. 물 길어 와야 하는데……. 먹을거리 많이……. 아이들이 배고플 테니까……. 쾅당! 줄이 끊겨서 오빠만 침대에……. 그런데 엄마가 구해 주러 갑니다. 걸리게 포크를 던져. 그런데 안 걸려. 네가 잘못했잖아……. 엄마가 잘못했어. (t: 서로 자기 탓이 아니라고 하네.) 오빠는 자기 혼자 떠나. 음식 가지고 떠나. 엄마가 '돌아올 생각도 하지 마라. 돌아오면 두들겨 패 줄 테니까'……. 어느새 곡식이 다 떨어졌어. 접시에 포크로 편지를 써서 보내. 여자애는 엄마 음식 다 맛없다고 하고 아기만 끝까지 먹어. 쾅! 침대가 갈라져(2층이 분리되었다는 뜻). 배에 엄마, 아빠, 아이 다 타서 집으로 가는데 무인도에 도착."하는 장면을 만들었다.

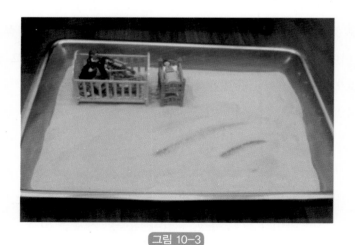

그림 10-3

*모상담〉 물건이나 먹는 것에 집착하는 것이 여전하다고 호소하였다. 그러나 도벽과 거짓말은 없다고 하였다.

6회

〈볼링 게임〉 ct는 게임으로 시작을 하였다. t가 승리하자 ct는 속상한 표현을 하였다. 초기의 감정대로 게임기를 다루는 것에서 한층 발전한 모습이었다.

이어 모래상자를 꺼내어 t에게 엄마, 아빠, 아들, 딸을 피겨 중에서 골라 달라고 하였다. 옛날 여왕은 착했는데 욕심 많은 여왕이라고 하면서 그래서 아주 특별한 것을 줘야 한다고 하였다.

천국이 등장하고 전쟁이 시작된다는 알림이 들린다고 하였다. 천국 편은 약하고, 지옥 편은 강한데 지옥 편이 훈련을 똑똑히 받았기 때문이라고 하였다. t에게 지옥 편을 하라고 하였다. 그리고 강해야 한다고 하였다. 아빠가 총을 가져다가 총으로 쏴서 지옥 편을 죽였다. 아빠는 딸에게 총 얘기를 하고 딸은 신기한 물건이라고 이야기한다고 하였다. 아빠는 가족들에게 가서 소원 세 가지를 들어준다고 하였다. 딸에게는 바다에서도 걸을 수 있는 말을, 아들에게는 말과 마차를 주었다.

"말들은 바다를 달리기 힘들지만 할 수는 있어요."

가족은 오다가 엄마, 아빠는 죽고, 여자아이가 오빠를 구하러 간다. 오빠가 "고마워."라고 하자 여자아이는 "이제 우리 둘만의 힘으로 살아가야 하니까 요리하고 돈 벌 줄 알아야 해. 엄마에게 배웠어."라고 한다.

*모상담〉 특별한 일은 없었고, ct가 모의 말을 잘 듣고 특별히 달리 변한 것은 없는데, 부가 없으니 모의 말을 더 잘 듣는다고 하였다. 언니가 방학하면서 둘이 깔깔 웃고 하는 소리가 많이 들리고 잘 놀아 준다고 하였다.

7회

t에게 엄마, 아빠, 아이 두 명, 전사 두 명을 골라 달라고 하였다. 그중 t가 골라 준 엄마는 제자리에 두고 '못된 엄마' 한다며 마녀 피겨를 골랐다.

훌륭한 말은 아기와 여아의 것이라고 하며 그 말은 바다 위도 걸을 수 있는 말이라고 하였다.

"엄마는 아기만 사랑하고, 심술쟁이 엄마……. 어떤 엄마(다른 엄마를 의미)는 남자, 여자 아이 낳고 하늘나라로 돌아갔어. 병으로……. 아기를 낳았으니까. 다시 결혼했어. 얘들은(남아, 여아) 아빠만 사랑해. 옛날엔 얘네 둘도 사랑했는데. (t: 이 아기 엄마가?) 네. 그런데 아기 낳고 나서부터 아기만 사랑해. 맛있는 거 안 주고 아기한테만 줘. 아기가 무럭무럭 자라났어. 아기는 야자수 그늘(언덕 위의 야자수)에서 (엄마 치마 속으로 들어감) 엄마가 가려 줬어. 비 온다고(비 뿌리고 아기 없앰). 아빠는 잠만 자. 아빠는 계속 맛있는 고기를 얘들한테 줘. 남자애는 커서 청년이 됐는데 뭐든지 만드는 재주가 있어. 과학자. 여자애는 커서 숙녀가 돼서 사냥꾼이 됐어. 엄마는 아기 곁에만 계속 있어. 힘이 엄청 세. 아기가 순간 이동을 해서 남자아이가 먹으려던 것을 낚아채. 그래서 남자애가 폭탄을 만들어. 동생을 없앤다고 해(폭탄을 동생 옆에 둠). 그런데 아기가 순간 이동을 해서 죽지 않아. 엄마가 그렇게 교육을 시켰어. 이젠 아기가 더 힘이 세. (t: 어떻게 그렇게 됐어?) 특별한 아이니까. 3일 동안 애들은 아무것도 못 먹었는데 먹을 것을 엄마가 다 가져가. 그래서 남자아이가 음식을 만들고, 아기가 다 먹어 버려. 막 먹으려고 하는 데 모래에 머리를 박아. 음식에 폭탄이 들어 있어.

4일째 언니(여자아이)는 배가 불러. 사냥을 해서 고기를 먹어서. 더 컸어. 엄마, 아빠는 죽고, 언니, 오빠는 할아버지, 할머니가 되고, 새엄마는 여왕이 돼. 이제야 셋 모두를 다 사랑하게 됐어. 진짜 사랑하고 있어. (t: 어떻게 그 새엄마가 이렇게 바뀔 수 있었어?) 지나가던 가족을 보고 느꼈어. (새엄마 역할을 하면서) '얘들아, 가자.'"

8회

뱀(코브라)과 사자의 대결. 승리 후 잡아먹고 그만하고 싶다고 하였다. 남은 시간에는 보물찾기를 하자며 모래 속에 피겨를 파묻고 같이 찾자고 하여 찾고 끝났다.

그림 10-4

9회

〈모래놀이〉 엄마, 아이1, 아이2를 등장시키며 동물들로 요리를 하는 놀이를 진행하였다.

ct: 엄마는 훌륭한 요리사예요. (요리 중. 아홉 마리로 요리) 우선 한 마리만 요리해서 먹고. 아이, 엄마 것 똑같이 차려서 먹어요. 아이들은 고기 먹고 싶다고 투정을 부려. 왜 하필 양배추냐고……. 여기는 꼭 농사지어서 먹어야 해요. 꼭 잡아서 먹어야 해요. 오늘 저녁, 짜잔! 샐러드! 아이들은 채소 먹어서 질렸는데 맨날 채소만 줘. 아이들이 원하는 고기를 만들려면 새가 다섯 마리 필요해. 아니면 박쥐 한 마리나 독수리 한 마리. 거북이는 바다에서 제일 영양소가 많은 동물. 고소해. 거북이를 미끼로 잡았어. (아이 피겨 역할로) '새라면 이게 최고야.' 아이가 새를 잡았어. (t: 거북이 미끼가 효과가 있었네.) 네. (t: 누가 잡았는데?) 동생이. 이제 언니도 새를 잡아야 해. 그런데 덫은 동생이 만들어. (우리를 이용함) 독수리가 날아오고 덫에 걸려 잡혀. (t: 이제 먹고 싶던 고기 요리가 되겠네.) 엄마가 나가 있으라고 해. 비밀의 요리. 다 나가라고. (t에게도 보지 말라고 함. t: 기대되는걸?)

엄마만의 특별한 요리. (t: 엄마가 독수리로 마술 부려서 요리해?) 아니요. 엄마만의 특별한 솜씨예요. (더 큰 식탁을 찾아 t가 줌) 진수성찬. 더 맛있는 고기를 먹으려면 순록 한 마리, 곰 한 마리, 펭귄 한 마리, 박쥐, 두더지(피겨장에 있는 온갖 동물을 다 명명함).

그리고 나서 부엉이 깃털로 더 큰 집이 됐다며 부엉이 날개를 집 모양으로 동굴처럼 만들었다. 바람이 불어도 날아가지 않게 접착제로 꼭 붙여 놓는다고 하였다. 나중에는 바람이 불어 집이 마을로 날아가고, 기르던 공룡을 팔아 아주 편안한 통나무집을 사고 엄청난 부자가 된다고 하였다.

그림 10-5

10~11회

연이어 가족을 꾸미고 주로 딸이 똑똑해서 잘 산다는 이야기를 꾸몄다.

(딸 묘사: 힘이 솟고 백조가 별명. 바다 위에서도 뛸 수 있다.)

황금 깃털을 받는 내용의 이야기를 꾸몄다.

12회

t는 ct와 포옹한 후 입실하였다.

오랜 전쟁에서 얘네(가족 5명이 됨) 말고는 살아남은 사람이 없어 사람들이 얘네만 공격하려 한다며, 막내는 가방을 메고 가야 하는 데 이유는 뭐든지 넣을 수 있는 가방이라서라고 하였다.

나중에는 막내가 진화하고, 그러면 배낭은 없어진다고 하였다. 그런데 진화한 아이의 고민이 있다며 소를 먹을 것인가 말 것인가, 즉 배고픈 것을 참고 세상을 구할지, 참지 않고 구할지 아직도 고민 중이라고 하였다. ct는 나가면서 매일 토요일(놀이 치료에 오는 날)이었으면 좋겠다고 하였다.

*모상담〉 특별한 일은 없었고, ct 부가 원하는 것이 ct의 시험공부를 옆에서 봐 주는 것이어서 그렇게 했다고 하였다. 담임과 통화했는데 ct가 표정이 밝아지고 많이 나아졌다고 하였다. 친구관계에서 어린아이 역할을 하는데 예전에는 자기 고집을 부리고 그랬는데 지금은 애기 짓을 하면서 논다고 하였다. 모는 치료사에게 놀이치료 상담을 받으면서 아이의 마음을 알 수 있어서 좋다고 이야기하였고, t는 모에게 표정이 밝아졌다는 것을 피드백하였다.

13회

ct는 입실 후 t에게 기대고 이젠 주로 놀던 젖은 모래상자로 안 논다고 하였다. 그러면서 지난 회기의 내용을 이어서 하면서, 진화한 아이가 아직도 고민 중이라고 하였다. 그러고는 먹기로 결정했다고 하였다.

아이의 진화 이야기를 계속하고, 또 다른 인물로 정글소녀를 등장시켰다. 이 소녀는 엄마가 낳았는데, 기어가다 길을 잃어서 늑대가 발견하여 데려갔고, 거기서 자라서 동물들과 친해지고 말을 더 배우면서 동물의 옷도 만들어 주고 동물과 대화할 수 있다고 하였다.

*모상담〉 특별한 일은 없고 돌보는 아주머니가 ct가 좋아졌다고 하면서 떼쓰는 일이 없다고 하였다. ct의 일기장을 검사하다가 보게 되었는데, "나는 행복하다. 좋은 엄마, 아빠를 갖고 있기 때문이다."라고 적혀 있었다며 가족이 일기에 등장하긴 처음이라고 하였다.

14회

t의 손을 잡아 끌고 치료실로 갔다. t에게 피부 접촉을 하였다.

모래상자에 가난한 집이라고 꾸미며 교통사고가 나서 엄마, 아빠를 잃고 아이들은 안전벨트가 단단해서 살았다며 놀이를 진행하였다. 여긴 아기, 여자애, 남자애, 소가 사는데 언니는 청소, 오빠와 소는 사냥하며 산다고 하였다.

동물을 잡아오나 계속 이런 식으로 살면 에너지가 없어지고 살지도 못하기 때문에 쇼를 해야 한다고 소를 이용하여 동물 쇼를 하였다. 쇼로 돈을 벌어 금유모차, 아주 예쁜 침대, 책꽂이, 시계, 소파, 화장대, 의자, 벽난로, 찬장을 사서 애들이 아주 기쁘게 생각한다고 하였다.

점점 여자애는 소녀가 되고, 남자애도 크고 아기도 큰다고 하였다.

*모상담〉 ct가 돌보는 아주머니를 뒤에서 안으면서 "내가 영혼이 변한 것 같아."라고 했다고 하였다. 모가 2~3주 전부터 가끔 ct에게 뽀뽀해 주고 "이뻐라."라고 말해 준다고 하였다.

15회

부잣집이 등장하였다. 그런데 돈을 너무 많이 써서 곧 돈이 떨어지고, 어느 날 거지가 되어 버린다고 하였다. 역시 동물 쇼를 하여 돈을 벌고, 어느 날 적들이 나타나는데 어른 대 아이의 싸움이라고 하였다. 그런데 아이가 엄청난 뇌를 가진 천재여서 이기고 더 부자가 되면서 끝난다고 하였다.

*모상담〉 특별한 일은 없었고, 부에게 인정받아 기분이 좋다고 하였다.

3) 종결 단계(16~20회): Self의 성장 및 결혼식 등장, 게임을 통한 현실에의 적응

16회

센터에 올 때 가지고 온 다마고찌(게임기)를 들고 놀이실에 들어왔다. 제한을 하자 ct가 "두고 올 수 없어요. 애기 낳았기 때문에 돌봐 줘야 해요. 어제 임신해서 오늘 낳았어요."라고 하여 ct에게는 의미가 있는 것으로 여겨져 가지고 들어오되 선반 위에 올려놓고 하기로 하였다.

다시 가난한 집을 등장시켰다가 가족이 조난당하는 장면을 이야기하고, 다시 여러 동물이 그 가족을 도와주는 장면을 꾸미며 놀이를 진행하였다.

그리고 진화하여 큰딸은 시집갈 때가 되어 빨리 시집가라고 하는 데 딸은 아기 낳기도 시집가기도 싫다고 한다고 하였다. 느긋하게 시집갈 때가 아니라고 계속 결혼하라고 해서 결혼 안 한다고 얘기했지만, 중매로 결혼식을 한다고 하였다.

17~20회기

17회기부터는 치료사와 초기에 했던 눈동굴 게임을 잠시 하고 줄곧 게임을 즐겼다. 아동이 좋아지면서 잠시 퇴행하는 것으로 느껴졌고, 다시 게임을 즐길 때에는 초기와는 달리 자기표현을 잘 했으며 기다릴 줄 알고 승부에 연연해하지 않는 모습을 보였다.

전체 과정을 요약해 보면 다음과 같다.

우선 초기 단계에서는 아동의 표정이 다소 두려워하는 듯하였고 엄마에게는 존댓말을 사용하는 반면 치료사에게는 어린애 같은 말투로 다소 높은 톤으로 어리광을 부리는 듯한 어투를 사용하였다. 또한 눈치를 살피는 행동은 아주 많았으나, 처음부터 모래 피겨를 가지고 꾸미며 이야기를 만들어 가는 것에는 적극적이었고 본인의 문제를 보여 주는 것인 양 먹는 것에 집착하는 대상을 등장시키고 음식과 관련된 내용으로 꾸몄다.

중기 단계에서 ct는 가족(특히 모)을 등장시켜 그로부터 분리되는 과정을 나타내는 내용으로 놀이를 전개해 나갔으며, 전쟁이나 대결 구도와 관련된 주제가 나오고 마술적 힘을 가진 주인공 여아가 등장하고 점차 성장해 가는 내용으로 꾸몄다. 여기서 성장시킨 여아는 ct를 상징하는 것으로 보인다.

종결 단계에서 중기의 여아의 성장을 담은 진화, 새로운 집의 등장, 가난한 집에서 부잣집으로의 변화를 거쳐 비로소 결혼식이 등장하면서 새로운 Self와 관련된 주제들로 진행된 후, 그 이후부터 게임을 즐겼음을 알 수 있다. 게임에 대한 태도에서, 초기에는 게임 위주는 아니었으나 승부에 집착하고 규칙을 어기는 모습이 보였고, 후기로 갈수록 승부에 집착하지 않고 게임 자체를 즐기는 쪽으로 변화하였음을 알 수 있다.

일상생활에서도 ct는 처음의 눈치 보는 행동은 줄고, 차츰 초기에 치료사를 시험한 것처럼(피겨를 마구 다루고 쳐다봄) 부와 모 사이에서 모를 시험해 보는 행동을 하며 모의 반응을 살펴보았으나 점차 자기 자신을 상징적으로 드러내는 놀이를 통해 정서적 욕구를 채워 나가며 도벽 행동이 사라지고 모에게는 친밀한 행동 표현을 많이 하게 되었으며 학교생활에서도 또래관계와 표정에서 긍정적인 변화를 보였다.

제11장

연극을 통한 치료

개요

연극치료는 치유의 의도를 가지고 드라마에 참여하는 것이다. 연극치료는 드라마의 과정을 통해 변화를 촉진한다. 삶의 경험을 반영하고 변형하는 드라마의 특성을 빌려 내담자가 그들이 직면한 문제를 표현하고 탐험할 수 있게 해 주거나 현재의 건강과 행복을 유지할 수 있게 한다. 이 장에서는 연극치료의 역사, 개념, 이론뿐만 아니라 연극치료의 기본 구조와 함께 진행 과정을 다루었다. 특히 연극치료 기법은 매우 광범위한데 이 장에서는 투사 기법과 역할 기법에 대해 자세히 다루고 있다. 그리고 연극치료의 아홉 가지 치료적 효과 요인을 살펴봄으로써 연극치료의 원리를 깊이 있게 이해하고자 한다.

학습 목표

연극치료의 전반적인 내용과 더불어 연극치료 기법, 기본 구조를 익힘으로써 연극치료를 실천하는 데 기초를 다지고자 한다.

1. 연극치료의 역사

현재 연극치료라는 이름으로 행해지고 있는 작업은 어느 순간 갑자기 나타난 것이 아니라 수십 년에 걸쳐 서서히 진행되었다. 그리고 정신분석이나 심리극처럼 어느 한 개인의 작업에서 비롯된 것도 아니다. 연극치료의 출현은 여러 지역에서, 연극과 치유의 의미 있는 만남이 가능하다는 것을 깨달은 여러 사람에 의해 느린 속도로 이루어졌다. 즉, 서로 다른 영역에서의 변화와 발달이 궁극적으로 연극치료를 형성하는 맥락을 창출한 것이다.

연극치료의 기원은 예술치료의 기원과 마찬가지로 원시시대의 종교 의식에서 시작되었다는 제의기원설이 있다. 종교 의식에 음악, 춤, 가면 및 의상들이 항상 사용되었기 때문에 그 안에 이미 연극의 씨앗이 내재했다고 볼 수 있다. 고대 이집트에서는 의학이 음악 또는 연극과 하나의 의미로 연결되어 육체적 · 심리적 병마를 물리치는 데 사용되었다. 우리나라의 굿도 이와 마찬가지로 우리 민족의 역사가 시작될 때부터 함께해 온 가장 예술적인 치료 의식이라고 볼 수 있다(한명희, 2002). 즉, 우리나라의 무속신앙인 굿은 무당이 음악, 미술, 연극을 사용하여 치료를 이끄는데, 이 굿은 초인간적 세계에서 온 영혼이 사람을 치료할 수 있게 하지만 연극치료는 영혼을 부르는 것이 아닌 역할을 통해 치료를 이끈다.

연극의 원형이라고 할 수 있는 제의(ritual)는 치료의 기능을 포함하고 있었으나, 더 복잡하게 제도화된 사회에서 사람들의 인식이 커지면서 주술적인 기능은 종교로, 치료의 기능은 의학으로, 오락적인 기능은 연극으로 나뉘게 된 것이라고 볼 수 있다.

한편, 인간에게는 어렸을 때부터 가상적인 상황에 스스로를 몰입시켜 유희(play)를 하는 본능이 있으며, 이러한 것이 연극의 모체가 되었다는 견해가 유희본능설이다. 유희본능설은 제의기원설과 유사한 발달 과정을 거쳤다. 이는 인간이 지닌 유희의 본능에 의한 유희적 활동, 즉 신체적 율동과 무용 등으로 인간의 소원이 성취된다고 믿음으로써 이를 일련의 의식으로 발전시켰다는 설이다.

중세 이후 빅토리아 시대까지 육체와 정신을 이분하던 시기에는 치료 매체로서 예술표현이 등한시되었다(Knill, 1983). 그러나 구체적인 현대 연극의 시도에 대해 기록된 것으로 가장 오래된 것은 프랑스의 드 사드(De Sade, 1740~1814)의 것이라고 할 수 있다. 성추행과 관련된 범죄자 경력을 가지고 있던 사드는 그가 한때 수감되었던 정신병동에서 환자들을 위한 대본을 쓰고 연극 공연을 함으로써 극한 상황에 처한 수감자나 환자들에게 치유와 해방감을 주는 의도적인 연극치료를 시도하였다(이상일, 1999).

이러한 측면에서 드 사드를 연극치료의 창시자로 간주하고 있으나 그의 시도는 개별적인 활동에 머물렀으며, 연극치료의 태동은 20세기에 들어서면서 본격적으로 시작되었다. 러시아의 블라디미르 일진(Vladimir Iljine)은 1908년에서 1917년 사이 정신병원 환자들과 정서장애 아동과의 작업, 그리고 연극 작업을 통해 '치료적 연극(therapeutic theater)'이라는 방법론을 개발했다. 니콜라이 예브레이노프(Nikolai Evreinov)는 '공연치료(theatre therapy)'라는 용어를 사용해 처음으로 연극과 치료의 연계를 공식적으로 확인했고 1915년부터 1924년 사이에 공연치료와 관련된 여러 연구를 발표했다(이효원, 1998).

1920년대에 이르러서는 모레노(J. Moreno)가 역할 이론에 기초한 심리극을 시도하였고, 1930년대에 스타니슬라프스키(Stanislawsky), 아르토(Artaud), 그로토프스키(Grotowski) 등이 내놓은 새로운 연극 이론들과 프로이트, 융의 심리학 이론이 현대 연극치료의 태동에 영향을 미쳤다. 연극치료의 역사적 배경을 설명한 그림은 다음과 같다. [그림 11-1]에서 보듯이, 심리극은 치료에 연극을 접목하여 단순하게 등장한 반면, 연극치료는 다양한 연극의 영역과 치료의 영역이 만나 스펙트럼이 광범위하다.

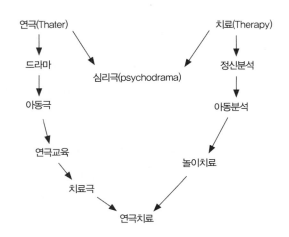

그림 11-1 연극치료의 역사적 배경

출처: Burr(1986), p. 195.

　　1956년 영국의 연극교육학자 피터 슬레이드(Peter Slade)가 연극치료라는 용어를 처음 사용한 이후, 영국을 본거지로 삼아 배우와 교사로 구성된 치료극 집단이 유럽의 여러 나라를 순회하면서 정신병 환자를 치료하게 되었다. 연극을 매체로 한 연극치료는 1960년대 초 영국에서 교육연극, 연극교육, 치료극에서 발전하였다. 이것은 20세기를 전후로 정신의학자와 심리학자들의 관심을 받았고, 20세기 중반에 이르러 미국이나 유럽 등지에서 환자들의 임상적 진단과 치료에 연극치료의 전신이라 할수 있는 '예술심리치료'가 주목을 받기 시작하였다. 이 중 특히 배우와 교사로 구성된 초창기의 연극치료인 치료극 집단이 학교에서 공연으로서의 연극이 아니라, 과정 중심의 방법으로서 교과목에 채택되었고 광범위하게 활용되었다(강영아, 1997; 한명희, 2002). 짧은 역사에도 오늘날 연극치료는 유럽과 미주 등지에서 환자들의 임상적 진단과 치료에 활발하게 응용되고 있다.

　　최근 국내에서도 몇몇 대학원에서 연극치료학과가 개설되어 운영되고 있고 연극치료사를 배출하는 학회나 협회가 결성되었다. 그러나 이 분야가 활발하게 보급되지 않고 있어 앞으로 발전 가능성은 크다고 볼 수 있다.

2. 연극치료의 이해

1) 연극치료의 정의

연극치료란 치료 형식의 연극을 말한다. 20세기 들어 실험연극이나 심리학 등의 여러 분야가 발달함에 따라, 드라마와 연극이 정서적·정치적·영적 변화를 유발하는 데 효과적으로 작용할 수 있는 방식에 대한 새로운 통찰이 나타나게 되었다(Jones, 1996).

연극치료의 정의는 다양하다. 우선 영국연극치료사협회(B.A.D., 1979)에서는 "연극치료는 사회적, 심리적 문제와 정신 질환 및 장애를 이해하고 증상을 완화시키며 상징적 표현을 촉진하는 수단으로서 그것을 통해 내담자들은 음성적이고 신체적인 소통을 유발하는 창조적 구조 안에서, 개인과 집단 안에서 자신을 만날 수 있다."라고 정의하였다.

그리고 전미연극치료협회(N.A.D., 1982)에서는 "연극치료는 증상 완화, 정서적이고 신체적인 통합, 개인의 성장이라는 치료 목표를 성취하기 위해 의도적으로 드라마/연극을 활용하는 것이다."라고 하였다. 또한 수 제닝스(Jennings, 1994)는 "연극치료는 임상기관, 교정시설, 지역사회환경에서 고통 받거나 건강하지 못한 사람들에게 연극 예술을 적용하는 것이다. 사람들이 개인과 집단으로서 긍정적인 태도와 보다 성숙한 지각을 견지하며 문제를 해결할 수 있도록 돕는 변형의 매체다."라고 하였다.

데이비드 존슨(1980)은 "연극치료는 다른 예술치료(미술, 음악, 무용)처럼 창조적 매체를 심리치료에 활용하는 것이다. 구체적으로 말하면, 내담자와 치료사 간에 치료적 이해가 확립된 상태에서 치료 목표를 위해 진행되는 활동의 우연한 부산물이아니라 그에 우선하는 그런 활동을 말한다."라고 정의하였다. 이에 대해 필 존스(Jones, 1996)는 "연극치료는 치유의 의도를 가지고 드라마에 참여하는 것이다. 연극치료는 드라마 과정을 통한 변화를 촉진한다. 삶의 경험을 반영하고 변형하는 드라마의 특성을 빌려 내담자가 그들이 직면한 문제를 표현하고 탐험할 수 있게 해 주거나 현재의 건강과 행복을 유지할 수 있게 하는 것이다.”라고 하였다.

이처럼 연극치료의 정의가 다양한 것은 연극치료 이론과 모델이 다양할 뿐만 아니라 연극치료의 영역도 매우 광범위하다는 것을 의미한다.

2) 연극치료의 이론

현대 연극치료의 대표적인 이론가로는 앞서 언급한 존슨(Johnson), 제닝스(Jennings), 랜디(Landy), 저시(A. Gersie) 외에도 미첼(S. Mitchell), 라하드(M. Lahad) 등을 들 수 있다.

연극치료의 배경이 복합적인 만큼 그 접근 방법도 다양하여, 여러 가지 접근 방법의 모델이 있다. 존슨의 발달적 모델은 자유로운 놀이를 하면서 그 안에서 이루어지는 과정과 역동에 바탕을 둔다. 이는 발달적 변형의 핵심적 본질인 놀이공간 안에서 구현되는 참만남(encounter)을 달성하는 모델이다. 그리고 저시의 모델은 참여자가 고전, 신화, 민담 등 전해 내려오는 이야기, 그리고 개인의 이야기 주제와 구조를 통해서 그들의 삶에 대한 감각을 찾을 수 있도록 이야기 모델을 근거로 한 스토리텔링(stortelling)과 스토리메이킹(story-making)을 연구한다. 이 밖에도 일상의 제의식적이고 문화적인 면을 들여다보면서 은유와 상징을 통해서 참여자 자신의 신념 체계를 통찰할 수 있도록 하는 제닝스의 연극 모델, 연극과 사회학을 바탕으로 하여 드라마의 구성 요소인 역할을 치유의 가장 근간이 되는 것으로 보는 랜디의 역할 모델 등이 있다.

한편, 존슨(1980)은 대상관계 이론과 심리발달 모델을 근거로 구조적 역할 모델(structural role model)을 개발하였다. 즉흥 역할 연기와 자아의 상실과 그것을 회복시키는 연극치료의 잠재력을 즉흥역할연기법으로 검증하였다. 이 기법의 핵심은 ‘변형(transformation)’이다. 변형이란 치료사와 참여자가 직접 관계를 맺으면서 즉흥 연기를 하되 역할과 주제가 과정 속에서 자연스럽게 나타나고 변화해 가도록 자유로운 흐름을 따르는 기법이다. 이 기법은 주로 치료사와 참여자 혹은 참여자끼리 둘씩 짝을 지어 기본적인 상황과 인물만으로 참여자가 자발적으로 장면을 만들어 가는 사실적인 즉흥극 기법이다. 존슨은 참여자가 역할 연기를 통해 개인과 역할, 역할과 또 다른 역할, 한 사람과 또 다른 사람 사이의 경계와 차이를 인식하게 하는 것을 목표로 한다. 존슨은 이러한 작업을 통해 극적역할연기검사(dramatic role playing test)라는 유용한 진단 도구를 내놓았다(Landy, 1994).

반면, 제닝스는 인간의 극적 발달 과정에서 체현(embodiment), 투사(projection), 역할연기(role play)의 개념을 포착해 EPR모델 이론을 확립했다. 사람은 움직임과 몸짓으로 신체적이고 감각적인 놀이를 즐기고, 조각하고 그림을 그리는 투사 놀이를 하며, 연극 게임과 역할 연기와 즉흥극을 하면서 극적 놀이를 창조한다는 것이다.

랜디(1994)는 연극치료는 무엇보다 드라마와 연극이라는 예술 형식에 근거해야 하며 연극치료에서의 역할은 사회적으로 결정되는 것으로 이해해야 한다는 입장에 근거해 연극과 사회학을 양대 축으로 삼는 역할모델을 개발했다. 경험을 통찰하고 미적 거리를 성취하며 개별 역할을 보다 자발적이고 능숙하게 연기하고, 통합된 역할 체계를 개발하는 연극치료의 목적은 모든 균형을 추구하는 건강한 존재의 이미지에서 파생된다.

치료 목표로서 균형의 개념은 극적 방법론과 조화가 잘 맞는다. 드라마에서 역할과 반대 역할의 대립으로 불균형과 혼돈이 조화(harmony)와 균형(balance)에 맞게 조율될 때 드라마가 탄생되는 것이다. 일상생활도 이와 같아 균형을 잃었을 때는 물론이거니와 균형을 유지하려 노력할 때도 극적 갈등이 계속된다. 일상을 살다 보면 역할관계들이 바뀌고 역할의 양과 질이 변화하기 마련이며 사람들은 그에 따라 사라졌다가 또 변형된 모습으로 다시 나타나면서 성장과 퇴행을 거듭하게 된다. 그런데 그 불가피한 변화의 과정이 개인의 균형감을 심각하게 위협할 때, 다시 말해서 고착된 역할에서 벗어나 새로운 역할을 수행하는 전환의 과정에서 역할 확장과 균형의 회복을 돕는 치료 형식이 필요해진다. 이 치료사의 역할을 그는 안내자로 보았다. 안내자는 내담자가 자신 속의 안내자를 찾을 수 있도록 도와준다. 역할 이론을 기반으로 명료한 균형의 조화를 이루어 내는 것이다. 또 한 사람의 이론가인 저시는 비교신화학과 원형심리학에 근거해 수많은 전통 문화로부터 수집한 이야기들을 치료 과정에 활용하는 접근법을 내놓았다(Landy, 1994).

연극치료의 성격에 대해서는 연극에 근거한 독자적인 것으로 보는 개념과 심리치료의 하나로서 보는 개념 등 연구자간의 의견이 엇갈리고 있다. 성립 초기에는 연극치료를 심리치료의 극적 기술 사용의 일환으로 보는 견해가 지배적이었으나, 오늘날에는 심리치료의 한계를 타파하기 위해 극의 창작 활동을 개인이나 집단 치료에 적용함으로써 창작 과정을 치료 과정으로 전환하는 것이라는 인식이 증가하고 있다.

현재 연극치료의 모델은 수십 개에 달한다. 이를 한명희(2005)는 크게 세 가지의 틀로 구분하였다. 첫째, 정신역동적 틀(psychodynamic framework)이다. 이는 무의식의 과정을 강조하는 것으로, 치료의 영역에서 환자의 과거가 활용되고 치료사와의 역동관계를 통해 무의식적 혹은 억눌린 지점 혹은 풀어야 할 문제를 다시 바라보며, 이를 통찰로 발전시키는 것이다. 둘째, 인지적 틀(cognitive framework)이다. 이는 문제에 대해 생각하게 함으로써 그 문제의 증상을 이해하고 해소하기 위하여 문제를 다루는 기술을 발전시키고, 그에 동반되는 행동의 패턴과 방법에 변화를 유도한다. 셋째, 발달적 틀(developmental framework)이다. 이는 성장 발달과 관련된 문제 또는 성장 발달이 늦어지는 경우 발달 단계에 초점을 맞추어 작업한다.

모델에 따라, 참여자의 목적과 필요에 따라 연극치료는 다양한 방법을 이용할 수 있다. 예컨대, 드라마 게임, 즉흥극, 역할극, 발달적 변형, 사회극 및 심리극 등은 과정 중심적이며, 대사가 없는 즉흥적인 것이라고 할 수 있고, 치료 과정 안에서 이루어지고 대중 앞에 보이지 않는 방법이다. 반면, 플레이백 시어터, 억압받는 자들의 연극, 연극 공연 등은 좀 더 형식적이고 공연으로 이루어진다. 인형, 가면, 제의식 등은 두 부분 모두 포함되어 공연적이면서 치료회기 안에서의 과정 중심적인 기법이다(장진부, 2004).

연극치료 작업의 토대가 되는 것은 놀이, 즉흥극, 스토리텔링, 이야기 극화, 연극 공연의 극예술 매체다(Landy, 1994). 여기서 즉흥극의 기법은 수없이 많다. 감각 깨우기, 대상의 변형, 마주 따라 하기, 소리내기와 말하기, 움직임과 판토마임 등의 기본 연극 훈련부터 실제 및 가상 상황에서의 심화된 역할 연기까지 즉흥극 활동 전반에 해당한다. 그리고 스토리텔링과 이야기 극화 역시 훈련을 요하는 중요한 기법이다. 이것을 위해서는 이야기를 읽고 만들고 극화할 줄 알아야 하며, 신화, 동화, 전설, 우화의 의미를 내담자들의 삶과 연관 지어 이해할 수 있어야 한다. 아울러 연극치료사는 연극 공연의 원칙과 실제, 그중에서 연기와 연출에 대한 이해가 필요하다.

다음은 로버트 랜디의 역할 이론을 중심으로 연극치료에 대해 살펴본다.

(1) 랜디의 역할 이론

연극치료는 사람들이 자신의 이야기를 말할 수 있도록 돕는 것이다. 다시 말해, 특정한 역할을 통해서 사람들이 이야기를 해 나갈 수 있도록 도와주는 것이다. 역할(role)은 연극에서 인물이라고 할 수 있다. 연극에서 배우는 자신이 아닌 다른 사람을 연기하게 된다. 역할에서 배우와 인물은 같은 것이 아니다. 사회심리학은 일상생활에 서 있는 역할들을 가지고 연구를 한다. 일상적으로 보면 사람들은 많은 역할을 하며 살고 있다. 랜디가 연극치료에서 추구하고 있는 것은 자신이 갖고 있는 여러 역할을 발견하게 해 주는 것이다. 즉, 치료 과정을 통해 치료사는 사람들이 살고 있는 일상생활에서의 자기의 역할과 연극에서 나타나는 역할을 볼 수 있게 해 준다.

랜디는 연극치료의 이론적 기초로 역할, 재현, 거리 조절, 자발성, 무의식의 개념과 거기서 파생되는 역할 맡기, 모방, 동일시, 투사, 전이, 역할 연기, 정서 기억, 미적 거리와 정화의 과정을 주춧돌로 삼아 연극치료 이론을 정리하였다. 그중에서도 역할 개념과 거리 조절 개념을 연극치료 이론의 핵심 개념으로 보고 있다. 이에 따라 연극치료는 개인이 특정한 역할을 통해 자신의 이야기를 하는 과정에서, 자신의 역할을 이해하고 역할 레퍼토리를 확장하며 나아가 자신 안의 균형과 조화를 이루도록 돕는 데 그 목적이 있다.

랜디는 역할이 현실과 상상의 세계 속에서 우리가 자신과 다른 사람들에게 품는 생각과 느낌을 담아내는 그릇이며, 고유하고 일관된 구체적 특질을 담고 있는 인성의 기본 단위라고 하였다. 그에 의하면, 역할은 더 이상 나눌 수 없는 성격의 가장 작은 양상이며 성격의 한 부분으로서 해당 특성을 발휘하여 개인의 삶 속에서 인식 가능한 목적을 위해 소용된다.

역할이란 한 개인 자신이 취하는 현실적인 형식으로 타인이 얽혀 있는 어떤 특수한 상황에서 그가 어떻게 반응하는가를 말한다고 볼 수 있는데, 여기에서의 역할은 다음의 세 가지를 포함한다.

　첫째, 역할맡기(role-taking)는 이미 결정되어 있고 자기 마음대로 바꿀 수 없는 역할을 취하는 경우 혹은 변경 가능하더라도 일상의 틀에 박힌 것처럼 해내는 것을 말한다. 둘째, 역할연기(role-playing)는 참가자가 자발적이며 즉흥적으로 역할을 해 나가는 것을 의미하며, 셋째, 역할창조(role-creating)는 역할 연기가 더 발전해 나감에 따라 역할을 창조적으로 연기해 내는 것과 그 역할을 창조하는 것을 포함한다.

　이 역할 이론의 치료 목적은 내담자들이 하나의 역할에 고정되어 있지 않고 다양한 역할로 이동할 수 있도록 그들의 역할 레퍼토리를 증가시키는 것이다. 이를 위해 치료사들은 내담자와 더불어 역할을 맡기도 하며, 내담자들이 다양한 역할을 탐구할 수 있도록 도와주어야 한다. 이는 내담자가 자신이 맡은 역할과 역할을 맡은 자신의 존재를 동시 인지할 때만이 치유가 가능하기 때문이다. 즉, 역할 모델의 과정을 통해 그 내부의 특성이 드러난 내담자들은 역할 연기를 통해 사고와 행동의 전환이 이루어지며, 이로써 훈련된 역할로 일상에 복귀할 수 있게 된다.

　랜디는 경험을 통찰하고 미적 거리를 성취하며 개별 역할을 보다 자발적으로 능숙하게 연기하고, 통합된 역할 체계를 개발하는 연극치료의 목적은 모든 균형을 추구하는 건강한 존재의 이미지에서 파생된다고 하였다. 그에 의하면 인간은 균형을 잃을 때 병든다. 즉, 지나친 분리나 밀착에 빠지거나 자기파괴적인 역할에 지배당하거나 혹은 역할 병존에 맞닥뜨려 혼란을 겪게 되는 것이다.

　치료 목표로서 균형의 개념은 극적 방법론과 조화가 잘 이루어진다. 드라마에서도 역할(role)과 반대 역할(counter role)의 대립으로 불균형과 혼돈이 안내 역할(guide role)을 통해 조화와 균형에 맞게 조율될 때 드라마가 탄생되는 것이다. 일상생활도 이와 같아서 균형을 잃을 때는 물론이거니와 균형을 유지하려 노력할 때도 극적 갈등이 계속된다. 일상을 살다 보면 역할관계들이 바뀌고 역할의 양과 질이 변화하기 마련이며 사람들은 그에 따라 사라졌다가 또 변형된 모습으로 다시 나타나면서 성장과 퇴행을 거듭하게 된다. 그런데 그 불가피한 변화의 과정은, 개인이 균형감을 심각하게 위협할 때, 고착된 역할에서 벗어나 새로운 역할을 수행하는 전환의 과정에서 역할 확장과 균형의 회복을 돕는 치료 형식이 필요해진다. 이 치료사의 역할을 랜디는 안내자(guide)로 보았다. 안내자는 내담자가 자신 속의 안내자를 찾을 수 있도록 도와준다. 역할 이론을 기반으로 명료한 균형의 조화를 이루어 내는 것이다(송연옥, 2003). 이때 안내자는 신이나 어떤 이상형도 될 수 있으며, 또 다른 자기 자신도 될 수 있고, 내담자가 일상적으로 만나고 경험하는 어떤 다른 역할도 될 수 있다.

(2) 연극치료의 기법

연극치료는 역할을 가지고 작업한다는 면에서 다른 심리치료와 확연히 구분된다. 연극치료사는 내담자의 역할 시스템이 가장 적절하게 기능하도록 하기 위해서 역할을 불러내고 그 역할들을 탐험한다. 랜디의 역할 이론에서 개발된 기법들을 구체적으로 살펴보면 다음과 같다(Landy, 1993, 1994).

① 연극적인 역할 기법

연극적인 역할 기법(dramatic role method)은 8단계로 되어 있다. 연극치료의 과정에 따르면, 처음의 두 단계는 웜업 과정이며 세 번째와 네 번째 단계는 행위화 단계에 해당한다. 그리고 다섯 번째부터 일곱 번째까지는 마무리 단계다.

(a) 역할 불러내기

내담자의 역할 레퍼토리 중에서 표출하고 탐험할 필요가 있는 하나의 역할을 떠올리도록 한다. 이 작업은 주로 그림 그리기나 움직임 등을 사용하여 무의식적인 과정으로 진행된다. 다시 말하면, 내담자에게 가장 중요하게 생각하는 역할을 고르도록 직접적으로 지시하는 것이 아니라, 창조적이고 무의식적인 과정을 통해 역할을 떠올리도록 하는 것이다.

(b) 역할에 이름 붙이기

일단 역할이 선택되면 내담자는 그 역할에 이름을 붙여 독립된 정체성을 부여한다. 이름을 붙이면 가상의 역할이 더욱 구체화되며, 내담자는 일상의 현실에서 벗어나 역할이 만들어 내는 가상적이고 창조적인 영역으로 넘어가게 된다.

(c) 역할 연기하기/역할을 가지고 작업하기

대부분의 경우 내담자는 그룹으로 함께 작업하며, 앞에서 발견한 각각의 역할을 가지고 즉흥으로 장면을 만들거나 이야기를 극화한다. 이러한 과정에서 내담자는 자신의 역할을 가지고 해당 역할의 고유한 역할 특성과 기능, 양식을 탐구한다.

(d) 하위역할들의 대안적인 특성 탐색하기

하위역할들을 가지고 작업하면서, 내담자는 자신의 성격 특성을 더욱 깊이 있게 탐색할 수 있다. 이러한 과정에서 우리는 어떤 역할이든지 모순되고 양가적인 특성을 포함하고 있다는 것을 발견하게 된다. 역할 메소드는 바로 이러한 모순들을 발견하도록 도와준다.

어떤 내담자는 사랑스러운 딸 역할을 연기하는 과정에서 자신이 아버지에게 참을 수 없을 만큼 강한 분노를 품고 있음을 깨닫게 되었다. 그 자각으로 그녀는 굴욕감과 분노를 이슈로 하여 딸 역할이 가질 수 있는 일련의 다른 특성들을 취하여 수행하게 되었다.

(e) 역할 연기를 분석하기

이 단계에서 내담자들은 드라마에서 물러나와 그것의 의미를 분석하는 시간을 갖는다. 내담자는 허구의 관점에서 연기한 역할과 하위역할들의 의미를 분석할 수 있다. 즉, 가상의 인물로서 이 역할들은 누구인가를 묻는 것이다. 이때의 분석 대상은 내담자가 아니라 그의 역할이기 때문에, 내담자는 직접적으로 자신에 대해 이야기할 필요 없이, 심리적으로 안전한 거리를 유지할 수 있다. 이러한 분석을 통해 그 역할의 신체적 · 지적 · 윤리적 · 감정적 · 사회적 · 영적 · 미학적 특징들이 구체화된다.

(f) 작업한 가상적인 역할을 일상의 삶과 관련지어 보기

전 단계에서 분석한 가상의 인물들이 일상생활과 어떻게 연관되는가, 즉 자신의 일부로서 가상의 역할들을 검토한다. 이 단계는 내담자들이 드라마의 의미를 평가하는 동시에 그들의 감정을 인정하고, 가상의 치료 공간에서 실제의 삶으로 돌아올 수 있도록 한다.

(g) 역할들을 통합하여 기능적인 역할 시스템 창조하기

연극치료의 최종 목표는 내담자가 기능적인 역할 시스템을 창조하도록 돕는 것이다. 내담자는 양가적인 모순을 허용하고 부정적인 역할과 긍정적인 역할 모두가 중요함을 인식하게 된다.

(h) 사회적 모델링

다른 사람에게 긍정적인 역할 모델 되기는 내담자가 역할 시스템을 변형하는 방법을 찾아내고 그러면서 다른 사람들에게 긍정적인 역할 모델이 되는 것을 말한다. 앞의 예에서 딸 역할을 하면서 숨겨져 있던 아버지에 대한 분노를 인식하고 그 표출 방법을 찾게 된 내담자는 자기처럼 아버지에 대한 감정을 억제하면서 살아온 주변 사람들에게 역할 모델이 되었다. 그들은 그녀의 사례를 보면서 수치심과 분노를 드러내고 시험할 필요가 있다는 것, 그리고 그것이 중요하다는 것을 알게 되었다.

② 투사 기법

투사 기법(projective technique)이란 사람의 여러 양상을 인형, 장난감, 손인형, 가면, 사진과 같은 대상에 투사하는 연극치료 접근법을 통칭한다. 투사 기법의 주목적은 내담자가 내담자 자신과 자신이 맡은 역할 사이에 충분한 거리를 둠으로써 불안감을 제거하고 그 역할을 탐색할 수 있도록 유도하는 것이다.

투사 기법은 내담자가 역할 기법과 같은 직접적인 치료 활동을 하는 데 거부감을 느끼거나 불안감과 공포감이 형성되어 직접적인 충격이 재차 가해질 우려가 있을 때 주로 사용된다. 따라서 투사 기법에서는 연극치료의 거리 조절이 적절하게 적용되어 치료가 진행되어야 한다는 점이 중요하다. 투사 기법에는 놀이, 즉흥극(감각 깨우기, 사물 변형, 거울 기법, 움직임과 판토마임 등), 스토리텔링, 이야기 만들기(story-making), 연극 공연 등이 있다.

즉흥극은 즉흥적이고 비공연적인 과정 중심의 연극 형식이며 참여자가 인간의 경험을 상상하고 연기하며 반영하게 할 의도에서 이끌어 가는 활동이다. 즉흥극 활동 중에 '사물 변형'이라는 것이 있다. 예를 들어, 소재가 줄이라면, 아이들은 동그랗게 둘러서서 그 줄을 차례로 돌리고 줄을 받은 아동은 몸을 이용해서 그것을 뱀이나 스카프, 지팡이 등의 다른 사물로 바꿔 표출하는 것이다. 이 활동은 상징적인 사고를 자극하는 데 목적이 있다.

또 하나의 기법인 '판토마임'은 일반적으로 사물을 상상하여 사용하는 척하는 것으로 시작되고, 상상 속의 사물, 인물과 상호작용하는 것으로 발달한다. 판토마임은 참여자의 비언어적인 의사소통 기술을 발달시키기 위해 활용된다. 특히 생각은 있지만 말로 표출하지 못하는 아이들에게 신체언어를 통해 자신의 의견을 자유롭게 표출할 수 있도록 해 준다.

비디오를 연극치료에 활용하는 기본 방식은 작업 과정을 녹화해서 내담자에게 보여 주는 것이다. 비디오는 즉각적인 피드백, 자기인지, 자기분석의 수단을 제공한다. 사람을 있는 그대로 투사하기 때문에 자기 모습을 현재 시제로 볼 수 있게 하며 그 이미지를 분석하고 말을 걸 수 있게 하는 직접적인 대면의 장치가 된다. 거기서 얻어진 자기인식과 느낌을 토대로 더 심도 있는 토론과 실연을 진행시킬 수 있다(Landy, 1994).

특히 투사 기법의 일환으로 이미지나 상징에 투사하여 창조한 역할을 가지고 작업하는 투사적 역할 기법(projective role technique)은 연극치료의 특징적인 기법 중의 하나다.

랜디는 신화와 다양한 문화권의 이야기 구조를 연구하면서 이야기 만들기(story-making)의 방법론의 치유적 기능을 발전시켰다. 치료사는 적절한 이야기를 빌려 내담자를 괴롭히는 딜레마가 무엇인지를 뚜렷이 잡아 내고 그것을 잘 풀어 갈 수 있도록 도울 수 있다. 이는 슬픔에 빠져 있는 사람들을 달래고 환경과 조화롭게 살아가는 법을 배우는 데 이야기가 얼마나 효과적으로 사용될 수 있는지를 실증적으로 보여 주었다(윤석경, 2003).

존스(1996)가 제시한 투사 기법에는 다음 몇 가지가 있다.

(a) 투사검사

투사검사는 투사 현상을 활용한다. 연극치료에서 투사검사는 '상대적으로 애매모호한 자극'이 될 만한 극적 형식을 창조한 다음, 내담자로 하여금 그 자극을 투사검사로 활용하게 하고, 그 결과로부터 어떤 결론이나 의미를 이끌어 내는 단계로 진행된다. 대개 로르샤하투사검사, 주제통각검사(TAT), 아동용 주제통각검사(CAT) 등을 활용할 수 있다. 최근 난화를 이용하거나 타로카드 등을 이용하여 이야기를 구성하는 것도 투사검사로 활용될 수 있다.

(b) 작은 세상

모형이나 놀잇감으로 세상을 만드는 작업으로 치료와 분석 분야에서 오랜 역사가 있다. 클라인(Klein)은 아동을 대상으로 한 정신분석적 작업에서 자발적 놀이와 투사적 놀이를 사용하였다. 그는 아이들이 자유롭게 노는 과정에서 보여 주는 행동이 모두 그들의 소망, 두려움, 쾌감, 갈등, 자각하지 못하는 집착을 상징한다고 가정하였다. 그는 주로 투사 놀이에 사용되는 가족 모형을 가지고 작업했다.

로웬펠드(Lowenfeld)의 세상 기법은 정확히 모래놀이치료에서 도입하고 있는데, 이는 사람, 동물, 울타리, 교통 수단, 집의 모형, 그리고 점토, 종이, 끈 등의 '구조화되지 않은 재료'와 함께 물과 모래상자를 주고 마음대로 놀게 하는 것이다. 그런 다음 아이에게 자기가 만든 세상을 치료사에게 설명하고, 다음에 무슨 일이 일어날지 이야기해 보게 한다.

(c) 인형

인형은 놀이에서 사물을 상징적으로 사용하는 데서 한 단계 나아간 것이다. 인형은 투사의 측면에서도 사물의 사용과 전혀 다른 영역이라기보다는 그로부터의 진전이라 할 수 있다. 인형에는 내담자의 신체가 물리적으로 개입된다. 인형 작업은 극적인 감정이입의 측면에서 잠재적으로 매우 강력하여 다른 사물 작업에 비해 훨씬 두드러지는 경향이 있다. 투사 작업 내에서 인형은 강렬한 감정이입을 초래하고, 사물놀이에 비해 본질적으로 거리감을 덜 주며, 다양한 극적 가능성을 신체적 관계(손, 막대, 그림자)라는 명확한 과정으로 수행하는 형식이라 할 수 있다.

(d) 가면

극적 투사와 관련하여 가면은 세 가지 생각해 보아야 할 점이 있다. 첫째는 사물 작업의 일환으로, 가면의 형식은 내담자가 그 형식에 투사한 내용의 본질에 영향을 미친다. 곧 아무것도 없는 빈 가면에 내담자가 어떤 경험을 투사한다면 어릿광대 가면은 그와 다른 경험을 끌어낼 것이며, 내담자가 직접 만든 가면은 또 다른 체험을 유발할 것이다. 둘째, "가면은 가면을 벗은 모습을 드러내 준다."라는 역설과 관련된다(Brook, 1988). 가면은 가면을 쓴 채 말하고 움직이는 존재가 진정으로 자기 자신이 아니라 단지 가면일 뿐이라는 느낌을 갖게 한다. 가면은 일상에서 억눌렀을 문제들을 밖으로 드러내 표현할 수 있는 자유를 창출하고, 평소에 숨겨 온 자신의 모습을 가면에 투사할 수 있게 된다. 즉, 가면이 가면을 벗기는 것이다. 셋째, 가면은 내담자의 인성이나 경험의 특정 양상을 투사하도록 격려하는 방식과 관련이 있다. 가면은 선택적 특성, 즉 고정된 형태를 갖는다.

(e) 대본과 이야기

연극치료에서 내담자는 기존의 텍스트를 사용할 수도 있고, 작업 과정에서 대본을 새로 만들 수도 있다. 그리고 이 두 가지를 병용하여 기존의 텍스트에서 개인적인 관계성과 의미와 해석을 찾아낸 다음, 즉흥극이나 더 심화된 관계성을 탐험하는 작업으로 발전시킬 수 있다.

③ 세 가지 역할

연극치료는 내담자가 특정한 역할을 통해서 자신만의 드라마를 써 나갈 수 있도록 도와주는 것이다. 이때 드라마는 갈등을 주축으로 구성되는 것이 보통이다. 주인공 '갑'이 무언가를 원하는데 '을'이라는 인물 혹은 상황이 방해하는 식이다. 고전적 드라마는 대립되는 세력들의 외부 갈등뿐 아니라 주인공의 내면의 긴장을 다룬다. 연극 치료는 고전적 드라마의 이 두 가지 모델을 극적 실연의 내용으로 한다.

우리의 역할은 크게 보면 무언가를 추구하는 영웅의 역할(role)과 이를 방해하는 악당의 역할(counter-role), 이 두 가지 유형으로 볼 수 있다. 두 가지의 상반되는 역할들은 음과 양의 개념과 비슷하다. 서로 모순되고 갈등을 일으키지만, 궁극적으로는 두 역할이 함께 균형을 이루어 통합되도록 돕는 것이 연극치료의 목적이다.

상반된 역할들이 균형을 이루려고 하는 과정에서 세 번째 역할, 즉 안내자의 역할 (guide role)을 발견할 수 있다. 안내자 역할은 역할과 반대 역할이 서로 견제하며 균형을 이룰 수 있도록 하고, 결과적으로 내담자의 정상적인 내적 발달을 돕는다.

(3) 연극치료에 활용되는 연극 매체

공연을 위한 연극 작업에서는 완성된 공연이 그 전체 작업을 평가하는 기준이 되는 반면, 연극치료에서는 그 훈련 과정 자체가 중요한 역할을 한다. 즉, 연극치료에는 연극의 전 작업에 활용되는 모든 매체가 사용될 수 있다. 우선 전제되어야 할 것은 상상력이다. 이것은 대부분의 매체를 활용 가능하게 하는 촉매 작용을 하기 때문이다.

배우들의 연기 훈련은 대부분 근육의 이완과 긴장을 자유롭게 하기 위한 몸 풀기부터 시작된다. 이는 환자들의 신체뿐 아니라 정서적·정신적 자유를 얻는 데 중요한 역할을 하게 된다. 예컨대, 주의 집중이 필요한 아동의 경우 동물을 흉내 내는 것은 좋은 방법이 될 수 있다. 스스로 고양이가 되었다고 상상하게 하고, 고양이가 할 수 있는 다양한 행동을 이야기로 끌어 주고 그 지시에 따라 움직이게 하면서 필요한 동작을 유도해 내는 것이 효과적이다. 신경증 환자의 경우 상상력을 확대시키는 것이 항상 효과적이지는 않다. 오히려 운동하듯 신체를 단순하게 움직이게 함으로써 긴장 후에 오는 생리적인 이완이 정신적인 편안함에까지 이르게 할 수 있다.

지각 훈련은 환자의 표현이 더욱 자유롭고 편안하도록 도와준다. 치료실 벽에 등을 향하고 걷기, 상대방의 감정 알아맞히기, 눈을 감고 걸으면서 상대방을 의식하기, 눈 감고 상대방을 만져 알아맞히기 등 여러 방법이 있다.

환자들이 나타낸 감정의 소재나 몸풀기에 사용된 소재는 확대시켜 마음 형식으로 만들어질 수 있고, 이 장면을 더욱 확대해 하나의 이야기로 꾸며 역할 연기를 할 수 있다. 중요한 것은 그 소재가 직·간접적으로 환자의 치료 목적에 벗어나지 않도록 하는 것이다(한명희, 2002).

3) 연극치료의 기본 구조

연극치료의 기본 구조는 웜업, 초점 맞추기, 본 활동, 마무리와 역할 벗기, 완결 등으로 구성된다. 각 단계의 길이는 집단이 연극치료를 활용하는 방식에 따라 달라질 수 있다. 이 다섯 단계는 치료 작업 안에서 각각 다른 기능을 하며, 한 회기가 다섯 단계를 모두 포함하는 것이 일반적이다. 대개 웜업과 초점 맞추기가 전체 작업의 3분의 1을 차지하고, 본 활동이 3분의 1, 그리고 마무리, 역할 벗기와 완결에 나머지 3분의 1이 소요된다. 그렇지만 집단이 발달하면서 웜업 시간은 점차 줄어들기도 한다. 여기서는 필 존스(1996)의 내용을 토대로 살펴보기로 한다.

(1) 웜업

웜업 단계는 다시 전반적인 웜업과 그 뒤에 이어지는 초점 맞추기로 나눌 수 있다. 웜업은 개인이나 집단이 연극치료 작업에 준비되도록 돕는 활동이며, 대개 집단의 감정, 그리고 극적 과정 또는 언어 사용과 관련된 다양한 활동의 형식을 취한다. 연극치료에서의 웜업은 내담자가 치료 과정에서 다루게 될 내용에 관심을 갖도록 유도한다. 구체적인 텍스트를 연습하는 전통 연극에서의 웜업이나 즉흥과 달리 연극치료의 웜업에는 형상화해야 할 고정된 대본이 없다.

웜업은 이제 막 연극치료의 특별한 공간이 창조되기 시작했음을 알려 준다. 연극치료의 공간을 일상 현실의 공간과 구별하기 위해 매 회기를 특정한 유형의 활동으로 시작한다거나 역할을 바탕으로 한 게임, 놀잇감 꺼내 놓기, 환경 만들기 등 극적 작업으로의 진입을 표시하는 활동을 배치한다.

- 몸/마음: 신체적 협응, 집중, 신체적 표현
- 다른 사람들과 작업하기: 다른 사람들과 함께 신체적으로 활동하기, 다른 사람들과 함께 상상적인 활동에 참여하기, 다른 사람들과 함께 정서를 주제로 작업하기
- 대상의 사용: 사물을 물리적으로 사용하기, 사물을 상상적으로 사용하기, 대상에 감정을 투사하기
- 주제: 집단이나 개인의 정서적 문제

(2) 초점 맞추기

초점 맞추기는 집단이나 개인이 앞으로 다룰 작업의 주제와 내용에 더욱 직접적으로 개입하게 되는 단계다. 웜업이 다소 일반적이라면 초점 맞추기는 좀 더 구체적인 영역을 향한 진행과 관련된다. 블래트너(Blatner, 1973)는 초점 맞추기의 양상을 '행위갈망'이라 일컬었다. 초점 맞추기는 내담자가 해당 주제에 어느 정도 깊이 있게 몰입하여 탐험할 준비가 된 상태로 이끄는 방식이라고 말할 수 있다.

이 단계에서는 일반적으로 회기 내에서 구체적으로 어떤 작업을 할 것인지를 정하게 된다. 여기에는 본 활동의 진행과 관련된 특정한 웜업 활동이나 준비가 포함될 수 있다.

이 단계는 대개 치료사에 의해 구조화되기보다 회기 내에서 자발적으로 일어난다. 예를 들어, 참여자 중 한 사람이 극적인 작업을 시작하자고 제안할 수도 있고, 웜업에서 특정한 주제가 나와 자연스럽게 그것을 심화하는 탐험 작업으로 진행해 갈 수도 있다.

(3) 본 활동

본 활동은 (a) 한두 명의 개인의 주제를 다루거나 (b) 집단 전체가 특정한 주제나 초점을 가지고 함께 작업하거나 (c) 참여자 전체가 둘씩 짝을 짓거나 작은 모둠을 만들어 개별적인 문제를 가지고 작업하는 형식을 취한다.

이 주요 형식의 보기를 들면 다음과 같다.

- 한 사람이 삶에서 경험하고 있는 어떤 문제를 표현한다. 집단일 경우, 이때 다른 내담자들은 그 시나리오를 함께 창조하거나 관객으로 참여한다.
- 집단이 집단 내의 역동이나 관계에 관한 주제를 다룬다.
- 개별적으로 이야기를 만든다. 주어진 시간 안에 모둠별로 이야기를 만들어 실연하는 것이다. 그런 다음 이야기와 관련된 개인적 주제를 나눈다.

다음은 본 활동 단계에서 사용되는 대표적인 활동 방식의 보기다.

- 상처로 남아 있는 실제 삶의 경험을 즉흥극으로 만들기
- 꿈에 나타난 상징을 신체적으로 표현하기
- 사물을 가지고 놀면서 어떤 무의식의 내용이 나타나는지 보기
- 문제가 되는 관계를 조각상으로 나타내기
- 가면을 만들고 사용함으로써 자기 내면의 여러 가지 모습을 표현하기
- 꾸며낸 이야기를 실연하면서 문제를 유발하는 개인적 경험을 성찰하기
- 환경을 만들면서 문제가 되는 주제를 탐험하기
- 신체적 활동으로서 중요한 타인과의 관계 문제를 다루기

여기서는 정화가 반드시 본 활동의 일부가 되지는 않는다는 점에 주목할 필요가 있다.

(4) 마무리와 역할 벗기

극적 형식과 관련된 작업을 정리하는 단계다. 여기서는 일반적으로 참여자들이 극적 공간이나 활동에서 빠져나오고 관객과 행위자의 분리가 끝나는 지점이 뚜렷하게 구분된다. 본 활동에서 인물이나 역할 또는 즉흥극을 했다면, 마무리 단계에서는 반드시 '역할 벗기'가 포함되며, 놀잇감 같은 대상을 사용한 경우에는 대상에 대한 몰입에서 전환할 기회를 준다.

마무리 단계는 언어치료와 일반 연극과도 다르다. 연극치료에서 극적 활동을 갑작

스럽게 끝내거나 본 활동이 마무리된 후에도 내담자가 역할에서 나오지 못한다면 매우 위험한 일이 벌어질 수 있다. 그것은 역할의 혼란을 가져올 수 있고 개인이나 집단을 극심한 정체성 혼란 상태에 빠뜨릴 수 있다. 그래서 연극치료 회기에서는 일반적으로 여러 가지 방식으로 분리를 실행한다.

역할 벗기는 내담자들이 극적 몰입의 세계에서 빠져나올 수 있게 도와주며, 관객 또한 지켜보는 역할에서 떠날 수 있게 해 준다. 그러나 연극치료에서 역할 벗기는 회기에서 연기한 인물이나 역할을 떠나는 것뿐 아니라 실연이나 극적 과정 자체에서 분리되는 더 넓은 과정을 일컫는다. 그 극적 과정에는 놀이, 사물을 가지고 하는 작업, 마임, 신체적인 연극 작업 등이 포함된다.

연극치료에서 역할 벗기는 보통 두 단계로 이루어진다. 첫 번째 단계는 역할에서 빠져나올 수 있도록 고안된 특정 활동과 관련된다. 두 번째 단계에서는 실연에 참여한 사람들과 관객이 함께 모여 앞에서 한 활동들을 되돌아보면서 성찰한다.

어떤 연극치료에서든 역할 벗기 활동은 내담자가 실연과 새로운 관계를 맺을 수 있도록 그 출발을 돕는다는 점에서 중요하다. 그것은 실연 안에 있기보다 거기서 한 걸음 빠져나와 살펴볼 기회를 제공한다. 역할 벗기는 실연과의 분리만이 아니라 오히려 놀기로부터의 거리 두기라고도 할 수 있다. 이는 흔히 극적 작업의 열기 '식히기'에 비유된다.

(5) 완결

완결은 연극치료의 핵심을 이루는 국면이다. 그것은 마무리 단계를 구성하는 드라마로부터의 분리와 별개이며, 역할 벗기와도 다른 활동이다. 완결은 첫째, 본 활동에서 다룬 내용을 더욱 심도 있게 통합하는 공간이고, 둘째, 연극치료 공간을 떠나기 위한 준비다.

통합은 말로 이루어질 수도 있고 극적 형식을 취할 수도 있다. 어떤 경우에는 개인적 연관을 찾아보고 여러 가지 발견과 느낌을 나누는 토론으로 진행되기도 한다.

4) 연극치료의 치료적 요인

필 존스(Jones, 1996)가 언급한 연극치료의 치료적 요인 아홉 가지에 대해 살펴보면 다음과 같다.

(1) 극적 투사

연극치료에서 극적 투사는 내담자가 자신의 어떤 측면이나 경험을 연극적 또는 극적 내용이나 실연에 투사함으로써 내적 갈등을 외현화하는 과정을 말한다. 극적 표현은 일종의 관점을 창조하여 내담자의 문제를 새롭게 재현함으로써 변화를 가능하게 하고, 그와 함께 투사된 재료의 실연을 통해 탐험과 통찰의 기회를 제공한다. 즉, 투사를 통해 내담자의 내면의 상태와 그것의 외적 표현 사이에 극적인 대화가 일어날 수 있다.

(2) 치료를 위한 공연 과정

치료를 위한 공연 과정은 다루고자 하는 특정 주제를 분명히 정한 다음 그것을 드라마로 표현해 가는 과정이다. 공연 제작 과정은 내담자가 그 안에서 다루는 내용이나 주제와 상관없이 그 자체로 치료적일 수 있다. 내담자는 공연 제작 과정에서 여러 가지 역할을 맡을 수 있다. 특정 장면에 등장하는 인물이 될 수도 있고, 어떤 장면에서는 연출자가 될 수도 있으며, 또 어떤 순간에는 관객이 되기도 한다. 이렇듯 다양한 역할을 맡는 것은 해당 경험에 대한 관계에 변화를 줄 기회이며, 표현된 내용을 보는 관점을 변화시킬 수 있다는 점에서 치료적이다.

또한 내담자는 공연을 만들면서 드라마라는 매체에 참여해 봄으로써 자신의 창조성을 경험할 수 있다. 그런 경험을 바탕으로 드라마에서 다룬 문제나 상황에 대해서는 더욱 창조적으로 접근할 수 있게 된다. 이 창조성은 내담자가 또 다른 관점에서 문제를 바라보게 함으로써 변화를 이끌어 낼 수 있다.

(3) 감정이입과 거리 두기

감정이입은 어떤 작업에서든 정서적 공명과 동일시, 그리고 고도의 정서적 몰입을 촉진한다. 역할, 대상 혹은 극적 상황이나 극적 활동에 대한 감정이입적 반응은 그 자체로 치료적인 작업이 될 수 있다. 예를 들어, 어떤 내담자들은 다른 사람을 이해하거나 공감하는 능력이 부족하기 때문에 사람들과의 관계를 건강하게 꾸려 나가지 못하는 경우도 있다. 극적 작업에서의 감정이입적 반응의 발달은 연극치료 집단 밖에 있는 현실의 사람들에게 감정이입하도록 도울 수 있다.

거리 두기는 사고와 성찰과 조망을 촉진한다. 브레히트의 용어로 표현하자면, 내담자는 제시된 내용에 대한 독자로서 기능한다. 이것은 내담자가 빠져나오게 된다는 것이 아니라 좀 다른 관점에서 대상과 관계를 맺게 됨을 말한다. 거리 두기 접근법은 내담자가 자기 자신이나 주제에 대한 시각을 창조하도록 도울 수 있다.

(4) 의인화와 구현

내담자는 극적 틀거리 안에서 감정, 주제나 사람, 자기 자신 혹은 자신의 어떤 양상을 재현한다. 이것은 대개 구현(뭔가를 묘사하거나 자신의 일부를 연기하는 것)이나 의인화(재현하기 위해 사물을 사용하는 것)로 이루어진다.

의인화와 구현은 내담자에게 다른 존재/사람이 되어 보는 경험의 기회를 제공할 수 있다. 이것은 감정이입의 과정을 촉진하고, 내담자가 다른 사람들과 관계 맺는 방식을 발달시키는 데 도움을 준다. 또한 다른 사람의 입장에서 문제를 바라보게 해 준다.

내담자는 의인화와 구현을 통해 허구적이고 상상적인 세계에 몰입함으로써 주제를 새로운 방식으로 변형하고 탐험할 기회를 얻는다. 창조된 가상의 세계 속에서 내담자는 현실에서 억압하거나 부정하던 것들을 꺼내 놓고 마음껏 탐험할 수 있게 된다.

(5) 관객과 지켜보기

지켜보기는 연극치료에서 다른 사람들이나 자기 자신에게 관객이 되는 행위로서 두 가지 양상 모두 똑같이 중요하다. 관객은 상호작용적이며, 그 역할이 배우와 공식적으로 구분된 채 공연이 끝날 때까지 지속되는 서유럽의 전통 연극과는 상당히 거리가 멀다. 한 회기 내에서 내담자는 관객과 배우의 역할과 기능을 모두 경험할 수 있다. 또한 연극치료에서 관객-배우 관계는 일련의 가능한 상호작용으로 구성된다. 즉, 다른 참여자들이나 촉진자가 지켜보는 앞에서 행동하며, 다른 참여자들을 지켜보며, 비디오나 역할바꾸기 혹은 사물에 의해 재현되는 것을 통해서 자기 자신을 지켜본다. 따라서 관객은 극적 투사의 과정뿐만 아니라 집단의 역동과 시각, 그리고 지지의 창조에서 중요한 역할을 할 수 있다.

(6) 체현: 신체의 극화

일반적으로 체현은 내담자가 주제를 신체적으로 표현하고 '지금-여기'의 틀 안에서 그것과 만나는 방식을 말한다. 연극치료에서 신체의 사용은 내담자의 참여의 강도와 특성을 결정짓는 요소라고 할 수 있다. 이 과정은 특정한 경로를 거쳐 연극치료에 변화를 가져온다.

첫 번째 영역은 내담자가 신체의 잠재력을 개발하는 것과 연관된다. 여기서 신체는 극적 기술의 측면에서 집중적으로 부각된다. 두 번째 영역은 평소와 다른 정체성을 연기하는 과정에서 내담자가 얻는 이점과 치료적 가능성에 주목한다. 여기서 자기는 평소와 다른 신체적 정체성을 취함으로써 변형된다. 이 변형은 통찰, 새로운 관점과 표현을 가져올 수 있으며 그것은 다시 창조된 정체성 바깥의 내담자의 현실에서 변화를 낳을 수 있다. 세 번째 영역은 신체에 영향을 주는 개인적·사회적·정치적 영향력들을 탐험하는 작업과 관련된다. 여기서 연극치료는 몸과 관련된 정서적 외상의 경험이나 신체상과 같은 영역들을 탐험할 기회를 제공한다.

(7) 놀이

유희성은 내담자가 놀이라는 특별한 상태에 들어감으로써 만들어진다. 연극치료 회기는 현실과 유희적인 관계를 갖는 공간이다. 이 관계의 특징은 사건과 결과, 그리고 기존의 생각에 대해 더욱 창조적이고 유연한 태도를 가질 수 있다는 점이다. 이것은 내담자가 자기 자신과 삶의 경험에 대해 유희적이고 실험적인 태도를 취할 수 있도록 해 준다.

놀이는 표현적 연속체, 곧 드라마의 일부로 간주된다. 놀이는 연극치료에서 내담자가 문제를 탐험하거나 표현하는 특정한 언어(사물놀이, 놀잇감, 게임)로 사용된다. 연극치료에서 놀이의 내용은 대개 여러 가지 사물과 상징적인 놀잇감을 갖고 노는 놀이, 모형을 이용하여 작은 세상을 만드는 투사 작업, 거친 몸싸움 놀이, 인물을 맡아 연기하는 역할연기, 게임 등을 포함한다.

놀이는 때로 문제가 있거나 고착이 발생한 어린 시절의 발달 단계로 되돌아가는 통로가 되기도 한다. 그런 경우 연극치료에서 놀이 과정은 내담자가 당시의 경험과 자기 자신을 다시 만나 발달 단계를 다시 제대로 통과할 수 있게 돕는 것을 목적으로 한다.

(8) 삶-드라마 연계

연극치료 작업은 특정한 사건이나 경험을 역할 연기를 하거나 즉흥연기를 하는 경우처럼 때때로 현실을 직접 극적으로 재현하기도 한다. 그리고 또 다른 경우에는 현실의 사건과 간접적인 관계로 극적 작업이 이루어지기도 한다. 이런 예로는 신화적 내용을 재연하거나 추상적이거나 구체적이지 않은 움직임과 노래를 사용하는 행위예술적인 작업을 들 수 있다.

때로 내담자가 삶–드라마의 연관성을 분명하게 의식하기도 한다. 자기 삶에서 특정한 주제를 선택하고 그와 관련된 극적 표현의 창조로 신중하게 진행해 가는 것이다. 그러나 경우에 따라서는 내담자가 그것이 자기 자신이나 현실에 어떤 접점을 갖고 있는지 알지 못한 채 작업에 참여하기도 한다. 또 어떤 내담자는 다른 사람의 드라마에 참여하여 다른 사람의 이야기를 가지고 즉흥연기를 하거나 특정한 역할을 연기하기도 한다. 하지만 그런 경우에도 그들 자신의 삶과 연결된 주제들이 자발적으로 떠오를 수 있다. 연극치료 과정은 내담자가 상황에 반응하는 방식 혹은 주제에 대해 느끼는 방식에 변화를 가져올 수 있다. 그러나 이러한 변화가 회기 안에서 언제나 명확하게 드러나거나 뚜렷하게 의식된다고 할 수는 없다.

(9) 변형

연극치료에서는 현실의 경험이 무대에서 재현되는 사건으로 변형된다. 즉 일상에서 만나는 사람들이 역할이나 극중 인물로 변형된다. 그리고 사물은 뭔가 다른 것의 재현으로 변형되거나 그 구체적인 특질에 다른 의미를 부여함으로써 변형된다. 연극치료에서 일상 현실의 경험과 존재 방식은 경험을 다루고 인식하는 극적인 방식과 접촉하게 된다. 그에 따라 현실의 경험은 그 다른 극적 현실에 의해 변형될 수 있다.

5) 연극치료의 대상과 범주

연극치료는 어디에서 누구를 대상으로 하는가에 따라 그 적용 방법이 다양해진다. 1980년대 중반에 보고된 내용에 의하면 연극치료가 매우 효과적인 그룹은 소외되거나 문제아로 학교에서 거부된 아동, 이른바 비행 청소년이라 불리는 행동이 불안정하고 난폭한 청소년, 기관에 오랫동안 격리되어 생활해 온 그룹, 노인 계층, 결손 가정, 중증이 아닌 정신병, 정신지체, 발달장애 등인 반면, 극단적인 과잉행동장애, 정신병, 정신병적 성격, 조울증에는 적합하지 않다고 나타나 있다. 그러나 이후 연극치료사로 훈련받은 이들이 다양한 전문 분야(심리치료, 특수학교 교사, 의사, 심리학자, 연극교육자 등)에서 연극치료사로 추가 훈련을 받는 경우가 많고, 이들이 자신의 전문 분야와 접목해 연극치료의 전문 분야가 점차 세분화 경향을 띠고 있다. 이 세분화된 분야에 대해 오랜 연구를 거친 임상결과를 발표하는 연극치료사들의 숫자가 늘어나면서 연극치료의 대상은 점차 확대되고 있다.

최근 연극치료사들이 자신의 전문 분야별로 집단화하면서 확인된 내역 중 위에 열거되지 않은 대상 또는 전문 분야를 보면 다음과 같다. 성인 성폭력, 발달장애, 중증/다중 장애와 시각장애, 자폐증, 분석심리학적 연극치료, 약물/알코올 중독, 만성질환 환자, 사별 또는 이별 후유증, 인격 장애, 아동 성폭력, 교사, AIDS 환자, 법 정신의학, 외상후 스트레스 장애, 분노 조절, 성 정체성, 경계성 성격장애, 아동 보호/아동 치료사, 자신감 훈련, 치매, 섭식 장애, 이혼가정의 자녀들. 이 집단화에 참가하지 않은 치료사들이 있는 것으로 미루어 이들의 활동 영역은 더 광범위할 것으로 추정된다 (한명희, 2005).

국내의 연극치료는 발달장애(김수정, 2003), 교육 장면(송연옥, 박희석, 2006), 비행청소년(김종필, 박희석, 2007; 주성희, 2006), 고립아동(2007), 저소득층 아동(김선이, 2005; 염정숙, 2011; 이연진, 2005), 성매매 피해여성(나해록, 2004; 김숙진, 2008), 독신 미혼여성(장진부, 2004), 시설종사자(이하주, 2005), 교통사고 장애인(김수경, 2005), 인터넷 중독 청소년(이경숙, 2004) 외에도 교도소 재소자를 대상으로 연극치료와 심리극을 통합하여 적용한 박희석(2007)의 연구 등 광범위하게 실시되고 있다. 최근에는 사회적으로 주목받고 있는 결혼 이주여성이나 다문화가정(송세헌, 2009), 그리고 소외받고 있는 장애가족(이미은, 2009) 등 다양한 대상으로 확대되고 있다.

참고문헌

강영아(1997). 연극치료(Dramatherapy)의 이론과 실제에 관한 연구. 경성대학교 대학원 석사학위 청구논문.

김선이(2005). 연극치료가 저소득가정의 사회성과 자기표현에 미치는 효과. 원광대학교 동서보완의학대학원 석사학위 청구논문.

김수경(2005). 연극치료가 교통사고장애인의 자존감, 스트레스 및 대처능력에 미치는 효과. 원광대학교 동서보완의학대학원 석사학위 청구논문.

김수정(2003). 연극치료가 발달장애아동의 사회성에 미치는 효과. 원광대학교 보건환경대학원 석사학위 청구논문.

김숙진(2008). 연극치료가 성매매피해여성의 자아존중감과 자아탄력성, 정서적 안정감에 미치는 효과 및 회기과정 분석. 원광대학교 동서보완의학대학원 석사학위 청구논문.

김종필, 박희석(2007). 연극치료가 비행청소년의 자기 개념, 희망감 및 충동성에 미치는 영향과 그 치료요인 분석. 한국심리극연극치료학회지, 2(1), 37-53.

나해록(2005). 성매매피해여성에 대한 연극치료 사례연구. 원광대학교 동서보완의학대학원 석사학위 청구논문.

박희석(2007). 교정시설 재소자의 심리극 프로그램 경험에 대한 현상학적 분석. 상담학연구, 8(1), 27-45.

송세헌(2009). 연극치료가 다문화가정 아동의 사회적지지, 자기표현 및 자아존중감에 미치는 효과. 원광대학교 동서보완의학대학원 석사학위 청구논문.

송연옥, 박희석(2006). 연극치료가 대안학교 중학생의 사회측정지위에 미치는 효과. 한국심리극연극치료학회지, 1(1), 53-74.

안태용(2007). 연극치료 프로그램이 고립아동의 사회성에 미치는 효과. 부산대학교 교육대학원 석사학위 청구논문.

윤석경(2003). 점토를 이용한 연극치료 사례연구. 원광대학교 보건환경대학원 석사학위 청구논문.

염정숙(2011). 연극치료가 저소득층 아동의 정서적 안정성, 자아존중감 및 대인관계에 미치는 효과. 한국심리극연극치료학회지, 4(1), 87-112.

이경숙(2005). 연극치료가 인터넷 중독 청소년의 자기통제력 및 사회성에 미치는 효과. 원광대학교 동서보완의학대학원 석사학위 청구논문.

이미은(2009). 연극치료가 장애아동을 둔 비장애형제자매의 스트레스, 우울감 및 자아존중감에 미치는 효과. 원광대학교 동서보완의학대학원 석사학위 청구논문.

이상일(1999). 페터 바이스의 "마리와 사드"의 세계. 서울: 성균관대학교출판부.

이연진(2005). 연극치료가 저소득층 아동의 내적 통제성 및 공격성에 미치는 효과. 원광대학교 동서보완의학대학원 석사학위 청구논문.

이하주(2007). 연극치료가 가출청소년쉼터 종사자의 직무스트레스와 대처방식에 미치는 효과. 한국심리극연극치료학회지, 2(1), 17-36.

이효원(1998). A. 보알의 "욕망의 무지개"와 그를 활용한 치료 효과 분석. 동국대학교 대학원 석사학위 청구논문.

장진부(2004). 독신미혼여성에 대한 연극치료의 효과. 원광대학교 동서보완의학대학원 석사학위 청구논문.

주성희(2006). 연극치료가 비행청소년의 자기 개념에 미치는 효과. 한국심리극연극치료학회지, 1(1), 75-90.

한명희 역(2002). 연극치료. 서울: 학지사.

한명희(2005). 연극치료의 현황과 비전. 문학선 하반기 호.

Blatner, A. (1973). *Acting In*. N.Y.: Springer.

British Association for Dramatherapists. (1979). *Statement of goals. Dramatherapy, 2*, 19.

Brook, P. (1988). *The Shifting Point*. London: Methuen.

Burr, L. A. (1986). *Therapy through Movement*. Nottingham: Nottingham Rehabilitation Press.

Johnson, D. (1980). Effects of a theatre experience on hospitalized psychiatric patients. *The Arts in Psychotherapy, 7*, 265-272.

Jones, P. (1996). *Drama as Therapy: Theatre as Living*. UK: Routledge. (이효원 역. 드라마와 치료. 서울: 울력. 2005).

Landy, R. (1993). *Persona and Performance: The Meaning of Role in Drama, Therapy and Everyday Life*. N.Y: Jessica Kingsley.

Landy, R. (1994). *Drama Therapy: Concepts, Theories and Practices*. IL: Charles C Thomas. (이효원 역. 연극치료. 서울: 울력. 2002).

Knill, P. J. (1983). Kunstlerischer Ausdruk in der Psychotherapie. In Decker-Voigt(Ed.), *Handbuch Musiktherapie*.

제12장

연극치료 프로그램의 실제

개요

연극치료의 실제는 매우 광범위하다. 연극치료 기법은 감각 놀이에서부터 다양한 극적 활동에 이르기까지 매우 다양하며, 대상에 따라 기법의 적용이 가능하다. 이 장에서는 광범위한 연극치료의 영역 중에서 세상 기법, 역할 프로파일, 6PSM, 스토리텔링, 인형극 감각 놀이 훈련 등 매우 제한적인 기법만 다루고 있다. 따라서 이 장을 통해 연극치료를 다양하게 적용할 수 있는 적용 능력을 기르고자 한다.

학습 목표

연극치료의 사례를 통해 거리두기의 실제를 경험하고, 몇 가지 기법을 통해 연극치료의 실제를 이해하고자 한다.

1. 지적장애 성폭력 피해자 사례 1

(1) 목표

은유적으로 표현된 이야기를 통해 성폭력 피해자로서 억제된 분노를 분출할 기회를 제공하며, 적극적으로 상황을 통제할 수 있는 자기 통제감을 갖도록 하였다.

(2) 대상: 지적장애 성폭력 피해아동 및 청소년 9명(경도 5, 중도 4)

(3) 준비물: 다양한 악기, 천

(4) 웜업: 음악적 연극놀이

- 악기: 선더 튜브(폭풍), 딱따구리(새), 코끼리 코(새 소리), 차임 벨(바람), 개구리 악기(개구리), 레인스틱(비), 다양한 천(꽃들), 탬버린(해)
- 지시: 집단원들에게 위에서 상징하는 악기를 나누어 준다. 그런 다음 치료사가 다음과 같은 이야기를 하면, 집단원들은 악기로 상징하는 소리를 내거나 움직이는 역할을 통해 행복한 숲을 연기하게 하였다.

"평화로운 숲속입니다. 새는 노래 부르고 바람은 시원하게 불어옵니다. 가끔 개구리가 울기도 하고, 예쁜 꽃들이 활짝 피어납니다. 비가 부슬부슬 내리는데 어느 날 개구리가 신나게 웁니다. 가끔 폭풍이 밀려오지만 새들은 여전히 지저귑니다. 해가 쨍쨍 내리 쬐던 날 갑자기 구름이 몰려오더니 비가 옵니다. 그리고 바람이 불더니 폭풍이 몰려오기 시작합니다. 바람이 불고 비가 오고 폭풍이 불더니 잠시 후에 사라집니다. 다시 맑은 날 해가 보이고 새가 노래를 부릅니다. 개구리도 울고 꽃들도 활짝 핀 행복한 숲입니다…."

(5) 실연

① 집단원들에게 숲을 만들도록 하였다. 이들에게 다시 새, 꽃, 개구리, 호수, 나무들의 역할이 되게 하였고, 다양한 천을 이용하여 자신을 표현하게 하였다. 이때 두 명에게는 검은 천을 들게 하고 폭풍으로서 평화로운 숲을 파괴하는 역할을 하도록 하였다.

② 치료사는 선더 튜브를 들고 숲 이야기를 들려주는 스토리텔러의 역할을 하였다. 이야기의 초반부에는 평화로운 숲, 중반부에는 천둥 소리가 나면서 검은 폭풍이 몰려와 평화로운 숲을 파괴하는 장면으로, 후반부에는 숲의 생명들이 폭풍에 맞서 싸우면서 숲에서 폭풍을 몰아내는 식으로 진행한다. 그리고 다시 평화로운 숲을 되찾은 숲의 생명들은 평화의 숲에서 함께 노래를 부르며 또다시 폭풍이 오더라도 맞서 싸울 것을 다짐하는 식으로 이야기를 마쳤다. 치료사가 들려준 이야기는 다음과 같았다.

"평화로운 숲입니다. 화창한 봄날에 새들도 개구리도 노래하고, 꽃들은 활짝 웃고, 울창한 나무들은 마음껏 멋을 내고 있고 잔잔한 호수는 낮잠을 자는 행복한 숲입니다. 가끔 불어오는 바람에 꽃과 나무가 살랑살랑 춤을 추고, 새들은 더욱도 예쁘게 노래를 부릅니다. 그런데 갑자기 천둥 소리와 함께 검은 먹구름이 몰려오면서 폭풍이 다가오기 시작합니다…. 검은 폭풍은 꽃과 나무들을 쓰러뜨리고, 개구리와 새들은 무서워 도망을 다닙니다. 호수도 두려워 넘실거리고 … 숲은 온통 혼란으로 가득 차 있습니다. 숲의 식구들은 모두 두려움에 떨며 검은 폭풍에 처참하게 고통을 당하고 있습니다…. 그래도 나무와 꽃, 새들과 개구리, 호수 모두 이대로 포기하지 않기로 마음먹고 힘을 내 봅니다. 모두 힘을 합쳐 폭풍에 맞서 싸우기로 다짐을 합니다…. 드디어 숲의 친구들은 온 힘을 다해 한 마음이 되어 검은 폭풍에 맞서 싸웁니다…. '영차! 영차! 너희가 평화로운 우리 숲을 헤치게 더는 놔두지 않을 거야! 저리 꺼져! 저리 꺼지라고!' 모두 큰 소리로 검은 폭풍을 몰아냅니다. 결국, 검은 폭풍은 숲에서 사라지고 다시 평화로운 숲으로 돌아옵니다. 숲속 친구들 모두가 해낸 것입니다. 모두 만세를 부르며 힘차게 숲의 노래를 부릅니다…. '우리는 결코 포기하지 않을 거야! 우리는 할 수 있어! 평화로운 숲을 언제까지나 지킬 거야! 모두 힘을 내자! 화이팅!' "

③ 이 이야기를 들려주면 집단원들은 숲이 되어 함께 역할 연기를 하였다. 치료사는 검은 폭풍이 몰려올 때 '선더 튜브' 악기를 들려주는 등 음향 효과를 통해 숲의 긴장감을 더해 주었다.

(6) 나누기

① 전 집단원에게 차례로 각 역할에서의 느낌을 표현하게 하였다.

② 이 극적 행위가 이들의 성폭력과 관련된 주제임을 이해하게 하고, 앞으로 어떻게 대처할 것인지를 알게 하였다.

2. 일반 성폭력 피해자 사례 2

(1) 목표

스토리텔링을 통해 성폭력 관련 이야기를 만들어 이들이 겪고 있는 내재된 분노를 자연스럽게 표현할 기회를 제공하고자 하였다. 이들이 만든 이야기는 성폭력 피해자들의 현실적인 상황을 은유적으로 표현하고 있었다. 여기서 은유는 어떤 특성을 공유하는 서로 다른 두 대상이나 주체를 한데 엮는 것을 말한다. 이 이야기에는 가해자, 피해자, 구원자가 있다. 성폭력을 경험한 이들에게 뱀(이무기)은 가해자를 상징하고, 뱀에게 잡혀 먹은 피해자는 자신을 상징하고 있다. 또한 이들에게 스스로를 구원하는 구원자 역할을 하도록 함으로써 그들 스스로 문제를 통제하는 능력을 갖도록 하였다.

이처럼 치료에서 은유는 막힌 상황의 돌파구가 되어 준다. 내담자가 어떤 상황이나 문제를 생각하다가 막혔을 때는 흔히 은유의 도움을 빌린다. 직설적으로 말하기 어려운 것이 있다면 은유를 통해 이야기할 수 있다. 은유는 말하고자 하는 본래 대상과 일정한 거리를 두며, 그 거리 덕분에 내담자는 직접적으로 할 수 없던 뭔가를 드러내 말할 수 있게 된다. 연극치료에서도 극적 은유는 유사한 기능을 한다. 은유는 치료에 새로운 인식을 가져다주며, 평상시에 접근하기 어려운 내용에 다가갈 수 있는 통로를 열어 준다. 이 사례에서 성폭력과 관련된 장면을 직접적으로 처리하면 집단의 저항이 일어날 가능성이 크다. 이럴 때 이야기의 은유를 통해 거리두기를 함으로써 간접적으로 문제에 직면하도록 돕는 것이 효과적이다.

(2) 대상: 성폭력 피해아동 및 청소년 9명, 스태프 3명

(3) 준비물: 천

(4) 웜업

① 신체놀이 및 다양한 연극놀이를 실시하였다.

② 전 집단원이 원으로 둘러 앉아 돌아가면서 한 문장씩 이야기를 만들었다.

"옛날 옛날에 착한 선희가 길을 걷고 있었습니다. 길을 가는데 갑자기 뱀이 나타나 선희의 어깨 위로 기어올라갔습니다. 그런데 갑자기 뱀이 선희에게 뽀뽀를 했습니다. 깜짝 놀란 선희는 뱀을 밀쳐 냈습니다. 그러나 뱀은 다시 다리로 칭칭 감고 올라왔습니다. 선희는 뱀을 보면서 무슨 사연이 있을까 하고 생각하였습니다. 그리고 뱀의 머리를 잡고 눈을 바라보았습니다. 그랬더니 뱀이 '난 정말 외로워. 나랑 놀아 줘!'라고 하였습니다. 그러자 선희는 뱀을 집으로 데려와 집을 만들어 주고 같이 살았습니다."

③ 이 이야기를 치료사와 집단원들이 함께 재구성하였다.

"어느 날 마을에서 아이들과 행복하게 놀던 선희는 외딴 집에 잠시 다녀오기 위해 길을 걷고 있었습니다. 그런데 집에 가는 선희에게 뱀이 몰래 어깨 위로 기어 올라왔습니다. 깜짝 놀란 선희는 무서워 집에 가지 못하고 친구들이 있던 마을로 도망치기 시작하였습니다. 선희는 친구들이 있는 곳으로 달려가고 있었는데, 괴상한 뱀은 선희를 쫓아 가면서 점점 몸이 커지고 마침내 큰 이무기가 되었습니다. 이 이무기는 선희의 친구들이 있는 마을까지 다가왔습니다. 이무기는 아무것도 모르고 놀던

선희의 친구 숙희를 한 입에 꿀꺽 삼켰습니다. 이것을 지켜본 친구들은 모두 무서워 도망갔습니다. 배가 부른 이무기는 아이들을 잡으러 쫓아가지 않았습니다. 친구들은 잡혀 간 숙희를 구출하기 위해 다시 한데 모여 작전을 짰습니다. 그런 다음 함께 친구를 구출하기 위해 온 힘을 다하여 이무기에게 저항하였지만 허사였습니다. 결국 또 다른 친구 영희가 잡히게 되었습니다. 어찌할 줄 몰라 하던 친구들은 모두 포기하는 듯하였습니다. 그렇지만 아이들은 선희와 함께 다시 한 번 이무기에게 잡혀 있는 친구들을 구출하기로 하였습니다.

마침 배가 부른 이무기는 잠시 눈을 감고 졸고 있었습니다. 아이들은 친구들을 구출하기 위하여 머리를 맞대고 좋은 방법을 찾았습니다. 그들은 졸고 있는 이무기의 꼬리를 붙잡아 그 꼬리로 뱀의 몸을 칭칭 감아 꼼짝 못하게 만들기로 하였습니다. 아이들은 무서웠습니다. 그렇지만 아이들은 용기를 내 드디어 이무기의 꼬리를 붙잡고 이무기의 몸을 칭칭 감기 시작하였습니다. 졸다가 이를 눈치챈 이무기는 강하게 저항하였습니다. 아이들과 이무기는 함께 싸웠습니다. 아이들은 이무기의 힘에 눌려 잡아 먹힐 뻔하였지만 포기하지 않았습니다. 소리를 지르면서 더욱 힘을 냈습니다. 드디어 이무기의 몸은 꼼짝도 할 수 없게 되었고, 아이들은 이무기의 배를 갈라 아직 살아 있는 친구들을 구출하게 되었습니다. 쓰러져 꼼짝 못 하는 이무기를 아이들은 마침내 죽였습니다. 죽은 이무기를 밟으며 아이들은 승리의 노래를 부르기 시작하였습니다. 모두 승리의 노래를 부르며 '우리는 할 수 있다!'라고 모두 힘차게 외쳤습니다."

(5) 실연
① 재구성된 이야기를 토대로 몇 개의 장면을 설정하였다.
② 집단원 중에서 배우를 선정하여 역할을 배정하고 이를 극적으로 표현하였다.

(6) 마무리
① 각 역할에서의 느낌과 역할을 벗고 난 후의 소감을 나누었다.
② 이 극을 통해 무엇을 느끼고 배웠는지 나누었다.

3. 세상 기법

(1) 목표

이 기법은 로웬펠드(Lowenfeld)가 개발한 것으로, 특정한 상징적 의미를 갖는 조그만 모형들과 인형을 가지고 모래상자에 세상을 만든다. 이 기법에서 내담자는 치료사 앞에서 모형을 가지고 자유롭게 놀면서 개인적이고 사회적인 역할을 투사하고 드라마를 실연한다. 모래상자가 없을 경우에는 도화지나 천 위에 모형들로 표현하도록 하는 것도 가능하다. 아동이 세상을 만들면서 모형을 가지고 놀 때 치료사는 그 과정을 적거나 그림을 그리거나 사진을 찍어 기록으로 남길 수 있다. 로웬펠드는 만들고 기록하는 행위 자체가 아동에게 통제감을 주어 증상을 감소시킨다는 측면에서 치료적으로 보았다.

(2) 대상: 아동/청소년, 집단/개인

(3) 준비물: 다양한 모형, 색도화지

그림 12-1 세상 기법 A

그림 12-2 세상 기법 B

(4) 과정

위 그림에서 나타나듯이, 세상 기법 A와 B는 모두 가족과의 관계를 표현하였는데, A는 한 가족(물개)이 여러 가족과의 갈등을 나타낸 반면, B는 가족 전체가 상호작용하고 있는 모습이다.

① 내담자에게 색도화지 위에 자신의 세상을 자유롭게 표현하도록 한다.

② 집단으로 작업할 경우에는 각 집단원에게 자신이 표현한 세상에 대해 소개하도록 한다.

③ 표현된 내용이 자신의 삶과 어떤 관계가 있는지 파악한다.

④ 표현된 세상에 대해 제3자의 관점에서 이야기를 만들도록 한다.

⑤ 이렇게 해서 표현된 각자의 이야기를 가지고 집단원들이 배우가 되어 실연을 한다.

(5) 마무리

① 이 기법을 통해 알게 된 각자의 현재 삶에 대해 소감을 나눈다.

② 이 기법을 통해 만들어진 새로운 이야기를 실연하고 전체 소감을 나눈다.

그림 12-3 인형을 활용한 가족관계

4. 역할 프로파일

(1) 목표

① 역할 프로파일은 내담자를 이해할 수 있는 정보를 제공해 준다. 역할을 분류하는 과정과 이야기를 만드는 과정을 통해 내담자의 욕구, 갈등, 기대, 소망 등을 이해할 수 있다.

② 내담자에게 역할의 균형을 유도할 수 있다. 여기서 역할 프로파일이 고루 나누어져 있어야 균형이 있는 것은 아니다. 역할 프로파일의 분류는 현재를 반영하기 때문에 여러 번 시도해 보는 것이 필요하다.

(2) 준비물: 다양한 역할 프로파일이 기록된 용지, 분류 용지

(3) 대상: 청소년/성인, 개인/집단

(4) 과정

① 다음의 71가지 역할들을 보고 지금 느끼는 감정대로 카드를 다음 분류표의 네 칸 중 하나에 분류해 본다. 가능하면 빨리 카드를 네 집단으로 나눈다. 카드는 다음의 표와 같다.

역할 프로파일		
무사	남편	목격자
광대	노인	형제
화난 사람	어린이	믿음이 있는 사람
이성애자	노숙자	영웅
성 구분이 없는 사람	신	반항자
불량배	자살자	자매
생존자	아버지	고집쟁이
딸	미인	길 잃은 사람
죄인	이기주의자	희생자
부자	판사	어머니
걱정하는 사람	경찰	괴물
긍정적인 사람	보복자	때 묻지 않은 사람
애인	평범한 사람	현명한 사람(현자)

노예	정신적 치료사	마술사
악마	비평가	동성애자
고아	양성애자	살인자
염세주의자	치유자(힐러)	아들
겁쟁이	예술가	몽상가
보수주의자	가난한 사람	논리적인 사람
아내	청년	도우미
성인	성자	악당
병자	낙천주의자	얼간이
노예	왕따	좀비
수전노	무신론자	

카드가 없을 때는 역할 프로파일을 복사해 주고, 다음 분류표에 적도록 한다.

역할 프로파일 분류표

나는 이것이다	나는 이것이 아니다	나는 이것인지 확실하지 않다	나는 이것을 원한다

② 집단원이 다 분류하고 나면 첫 번째 칸에 있는 카드부터 읽어 가도록 한다. 그 다음 두 번째, 세 번째, 네 번째 칸 순서로 읽는다. 여기서 치료사는 집단원에게 분류한 것을 보고 무엇을 알게 되었는지 묻는다.

③ 각 칸에 있는 역할들에서 가장 중요하다고 생각하는 하나의 역할을 골라 동그라미를 친다.

④ 동그라미를 친 네 가지 역할(인물)을 포함해서 짧은 이야기를 만들도록 한다. 이야기를 만든 다음, '이 이야기가 당신의 삶과 연관이 있는가?' '어떻게 이야기를 만들었는가?' '이야기에서 누가 주인공인가?' '이 이야기를 통해 어떤 점을 발견할 수 있는가?'라고 묻는다.

⑤ 집단원들이 만든 이야기 중에서 하나를 선정하여 연극적 작업을 한다. 이때 역할들을 극적으로 표현하게 하는 것은 역할을 이해하는 데 큰 도움이 될 수 있다.

(5) 마무리

① 개인적으로 역할 프로파일을 분류하고 이야기를 만들면서 무엇을 발견하였는지 서로 소감을 나눈다.

② 만든 이야기를 극적으로 작업하면서 배우로서, 관객으로서 소감을 함께 나눈다.

5. 라하드의 6조각 이야기 만들기

(1) 목표

이것은 원래 영웅 신화와 같은 맥락에서 이야기를 만들게 하는 것으로, 이야기를 만드는 사람이 스트레스에 어떻게 대처하는지를 이해할 수 있도록 라하드(M. Lahad)가 개발하였다. 라하드는 스트레스 대처 방법을 BASICPh로 구분하였는데, 이는 신념(Belief), 정서(Affect), 사회(Social), 상상(Imagination), 인지(Cognitive), 신체(Physical)로 표현된다. 6개 조각의 그림을 그리고 이것을 토대로 이야기를 만들었을 때 이야기의 내용에서 BASICPh를 구분하는 것이다. 이는 또한 각 개인의 연극치료 이야기 소재로 사용할 수 있다.

(2) 대상: 아동/청소년/성인, 개인/집단

(3) 준비물: A4용지나 도화지, 크레파스, 필기구

(4) 과정

① 먼저 A4용지(도화지)를 6등분하도록 한다.

② 그다음 각 칸에 다음과 같은 내용을 나타내는 그림을 그리게 한다.

첫 번째 칸 – 주인공과 그 주인공이 사는 곳을 그린다. 이 주인공은 어떤 이야기의 영웅, 상상 속의 인물, 영화나 연극에 나오는 인물, 그냥 만든 인물일 수 있다.

두 번째 칸 – 이 주인공의 목표나 꿈(임무)을 그린다.

세 번째 칸 – 이 목표나 꿈을 달성하도록 도와주는 것을 그린다. 누가, 무엇이 도울 수 있을지 생각해 보라.

네 번째 칸 – 목표나 꿈을 달성하기 위해 가는 과정에서 발생하는 고난이나 역경을 그린다.

다섯 번째 칸 – 이 고난과 역경을 헤쳐 가는 방법을 그린다.

여섯 번째 칸 – 이 고난과 역경을 헤쳐 간 후의 결과나 이후의 이야기를 그린다.

---

③ 그림을 그리고 나면 그림을 소재로 하여 다른 A4용지에 이야기를 만든다.

④ 개별적으로 이야기를 완성하면 이 이야기가 자신의 삶과 어떤 관계가 있는지 그 관계성을 찾도록 한다.

⑤ 만일 집단별로 작업한다면, 집단별로 가장 공감되는 이야기를 하나 선정하여 집단원들이 함께 극화시켜 발표할 수 있다. 또는 전 집단을 대상으로 할 경우 그 중 한 편을 선정하여 연극치료 작업의 텍스트로 사용할 수 있다.

⑥ 배우를 선정하여 실연을 한다. 이때 이야기의 주제에 따라 소품을 다양하게 활용할 수 있다.

그림 12-4 라하드의 6PSM 그림 1

토미의 용기

　옛날 옛적에 의기소침한 토미라는 고양이가 살았다. 그는 게으르고 항상 패배자라고 생각하며 살아왔다. 그러나 베티라는 예쁜 고양이를 만나면서 그는 사랑에 빠졌다. 그리고 베티는 씩씩하고 용감한 고양이를 좋아한다는 것을 알게 되었다. 토미는 그때부터 도저히 넘을 수 없는 높은 가시 벽을 뛰어 넘기로 결심하였다. 그 벽은 베티가 준비했으며 그 높은 벽을 뛰어 넘는 고양이와 친구를 하겠다고 공언해 왔기 때문이다. 토미는 결심하였으나 도저히 불가능해 보였다. 도움닫기도 해 보고, 사다리도 이용하였지만 결국 실패하고 말았다. 토미는 계속해서 실패만 할 뿐 도저히 그 가시 벽을 넘어가기는 불가능해 보였다. 넘다가 가시에 찔린 경우가 여러 번 되풀이되었고, 온 몸은 상처투성이가 되었다. 체력도 점점 바닥이 났다. 하지만 토미는 포기하지 않았다. 계속해서 도전하고 또 도전했다. 그렇게 여러 날이 흘렀다. 처음에는 높아만 보이던 가시 벽이 그리 높아 보이지 않았다. 토미는 도움닫기만으로는 불가능하다는 사실을 깨닫고 상자 몇 개와 도움닫기를 이용해서 결국 벽을 넘을 수 있었다. 토미는 "해냈어!"라고 자신에게 힘껏 외치며 기뻐하였다.

그림 12-5 라하드의 6PSM 그림 2

> ### 피라미의 눈물
>
> 졸졸 흐르는 계곡물 속에 피라미 한 마리가 헤엄치고 있었다. 피라미는 조금 더 먼 곳으로 가고 싶어서 바다로 갔다. 바다로 간 피라미는 고깃배에 잡혀서 죽게 되었다. 피라미는 죽어가면서 눈물을 흘렸는데 눈물은 피라미의 곁을 지켜 주었다. 피라미가 사라지고 혼자 남은 눈물은 몸이 이상해지는 것을 느꼈다. 눈물은 수증기가 되어 하늘로 올라갔고, 수많은 물 친구와 함께 땅 아래로 떨어졌다. 눈물은 자신이 버림받았다는 생각에 펑펑 울었다. 나뭇잎이 "넌 왜 울고 있니?"라고 묻자, 눈물은 "내가 쓸모없나 봐, 난 버림받아서 땅으로 떨어졌어…."라고 대답했다. 그때 밤나무에 달려 있는 밤이 말했다. "네가 비가 되어서 내가 이렇게 태어날 수 있었어. 정말 고마워." 그러자 나무 밑에 있는 버섯이 말했다. "나도 그래, 정말 고마워." 눈물은 이제야 자신이 누구인지 알 것 같았다.

(5) 마무리

① 각자 자신의 이야기를 통해 무엇을 발견했는지 소감을 나누도록 한다.

② 실연을 경험하고 난 이후 배우로서, 작가로서, 관객으로서 소감을 나누도록 한다.

(6) 변형

앞에서 만들어진 6개의 조각을 각자 분리하여 다른 집단원들이 만든 그림 조각들과 섞어 새로운 자극 도형으로 활용하여 이야기를 만들 수 있다. 이 이야기는 집단과 함께 돌아가며 만들 수 있는데, 이렇게 만들어진 이야기를 연극치료 작업의 텍스트로 선정하는 것도 괜찮다.

6. 랜디의 6조각 이야기 만들기

(1) 목표

이것은 랜디(R. Landy)가 개발한 것으로, 역할을 추진하는 역할, 방해하는 역할, 조정하는 역할로 구분하여 이야기를 만들어 이 역할들이 어떤 관계를 맺고 있는지 다양한 역할을 탐구하고 확장하도록 돕는다. 즉, 랜디는 내담자들이 하나의 역할에 고정되어 있지 않고 다양한 역할로 이동할 수 있도록 그들의 역할 레퍼토리를 증가시키고자 하였다.

(2) 대상: 아동/청소년/성인, 개인/집단

(3) 준비물: A4용지나 도화지, 크레파스, 필기구

(4) 과정

① 먼저 A4용지(도화지)를 6등분한다.

② 2인 1조가 되게 한다.

③ 그다음 각 칸에 다음과 같은 내용을 나타내는 그림을 그리게 한다.

첫 번째 칸 – 나아가고 추진하는 역할(인물)의 이미지를 그린다.
두 번째 칸 – 이 추진을 방해하는 역할(인물)의 이미지를 그린다.
세 번째 칸 – 이에 대해 안내하고 조정하는 역할(인물)의 이미지를 그린다.
네 번째 칸 – 앞의 역할들이 서로 갈등하는 과정을 그린다.
다섯 번째 칸 – 거짓 결말의 모습을 그린다.
여섯 번째 칸 – 진정한 결말의 모습을 그린다.

④ 그림을 다 그렸으면, 2인이 각자 자신의 그림을 보고 이야기를 만들고, 상대방
   은 그 이야기를 A4용지에 기록한다.

⑤ 기록한 짝이 상대의 이야기를 읽어 주면 상대는 수정할 곳이 있으면 수정한다.
   이렇게 상대방도 같은 작업을 하게 한다.

⑥ 이렇게 2인씩 짝이 되어 개별적으로 이야기를 완성하면 이 이야기가 자신의 삶
   과 어떤 관계가 있는지 그 관계성을 찾도록 한다.

⑦ 이야기 만들기가 다 끝나면, 각자 자신이 쓴 이야기를 통해 자신의 삶에 대해
   생각할 시간을 준다.

⑧ 집단원들의 이야기 중에서 가장 공감되는 이야기를 선정해서 연극치료 작업을
   진행할 수 있다.

(5) 마무리

① 연극 실연이 다 끝났으면 역할을 벗게 하고, 각 역할 속에서 어떤 것을 배웠는
   지 다양한 소감을 나누게 한다.

② 만일 개인 작업이었다면 이야기치료나 문학치료 형식으로 진행하고 마무리하게
   한다.

7. 집단 스토리텔링

(1) 목표

스토리텔링은 사건에 대한 진술이 지배적인 담화 양식으로, 사건 진술의 내용을
이야기(story)라 하고 사건 진술의 형식을 담화라 할 때, 스토리텔링은 이야기, 담화,
그리고 이야기가 담화로 변하는 과정의 세 가지 의미를 포괄하는 개념을 말한다. 이
기법은 집단이 함께 공동으로 이야기를 창조하여 이 이야기를 토대로 연극적 작업을
하는 것이다.

(2) 대상: 아동/청소년/성인, 집단 10명 내외

(3) 과정

① 집단으로 작업하기 위해 둥글게 원을 만들어 앉도록 한다. 이때 집단원의 수가 많을 경우에는 5~6명을 1모둠으로 구성하여 몇 개의 모둠으로 나누어 진행할 수 있다.

② 한 사람이 "옛날 옛날에… "를 시작으로 이야기를 구성해 가면, 다음 사람이 앞 사람이 한 이야기를 반복하면서 이야기를 이어서 즉석에서 완성해 간다.

③ 이렇게 해서 이야기의 전체 줄거리가 만들어지면 치료사는 처음 만든 이야기를 그대로 할 수도 있고, 약간 수정할 수도 있다. 그 적용 예를 보자.

A가 "옛날 옛날에 토끼가 산길을 걷고 있었습니다."

B가 "옛날 옛날에 토끼가 산길을 걷고 있었습니다. 그런데 갑자기 장대비가 내려 강물이 불었습니다."

C가 "옛날 옛날에 토끼가 산길을 걷고 있었습니다. 그런데 갑자기 장대비가 내려 강물이 불었습니다. 토끼의 집은 강 건너에 있는데 집에 갈 수 없게 되자 무서운 느낌이 들었습니다."

D가 "옛날 옛날에 토끼가 산길을 걷고 있었습니다. 그런데 갑자기 장대비가 내려 강물이 불었습니다. 토끼의 집은 강 건너에 있는데 집에 갈 수 없게 되자 무서운 느낌이 들었습니다. 그러면서 엄마가 생각나고, 아빠도 생각나고, 모두 보고 싶어 눈물이 났습니다. 그런데 갑자기……"라고 끝낸다.

E가 "옛날 옛날에 토끼가 산길을 걷고 있었습니다. 그런데 갑자기 장대비가 내려 강물이 불었습니다. 토끼의 집은 강 건너에 있는데 집에 갈 수 없게 되자 무서운 느낌이 들었습니다. 그러면서 엄마가 생각나고, 아빠도 생각나고, 모두 보고 싶어 눈물이 났습니다. 그런데 갑자기… 강 건너 저쪽에서 아빠토끼가 강물에 뛰어들어 헤엄을 치며 토끼를 데리러 이쪽으로 건너오고 있었습니다. 아, 그런데…"

다시 A가 "옛날 옛날에 토끼가 산길을 걷고 있었습니다. 그런데 갑자기 장대비가 내려 강물이 불었습니다. 토끼의 집은 강 건너에 있는데 집에 갈 수 없게 되자 무서운 느낌이 들었습니다. 그러면서 엄마가 생각나고, 아빠도 생각나고, 모두 보고 싶어 눈물이 났습니다. 그런데 갑자기… 강 건너 저쪽에서 아빠토끼가 강물에 뛰어들어 헤엄을 치며 토끼를 데리러 이쪽으로 건너오고 있었습니다. 아 그런데… 강물이 너무 세 아빠토끼가 떠내려 가기 시작하였습니다. 강가에 있던 많은 동물, 오소리, 다람쥐, 여우, 사슴, 곰이 몰려와 그 광경을 보면서 안타까워했습니다."

B가 "옛날 옛날에 토끼가 산길을 걷고 있었습니다. 그런데 갑자기 장대비가 내려 강물이 불었습니다. 토끼의 집은 강 건너에 있는데 집에 갈 수 없게 되자 무서운 느낌이 들었습니다. 그러면서 엄마가 생각나고, 아빠도 생각나고, 모두 보고 싶어 눈물이 났습니다. 그런데 갑자기… 강 건너 저쪽에서 아빠토끼가 강물에 뛰어들어 헤엄을 치며 토끼를 데리러 이쪽으로 건너오고 있었습니다. 아, 그런데… 강물이 너무 세 아빠토끼가 떠내려 가기 시작하였습니다. 강가에 있던 많은 동물, 오소리, 다람쥐, 여우, 사슴, 곰이 몰려와 그 광경을 보면서 안타까워했습니다. 놀란 토끼는 아빠가 떠내려 가는 쪽을 계속 쫓아갔습니다. 그런데 따라 오던 곰이 강물에 큰 나무를 던져 주었습니다. 아빠토끼는 간신히 나뭇가지를 붙잡고 마침내 나무에 올라 목숨을 건질 수 있었습니다. 드디어 나뭇가지가 바위틈에 걸쳐져서 떠내려 가지 않자 아빠토끼는 바위를 힘겹게 넘어 건너편에 있던 아기 토끼를 만날 수 있었습니다."

이런 식으로 어느 정도 이야기가 완성되면 마무리한다. 이때 앞 사람의 이야기를 기억하지 못할 경우 앞에서 이야기한 사람이 행동으로 이야기의 내용을 알려 줄 수 있다.

④ 이렇게 이야기가 완성되었으면, 이야기에 나오는 인물(배역)을 정하고 장면을 만든다.

⑤ 장면이 만들어지고 배역이 정해지면, 창작된 이야기를 그대로 극화한다.

⑥ 이야기가 극화된 이후 각각의 배역에서 어떤 느낌이 들었는지, 그리고 이 이야기를 통해 무엇을 느꼈고 배웠는지 교훈을 찾도록 하고 끝낸다.

⑦ 이야기를 새롭게 각색하고 싶다면 새롭게 각색한 내용을 다시 극화할 수 있다.

(4) 마무리

① 이야기를 창조하는 과정에서 어떤 느낌을 기대하였는지 서로 나누도록 한다.

② 창조된 이야기를 극화시켰을 때 각 역할에서의 느낌, 그리고 전체적인 이야기의 교훈을 함께 나누도록 한다.

8. 난화 스토리텔링

(1) 목표

이 스토리텔링은 개인별로 난화를 이용하여 난화에 등장하는 각종 상징물이나 인물을 토대로 이야기를 구성하도록 함으로써 이야기를 통해 화자의 내면이 투사되도록 유도할 수 있다. 이 이야기는 화자의 내면을 표현하는 은유이며, 이 내용을 극화하였을 때 화자는 거리 두기를 통해 자신의 내면을 통찰하게 될 것이다.

연극치료에서 상징은 무의식의 내용과 만나는 방식이며, 또한 내적 갈등과 외적 표현, 그리고 잠재적 해결책 사이에 교섭이 일어나는 방식이다. 그리고 연극치료에서 은유의 사용이나 창조는 공통된 연관성을 갖고 있는 별개의 두 실체를 한데 묶는 것과 관련이 있다. 이런 극적 은유를 통해 내담자는 문제와 변화된 관계를 맺게 되며, 은유를 통해 극적 형식과 문제를 연관 지음으로써 문제를 바라보고 경험하던 방식을 확장하게 될 것이다.

(2) 대상: 아동/청소년/성인, 개인/집단

(3) 준비물: A4용지, 크레파스, 필기도구

(4) 과정

① 먼저 A4용지에 테두리를 그리고 자유롭게 난화를 그리도록 한다.

② 난화를 그린 다음 난화를 통해 떠오르는 이미지를 찾아 다음의 그림처럼 색을 칠하도록 한다.

③ 색을 칠하고 난 다음 집단원끼리 서로 돌아가면서 자신의 그림을 소개하고 느낌을 나누도록 한다.

④ 그런 다음, 2인씩 짝을 지어 한 사람이 자신의 난화와 관련한 이야기를 창조하여 들려주면 상대방은 다른 종이에 그 이야기를 적는다. 만일 개인으로 한다면 상담자가 적거나 내담자 스스로 적어도 무방하다. 이야기는 3인칭 시점으로 진행한다.

그림 12-6 난화(아기 물고기의 소망)

아기 물고기의 소망

　6월입니다. 조용한 집 안, 창가 옆 빛이 잘 드는 곳에 어항 하나가 놓여 있습니다. 어항에는 엄마 물고기와 다 자라지 않은 아기 물고기가 살고 있습니다. 아기 물고기는 엄마에게 물어봅니다. "엄마, 저기 산 너머에 있는 바다는 어떤 곳일까?" 엄마 물고기는 말합니다. "조용한 어항 속이 참 편한 곳이야. 바다로 나가면 서로 살기 위해 싸우고 다투어야 한단다." 아기 물고기는 생각합니다. 그래도 어항 밖으로 나가고 싶다고…. 창 너머 훨훨 날아다니는 나비가 부러워집니다. 창 너머로 보이는 주인아이는 수박도 먹고 부채질도 하며 한가로운 한때를 보내고 있습니다. 주인아이의 엄마가 아이에게 말합니다. "아이야, 콩나물을 먹어야 쑥쑥 자라고 멋진 어른이 된단다." 아기 물고기는 또 생각합니다. 먹을 수만 있다면 콩나물을 먹고 큰 물고기가 되어 빨리 어항 밖을 나가고 싶다고…. 주인아이가 가지고 있는 풍선에도 소망을 빌어봅니다. 나를 태우고 저 멀리 산 너머로 데려다 달라고 소망하며…. 엄마 물고기는 이런 아기 물고기의 마음을 헤아리고 사랑하며, 색안경 끼고 보지 않기를 말입니다.

　이야기와 신화에는 내담자가 상징이나 은유로 쓸 수 있는 인물과 배경, 그리고 사물이 포함되어 있다. 위의 이야기에서 아기 물고기는 이야기를 만든 스토리텔러 자신을 의미하고, 어항은 자신이 처한 상황을 은유적으로 표현하고 있다. 이처럼 연극치료는 상징과 은유를 통해 내담자가 다루기 힘든 내용에 접근할 수 있도록 돕는다.

⑤ 이렇게 해서 모두 이야기를 만들게 되면 그 이야기를 통해 느낀 점을 서로 나누도록 한다.

⑥ 그런 다음, 이야기 중에 하나를 선정하여 극화하는 것도 가능하다.

(5) 마무리

① 이야기를 창조하는 과정, 이야기를 통해 발견한 점 등에 대해 서로 나누도록 한다.

② 이야기를 극화할 때 배우로서, 작가로서, 관객으로서 소감을 나눈다.

9. 감각 훈련

(1) 목표

이야기를 만들어 극적 작업을 할 수 없는 대상의 경우 촉각, 시각, 청각, 미각, 후각 등 다양한 감각 훈련이 좋은 연극치료의 형식이 될 수 있다. 예컨대, 주의 집중이 필요한 아동의 경우 동물 흉내는 좋은 방법이 될 수 있다.

(2) 대상: 아동/청소년, 집단

(3) 준비물: 음악, 활동적인 공간

(4) 과정

대상에 따라 다음과 같은 내용의 감각 훈련을 한다.

① 촉각(Touch)

- 자루에 각종 사물(모래종이, 벨벳, 모피, 리본, 고무, 종이, 나무, 돌, 조개껍데기, 쇠 등)을 넣어 특정 느낌이 나는 물체 꺼내기
- 아이의 등에 글씨를 쓰고 알아맞히기
- 맨발로 실내 · 외 산책 후 발바닥의 느낌을 말하기
- 두 아이가 몸짓과 접촉을 통하여 말없이 서로 대화하기

- 두 아이가 서로의 얼굴을 만지기 (눈을 뜨거나 감고 할 수 있음)
- 얼굴, 머리, 팔, 다리, 몸 모든 곳을 접촉해 보고, 느낌에 대해 쓰기
- 눈 가리고 접촉해서 사람 찾는 게임하기
- 눈 가리고, 집 또는 옥외 주위를 걷게 하기
- 부모가 마사지를 배워서 아이에게 마사지 연습해 보기
- 아이들 집단에서도 서로 짝을 이루어 등, 머리, 팔, 다리, 발 등을 서로 마사지 해 주기

② 시각(Sight)

아이들이 보고, 관찰하고, 인식하고, 탐색하는 등의 과정은 외부 환경에 대해서 배우는 중요한 방법 중의 하나다.

- 사물을 일정 시간(약 3분) 바라본 후 색깔, 선, 모양만으로 자기가 본 것을 묘사하기
- 눈을 감고 물체를 만진 후 눈을 떠 관찰하기
- 유리, 물, 셀로판지 등 투명한 물체를 통해 사물 관찰하기

③ 청각(Sound)

소리는 세상과 접촉하는(의사소통을 시작하는) 가장 첫 단계다. 우리는 아이들의 소리에 귀 기울여야 하며, 아이들에게 소리에 대한 감각을 높여 주기 위한 환경도 제공해야 한다.

- 눈을 감고 들리는 소리를 듣고 느낌을 말하기(시끄러움, 조용함, 부드러움 등)
- 작은 항아리에 사물(콩, 엄지 손가락만 한 납작한 못, 단추, 동전 등)을 섞어 놓고 흔들어서 나는 소리 듣기
- 장난감 실로폰을 사용하여 음질(높이 또는 낮게, 큰소리로 또는 조용하게) 연습하기
- 아이의 등 뒤에서 소리(물 따르는 소리, 종이 구기는 소리 등)를 내고 무슨 소리인지 알아맞히게 하기
- 다양한 소리(슬픈 소리, 행복한 소리, 무서운 소리 등)를 듣고 그 느낌에 대해 추측

해 보기

- 음악을 듣고(또는 듣는 도중) 생각나는 느낌, 이미지, 그림 등을 그리기
- 요구르트 병이나 빈 유리병에 쌀이나 콩, 단추 등을 넣어 악기를 만든 다음 흔들기

④ 미각(Taste)

- 혀의 감각(단맛, 신맛, 쓴맛, 짠맛) 및 기능(씹기, 삼키기, 말하기)을 연습하기
- 혀에 느껴지는 맛(좋아하는 맛, 싫어하는 맛)과 질감(거친, 부드러운 등)에 대해 말하기

⑤ 후각(Smell)

- 코, 콧구멍, 입을 통하여 숨을 쉬어 보고, 손바닥을 이용하여 공기를 느껴 보기
- 좋아하는 냄새 대 싫어하는 냄새 구분해 보기
- 여러 가지 대상물의 냄새를 맡아 보고, 냄새가 전혀 없는 대상에 이름 붙여 보기
- 작은 항아리에 구분되는 향을 지닌 물체(향수, 과일, 비누, 꽃 등)를 넣고 냄새 알아맞히기
- 집, 옥외를 산책하며, 그 냄새를 언어로 표현해 보기

⑥ 몸 동작(Body Movement)

몸의 동작은 감각으로 분류해야 한다. 움직이는 것 또는 운동감각은 내면화된 마음을 근육, 힘줄, 관절 부분의 활동을 통하여 우리가 느끼는 것이다. 어떻게 몸을 움직이고, 그에 따라 어떻게 느끼는지 자각하는 것이 중요하다. 갓난아기의 경우 끊임없는 반복을 통해 몸동작을 익히고 새로운 동작에 대한 감정 표현이 풍부하나 아이가 커 갈수록 그러한 행동이 위축된다. 아기는 신체를 최대한 이용하여 구르고, 만지고, 들어올리고 떨어뜨리며, 새로 발견한 움직임의 기술을 터득하고 그것에 기뻐하며 행동에 전념한다. 하지만 성장할수록 학교 안에서 경쟁하게 되면서 아이는 다른 것들의 기대를 충족하기 위하여 움직임을 제한하게 된다. 그 과정에서 자신과 많은 물질적이

고 정서적인 감각을 잃게 된다. 따라서 몸의 움직임에 대해 알도록 도와주고 편하게 사용할 수 있도록 환경을 제공해야 한다.

- 산소는 걱정, 흥분 등의 감정과 밀접한 관련이 있어 숨쉬기는 자신의 신체 반응을 인식하는 데 매우 좋은 수단이 된다.
  - 깊은 호흡과 얕은 호흡의 차이를 느껴 보고, 깊은 호흡을 통하여 더 많은 산소를 호흡하여 두뇌까지 공급시킨다는 느낌으로 깊이 숨 쉬는 습관을 몸에 익혀 본다.
- 학교의 체육 수업도 학습 능력을 키우는 데 많은 도움이 된다.
  - 운동, 게임을 통하여 몸을 충분히 움직임으로써 전체 팀의 흐름, 움직임, 팀원 간의 협력과 조화된 상호작용의 에너지를 경험하게 된다.
  - 손바닥 치기 게임: 두 명이 한 조가 되어 마주 보고 서서 다리를 벌린 자세로 서로 손바닥을 부딪쳐 밀어냄으로써 둘 중에 발을 먼저 움직이는 사람이 지는 게임이다. 여러 파트너(동성, 이성, 키가 더 큰 사람, 더 작은 사람 등)와 돌아가며 경험해 보도록 한다.
- 몸 동작을 활용한 간단한 놀이를 개발하고 활용하여 충분히 몸으로 느끼도록 한다.
  - 음악에 몸을 맡겨 움직여 보기
  - 다양한 방법으로 걸어 보기(씩씩하게, 느슨하게, 진흙을 통과하듯이 등)
  - 한 사람이 특정 동물을 흉내 내어 표현해 보고 다른 사람들은 맞혀 보기
  - 눈 감고 움직여 보기
  - 감정(분노, 기쁨, 외로움 등)을 과장되게 몸으로 표현해 보기
  - 바람이 빠지면서 날아가는 풍선 묘사 및 동작 따라 하기
  - 집단에서 원을 만들어 그 안에 여러 천을 엇갈려 놓고 천을 서로 잡아당기며, 다양한 리듬에 맞춰 지시자의 지시에 따라 다양한 몸 동작을 연출하고 그때 느낀 느낌이나 감동에 대해 서로 공유하는 시간 갖기
  - 다양한 동물을 흉내 내기
  - 두 사람이 서로 마주 보고, 음악에 따라 한 사람이 움직이면 상대방은 그대로

　　따라 하기

(5) 주의사항

① 위에서 언급한 다양한 감각 훈련은 언어적 표현이 부적절하거나 지적 능력이 낮아 역할 연기로 표현할 수 없을 경우 적용될 수 있다.

② 대상의 특성을 적절히 파악하여 그 대상에게 도움이 될 만한 기법을 적용해야 한다.

10. 인형극

(1) 목표

인형극은 사물 작업의 확장이다. 인형도 모형과 똑같은 방식으로 투사의 도구가 될 수 있다. 인형의 물리적이고 상상적인 특성은 사물 작업과 즉흥 연기 사이에 또 하나의 극적 참여 방식을 불러낸다. 인형은 투사의 측면에서도 사물의 사용과 전혀 다른 영역이라기보다 그로부터의 진전이라 할 수 있다. 손인형은 내담자가 손을 넣는 과정에서, 막대인형은 인형을 조종하는 과정에서 또 다른 관계가 만들어진다. 손인형의 경우에는 인형에 손을 넣어 움직이는 신체적 행동이 조종하는 사람과 인형 사이에 밀접한 관계를 만들어 감정이입을 촉진한다. 인형 작업은 극적인 감정이입의 측면에서 잠재적으로 매우 강렬하여 다른 사물 작업에 비해 훨씬 두드러지는 경향이 있다.

(2) 대상: 아동/청소년/성인, 집단/개인

(3) 준비물: 제작된 다양한 인형, 즉석에서 제작 가능한 인형 재료들

(4) 과정

① 5~6명의 인원을 한 집단으로 하여 몇 개의 모둠을 만든 다음, 즉석에서 손인형을 만들도록 하거나 만들어진 손인형을 나눠 준다.

② 각 모둠에서 손인형과 관련하여 이야기를 만들도록 한다. 이때 이야기는 스토리텔링 형식으로 만들 수 있고, 만들어진 기존의 텍스트를 토대로 할 수 있다.

③ 이야기를 토대로 역할을 배정하고 인형극을 연습하도록 한다.

④ 인형극 연습을 마친 다음, 전체가 모여 모둠별 인형극을 발표한다.

(5) 마무리

① 인형을 만들고 인형극을 발표하면서 느낀 소감을 나누도록 한다.

② 인형극을 통해 발견하게 된 교훈이나 메시지를 소개하고 마무리한다.

(6) 인형극의 주의사항

제닝스(2002)는 손인형이나 손가락 인형 그 자체로도 중요한 역할을 하며, 다른 활동으로 발전될 수 있다고 보았다. 그는 인형극에서 고려해야 할 다음 몇 가지 원리를 제시하였다.

- 인형 없이 손가락과 손으로 '이야기'하고 기분을 표현하고 싸우게 하라.
- 손가락이나 손바닥에 눈, 얼굴 등을 그려 기분을 표현하고 싸우게 하라.
- 손가락마다 인형의 성격을 완전히 다르게 만들어 가족인형 놀이를 하라.
- 의자들을 세워 놓고 천을 걸쳐 인형이 등장하는 막을 만들어라.
- 인형이 거칠게 움직여도 망가지지 않게 튼튼하게 만들어라.
- 인형 캐릭터에 대한 자신만의 주제를 만들어 즉흥연기를 하도록 권장하라.
- 헌 양말이나 장갑을 이용해 즉석인형을 빨리 만들 수 있다.
- 막 뒤에 조명을 설치해 그림자 인형극을 할 수 있다.

그림 12-7 손가락 인형

제13장

심리극을 통한 치료

개요

심리극은 주인공의 삶 속에서 의미 있는 사건에 대한 말로써가 아닌 행위를 통한 심리치료라고 한다. 이 장에서는 심리극의 역사, 정의 및 효과와 더불어, 얄롬(Yalom)의 치료적 요인을 토대로 심리극의 치료 요인을 살펴보고 있다. 또한 심리극의 구성 요소인 주인공, 디렉터, 보조자, 관객, 무대와 함께, 심리극의 진행 과정을 웜업, 행위, 통합 단계순으로 살펴보았다. 이 밖에도 심리극의 다양한 기법을 안내하였다.

학습 목표

심리극의 전반적인 내용을 이해함으로써 심리극의 기초를 다지고, 또한 이를 토대로 현장에서의 심리극 실천 능력을 수월하게 하고자 한다.

주요 용어			
디렉터	주인공	관객	보조자
무대	역할바꾸기	이중자아	거울 기법

1. 심리극의 역사

모레노(J. L. Moreno)가 개발한 집단심리치료, 심리극, 사회측정학은 인간 갈등의 사회적 · 정신적 차원과 더불어 일어났다. 1974년 모레노가 사망한 이후 심리극은 심리치료의 주요 학파 중 하나가 되고 있으며 전 세계에 걸쳐 행해지고 있다. 심리극은 또한 심리치료와 함께 다른 맥락에서도 이용될 수 있는 탐구 방법이다. 심리극은 특수한 역사적 시기에 일어났으며 다른 심리치료 방법들과 연관이 있지만 그것들과 다른 철학적 · 심리학적 기반을 갖고 있다. 여기에서 중요한 차이점 중 하나는 심리극이 인류에 대해 긍정적인 관점을 가지고 있으며 결과적으로 개인과 가족 병리뿐만 아니라 사회적 · 정치적 형태의 인간 갈등의 탐구를 강조한다는 것이다(Karp, Holmes, & Tauvon, 1998).

심리극은 반드시 행위 중심의 집단심리치료 방법만은 아니다. 이 말은 현대 심리극 실천의 가장 중요한 한 가지 측면을 강조한다. 모레노는 오스트리안 빈이 지그문트 프로이트와 칼 마르크스의 혁명적 이념으로 시끄러울 당시, 개인적인 문제뿐만 아니라 사회적 문제를 설명하는 방법으로서 사회측정학, 사회극, 그리고 집단심리치료와 함께 심리극을 발전시켰다. 일생을 통한 모레노의 열정은 꼭 개인보다는 인간 상호관계의 문제, 사회 문제, 세계 문제를 다루기 위해 사회측정학, 심리극, 사회극의 방법을 발전시켰다. 그것은 좀 더 나은 세계를 위한 희망에서 시작하여 한 개인의 현실로 나아갔다. 따라서 심리극의 역사는 그의 개인의 역사와 맞물려 있다.

모레노(Jacob Levi Moreno)는 1889년 5월 18일에 루마니아의 부카레스트에서 태어났다. 그는 15세기 말경 스페인에서 쫓겨난 이후 지중해의 다른 지역으로 이주한

세파르디계 유대인의 아들이다. 그의 가정은 행복하지 못하였다. 그의 아버지 모레노 레비(Moreno Levi)는 떠돌이 상인으로 가족에게 충실하지 못하였고 항상 집 밖으로 돌아 어머니 폴리나(Paulina Ianescu) 혼자서 살림을 꾸려 나가야 했다. 이로써 모레노는 아버지의 부재와 관련된 어린 시절의 이상화된 환상관계를 만들었고, 자신의 정체성과 타협하려는 그의 전 생애에 걸친 고뇌의 기반을 형성하였다. 아버지의 부재는 아버지를 이상화한 것과 결부시켜 그가 자기 자신의 아버지라는 신념으로 발전하게 되었다. 결국, 모레노는 점차 아버지의 이름을 자기의 성으로 선택해서 따르게 되었다. 이 점은 모레노의 부성 콤플렉스를 뒷받침한다.

4세경에 모레노는 자신의 집 지하에서 동네 아이들을 모아 놓고 신과 천사의 놀이를 하던 중 오른쪽 팔이 부러지는 경험을 하였다. 이후에 그는 이 사건을 '추락하는 신의 심리극'이라 불렀는데, 이러한 경험을 하면서 자신의 명백한 오판에 대해 패배감이나 부끄러움을 느끼기보다는 이 일로 자신의 의지를 다시 한 번 확고히 다지게 되었다. 자신이 마음속에 품고 있는 모든 것을 현실적으로 경험할 기회가 없다면, 현실을 자신이 원하는 대로 맞추어 바꾸었을 것이다.

1908년 당시에 관심을 보인 것은 빈 공원에서 아이들에게 이야기를 들려주고 게임 놀이를 하는 것이었으며, 아이들이 이야기의 주제에 대해 즉흥적으로 연기하도록 격려받을 때 그들의 확장된 생동감과 영특함에 주목하였다. 그런 다음, 모레노는 또한 잠시 아이들을 위해 작은 극장을 만들어 주었다(Marineau, 1989). 이런 경험들이 나중에 창조성과 자발성 같은 개념을 이끌어 내는 모태가 되었다. 즉, 모레노는 이미 아동문화 활동을 한 것으로 현대의 사회교육이나 아동복지, 정신건강 분야 인사들의 선구적인 입장에 있었다고 볼 수 있다.

1910년경, 모레노는 신, 연극 및 관련 문제들에 대한 자신의 철학적 입장을 정립하기 시작하였다. 작품들의 반은 시적이고 반은 연극 대본의 형태로 익명으로 쓰였다. 그의 종교적인 영감이 계속 발전하면서, '참만남의 초대' 등과 같은 몇 편의 작은 소책자도 만들었다:

1912년 모레노는 빈 대학에서 의학을 공부하였다. 그는 꿈에 관한 프로이트의 강연을 듣고 나오다가 프로이트를 만나게 되었다. "프로이트 박사님! 저는 박사님이 떠난 자리에서 시작할 것입니다. 박사님은 인위적 환경인 사무실에서 사람들을 만나지만 저는 거리나 그 사람들의 집, 그리고 자연스러운 환경에서 사람들을 만날 것입니다. 박사님은 그 사람들의 꿈을 분석하지만 저는 그들이 다시 꿈을 꿀 수 있도록 용기를 주려 합니다."라고 말하였다. 의과대학에 다니는 동안 모레노는 오늘날 사회정신의학(social psychiatry)이라고 불리게 되는 두 가지 경험을 하였다. 의과대학에 다닐 때는 빈의 소외계층인 매춘부들을 돕는 일을 하는 등 사회 활동에 적극적으로 참여하였다. 그는 다른 의사들과 함께 자아협력 소집단을 창안하였는데, 이 일은 임상 지역사회 정신의학의 최초의 예가 될 뿐만 아니라 집단정신치료의 효시이기도 하다.

1913년 그는 빈에 있는 윤락녀들에 대한 착취와 정부의 희롱에 대해 알게 되었다. 그는 그들에게 관심을 갖게 되어 자조집단을 조직하였고, 일주일에 두세 번의 모임을 통해 각 개인이 서로에게 치료 요인이 될 수 있다는 것을 알게 되었다. 2년 뒤 그는 난민촌에서 의사로서 활동하게 되었으며, 한동안 그들이 함께 살거나 함께 일할 수 있는 사람들을 선택할 자유가 더 있다면 어느 정도 파벌주의를 약화시킬 수 있을 것이라고 생각하였다. 이것이 사회측정학의 전조가 되었다(Moreno, 1989).

1914년에서 1921년 동안에 모레노는 시학, 철학, 문학 등의 영역에서 창작 활동을 계속하였다. 1918년 초 '다이몬(Dimon)'이라는 문학지를 편집하기도 하였고, 1919년에는 자신의 주된 이론적 탐구서를 신이 바로 지금 여기에서 말하는 것처럼 상상하여 시적인 형태로 썼다. 이 글은 곧바로 문학 잡지에 실렸고, 얼마 후 익명의 책으로 출판되었으며 나중에는 '아버지의 말씀(The Words of the Father)'이라는 제목으로 독일어로 번역되었다(Moreno, 1971). 그의 철학은 대인관계의 주제와 밀접한 관련이 있었으며, 오늘날 인간 잠재력 운동 등에서 아주 잘 쓰이는 '지금-여기(Here and Now)' '참만남(Encounter)'이라는 용어가 이 초기 모레노의 작품에서 핵심적인 관념들로 등장한다.

1921년에서 1923년 사이에 '자발성 극장(theater of spontaneity)'이 출현였는데, 모레노는 이 즉흥극을 개인치료, 결혼 문제, 소집단 활동에 적용했다. 이것이 심리극의 기원이 되었다. 극장에 온 사람들은 전문 배우가 아니며 대본도 없었다. 관객이 제안한 일간 신문의 주제(Living Newspaper)에 대해 사건을 즉흥적으로 극화하였다.

극이 끝나면 관객들은 그것을 본 경험에 대해 토의하였다. 이때 모레노는 관객들이 주제뿐만 아니라 연기하는 연기자들의 연기에 의해서도 영향을 받는다는 사실과 함께, 심리극의 연기자들과 관객이 모두 억눌린 감정의 심리적 정화를 경험한다는 것을 알게 되었다.

1925년에 그는 자신의 탐색에서 더욱 많은 것을 찾기 위해 미국으로 이주하여 뉴욕에 살면서 자신의 방법들을 정서적인 장애로 입원 중인 아동, 교도소, 정치, 사회심리학 분야에 적용하였다. 또한 모레노는 집단으로 치료하는 것이 가치가 있음을 강조했으며, 그래서 1932년 '집단심리치료'라는 용어를 만들어 내 미국 정신의학 분야에 새로운 안을 소개하는 중요 인물이 되었다. 모레노의 접근은 치료사 중심이라기보다 훨씬 상호작용적이고 집단 중심이다.

1934년에 모레노는 『누가 살아남을 것인가』라는 책을 발표하였으며, 당시 미국에서 가장 역동적인 정신과 진료센터인 워싱턴의 성 엘리자베스 병원에 심리극을 소개하기도 하였다. 1937년 모레노는 '사회측정학: 대인관계의 저널'을 발표하였다. 이 시기에 그는 레빈(K. Lewin)을 비롯하여 그의 몇몇 제자와 만났고 그들의 사고에 영향을 끼쳤다.

1942년 모레노는 처음으로 집단치료사들을 위한 미국집단심리치료 및 심리극학회(American Society for Group Psychotherapy and Psychodrama: ASGPP)를 조직하였다. 모레노는 치료의 방법으로 창조적인 예술의 사용을 특히 강조하면서 심리치료에서도 혁신적인 다양한 방법을 개발하도록 격려하였다. 모레노의 영향은 최근 정신의학의 여러 혁신적인 방법, 예컨대 가족치료, 치료적 공동체, 형태주의 치료 및 다른 치료 방법들에 많이 나타나고 있다. 모레노는 50대 중반에서 60대 중반의 나이가 되면서 최고의 결실을 맺었다. 그는 왕성하게 저술을 하였고, 뉴욕에서 그의 공개 회기는 많은 전문가가 전통적인 정신분석적 방법이 아닌 정신역동적인 방법을 목격할 수 있는 실험무대를 제공하였다.

그 후 모레노는 1974년 5월 14일 비이콘에 있는 집에서 계속된 조그만 심장발작으로 85세의 나이에 세상을 떠났다. 모레노의 묘비문은 그가 미리 써 둔 "이 사람은 정신의학에 즐거움과 웃음을 남기고 간 사람이다."라고 새겨져 있다.

심리극을 국내에 맨 처음 소개한 사람은 1969년 한동세다. 그러나 최초로 심리극이 시행된 것은 1975년 국립정신병원에서 김유광에 의해서였다. 그후 1982년에 정신과 의사들을 주축으로 '한국임상예술학회'가 설립되어 정신건강의학과 의사들을 중심으로 정신병원에서 심리극이 활발히 실시되었다. 당시 여러 대학에서 심리학과 학생들이 공연 형식으로 심리극을 진행하기도 하였다. 그럼에도 심리극은 현재 정신건강의학 분야에서보다 상담, 임상, 교육, 간호, 복지 관련 분야에서 더욱 활발히 활용되고 있다. 심리극이 국내에서 체계적으로 보급된 것은 1997년 '한국사이코드라마·소시오드라마학회'의 창립과 최헌진의 체계적 훈련을 통해서 가능해졌다. 이후 2006년에는 심리극 전공자들과 연극치료 전공자들이 심리극과 연극치료의 상호보완 필요성을 인식하여 '한국심리극·연극치료학회'를 창립하였다. 이후 역할극 분야를 상담에 대중화하기 위하여 '한국심리극·역할극상담학회'로 명칭을 변경하여 상담 분야에서 유능성을 발휘할 수 있는 심리극전문가와 역할극상담사를 체계적으로 배출하고 있다.

2. 심리극의 이해

1) 심리극의 정의

모레노에 의해 1921년에 시작된 심리극(psychodrama)은 상호작용적인 집단역동에 대한 통찰력과 창조성의 철학을 통합함으로써 발달한 접근 방법이다. 그 후 수십 년에 걸쳐 다듬어지고 세분화되었다. 그는 심리극을 "진실의 극장(the theater of truth)이며 행위과학이며 자기해방이나 정신적 실현"이라고 표현하면서 자신이 창조한 심리극의 세계가 좁은 언어의 틀 안에 갇히는 것을 원하지 않았다. 이에 덧붙여 그는 "연극적 방법을 통해 인간 존재의 진실을 조명하고, 인간이 처한 환경의 현실적인 측면을 탐구하는 과학"이라고 설명하였다.

그의 부인 젤카 모레노(Zerka Moreno)는 그의 말을 풀어서 "자발적, 극적, 즉흥적 방법으로 주인공의 진실을 탐구하는 학문"으로 정의하였다. 이때의 진실 혹은 주관적 진실이란 현실의 기준에 의한 객관적 진실 혹은 논리적 진실이 아니라 인간 개인마다 내면에 지닌 자기만의 진실, 지금 이 순간의 내적(표현되었든 표현되지 않았든 간에) 생각, 느낌, 판타지, 꿈을 말한다. 그리고 '연극(drama)'이라는 용어는 극장, 공연과 관련이 있다는 뜻이 아니라 우리가 삶을 연극처럼 살아간다는 의미이며 우리가 이 연극의 작가라는 말이다.

그러나 더욱 구체적인 정의의 필요성에 대한 반응으로 야블론스키(Yablonsky, 1992)는 "즉각적 삶의 문제해결을 시도하는 자연적이며 자동적인 과정으로서의 방법"이라고 정의하였다. 키퍼(Kipper, 1986)는 "심리 과정을 활성화하는 수단으로서 다양한 유사 상황에서 역할놀이적 행위화를 통한 개인 경험의 극화를 사용하는 기법"이라고 정의하였다. 또한 심리극이 점차 개인이나 집단치료의 범주에 포함되면서 켈러만(Kellermann, 1987)은 "심리극이란 극화, 역할 놀이, 연극적 자아표현을 통해 주인공(client)의 행위를 지속, 완료하도록 고취하는 심리치료법"이라고 정의하였다. 블래트너(2000)는 "주인공의 삶 속에서 의미 있는 사건에 대한 말로써가 아닌 행위화를 통한 심리치료"라고 정의하였다. 이 밖에도 다른 학자들(Holmes, 1992)도 심리극을 심리치료의 영역에 포함시키고 있다.

심리극은 참여자들의 '자발성(spontaniety)'이 필수적인 요소가 된다. 즉, 창조성과 자기노출, 자신의 문제를 기꺼이 '행위화(acting-out)'하려는 준비가 되어 있어야 한다. 그리고 주인공의 갈등, 문제들이 바로 '지금-여기(here & now)'에서 일어나는 것처럼 재현되어야 한다는 점에서 '현재성'이 매우 중요하다.

심리극과 그와 관련된 기법들은 심리치료, 교육, 그 밖의 여러 현장에서 창조성을 개발, 활용하고자 고안된 것이다. 이러한 것을 가능하게 하는 것은 상상력의 힘, 연극의 융통성, 행위에로의 자극, 그리고 현대 정신역동 심리학이 주는 통찰이다. 또한 심리극은 그 수용력 면에서 다른 어떤 심리치료보다 특별하다. 이는 가장 다양한 범위의 주제들을 다루기 때문이다. 과거·현재·미래, 정신내면·대인관계적·집단역동, 지지적인 면·교육·표현·통찰, 상상과 현실, 정서와 인지, 영적·예술적·유희적·정치적 측면, 예방·진단·치료, 비언어적 의사소통, 장면 설정과 소품, 그리고 워밍업 시간 등이다(Blatner, 1988).

2) 모레노의 인간관

인간의 탄생은 우주의 근원적 본성이 회귀되고 자발성이 최고의 창조성으로 육화되는 순간이다. 인간은 단순한 생물학적 탄생이 아니라, 그를 뛰어넘어 자발성의 모체, 원상태, 원장소의 합일로써 최상의 자발적 존재로 태어난다. 인간의 유아기는 인간과 자연을 넘어서 우주적 영역으로 확장된 세계, 즉 개인적 역동이 아니라 우주적 역동과 더불어 존재하고 행위한다. 세계는 모두가 공존하고 함께 행위하고 창조하는 공동창조자, 공동책임자, 공동행위자로서의 삶을 살아간다. 어떠한 개인적·사회적 구분이나 차별 없이 공동의 우주를 창조해 나간다.

이렇게 모레노는 인간의 사회성과 집단성을 매우 강조했다. 따라서 그의 성격 이론도 사회적인 상호작용, 대인관계 면에 중점을 두고 있다. 그에 따르면, 성격이란 한 개인이 갖는 모든 역할에 의해 결정된다. 즉, 한 개인의 가정적·사회적 역할들을 집단에서 분석하면 그의 성격이 나타난다. 성격은 선천적이 아니고 후천적이다. 한 인간은 태어나는 순간부터 사회의 한 구성원이 되며 사회가 그것을 개발시켜 주느냐 못 하느냐에 따라 그 개인이 환경에 적응하느냐 못 하느냐가 결정된다. 인간은 다분히 사회적이어서 다른 사람과의 상호관계에 의해 배우고 발달한다. 즉, 인간이 처해 있는 환경은 시시각각으로 변화하는데 상황에 한 가지의 고정된 패턴으로 반응할 수만은 없다. 따라서 그 변화되는 상황에 우리도 자꾸 새롭고 창조적으로 반응해야 한다. 여기서 모레노는 창조성(creativity)을 강조한 것이다. 또한 주어진 상황에서 수동적으로 받아들이기보다는 능동적이고 자발적으로 반응을 주고받는 것이 더 낫다. 여기서 자발성(spontaneity)이 대두하였다.

모레노에 따르면, 이상적인 사람은 순간순간 새롭게 변하는 상황에 즉흥적이며 또 새롭고 적응적인 창조적 방법으로 대처한다. 즉, 이상적인 사람은 이념화되어 있고, 창조적인 성장을 추구하며, 항상 발전적인 사고를 하고, 사회적으로 대인관계를 원만히 이끄는 사람이다. 우리는 각자 사회에서 자기 위치가 있으며 그 위치에서 다른 사

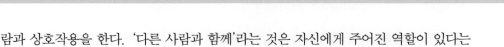

람과 상호작용을 한다. '다른 사람과 함께'라는 것은 자신에게 주어진 역할이 있다는 의미다. 앞에서 말한 환경의 변화는 자신의 역할의 변화라고 볼 수 있다.

3) 심리극의 특성

심리극은 다음 몇 가지 특성이 있다.

① 인지적 · 언어적 차원뿐만 아니라 신체 동작에 따른 행동 차원까지 포함되므로 인간의 모든 차원을 이용하고 있다. 즉, 심리극이 다른 심리치료에 비해 가장 독특한 면은 행위를 통해 신체적 측면을 적극 활용한다는 점이다. 이러한 행위를 통해 내면의 인지적 · 정서적 · 행동적 측면을 더욱 명료화하기 때문에 정화뿐만 아니라 통찰과 행동 변화를 빠르게 유도한다.

② 인간은 자신의 생각이나 느낌을 행위화하려는 무의식적인 욕구, 즉 행위갈망 (act hunger)이 있는데, 심리극은 이러한 욕구를 충족해 준다.

③ 인간의 개인성뿐만 아니라 사회성, 집단성을 강조한다. 인간의 대부분의 갈등은 대인관계에서 나타나는 경우가 많기 때문에 심리극에서는 사회 내의 여러 역할에 중점을 두어 대인갈등을 쉽게 다룰 수 있다.

④ 구체적이고 현실적인 참여의 측면에 중점을 둔다. 즉, 심리극은 내담자가 보조자의 도움을 받아 현실의 구체적인 상황을 현실 밖의 무대 위에서 지금-여기의 상태로 연기를 하게 된다. 즉, 현실 밖에서 현실적이고 구체적인 상황을 경험하게 되는 것이다.

⑤ 심리극은 타인의 입장과 감정을 느낄 수 있도록 한다. 공감적 이해의 발달은 다른 사람의 역할을 실제로 연기함으로써 얻어질 수 있다.

4) 심리극의 효과

심리극을 통해 얻어지는 효과는 대체로 다음과 같다.

① 자기에 대한 이해가 깊어진다. 심리극은 역할바꾸기, 거울보기, 이중자아 등을

통해 타인의 입장에서 자신을 바라볼 뿐만 아니라 자신을 객관화할 기회를 갖게
된다.

② 연기 중의 역할 연습을 통해 현재 행동을 보완해 줄 대안적 행동을 익히게 되어
자신을 표현하는 능력이 향상될 수 있다. 즉, 사회 기술이 증진된다.

③ 자신의 가치관이나 인생철학을 명료하게 인식하게 되며 자신의 가치관을 재검
토할 수 있게 된다.

④ 상상을 통해 자기의 꿈과 그것이 상징하는 것을 알게 되고, 직관력을 향상시키
는 등 개인적 성장에 필요한 기술을 배우게 된다.

⑤ 연극의 유희성, 명랑성, 즉흥성, 예술성을 통해 즐거움을 얻을 수 있고, 신체 동
작을 통해서 우리는 즐거움과 생동감, 유머 감각을 회복하고 자기에 대한 통찰과
인식이 증진되며 새로운 행동 반응을 습득할 기회를 가질 수 있다.

⑥ 심리극은 무대 위에서 문제를 제시하는 주인공뿐만 아니라 그 집단에 참여한 구
성원(관객)에게도 무대 위의 주인공과 자기를 동일시하고 그 문제를 이해, 통찰
할 기회를 제공하기 때문에 좋은 치료적 경험이 된다.

5) 심리극의 치료적 요인들

집단심리치료에서 가장 많이 알려진 치료 요인은 얄롬(Yalom, 1985)의 집단치료
에 대한 고전적인 교과서에서 찾아볼 수 있을 것이다. 다음은 얄롬의 제4판(1995)에
있는 것으로 심리극의 방법이 어떻게 부수적인 촉매제로 사용되는지에 대해 설명을
덧붙였다(Blatner, 2000).

① 희망의 고취는 모든 치료의 근본이 되는 주제다. 이것은 치료 과정에서 도움을
받는 사람과의 접촉이나, 창조적인 변형이나 긍정적인 변화를 일으킬 수 있는
방법의 잠재력에 대한 믿음을 가진 치료사와의 만남을 통해, 그리고 도움을 받
을 수 있다는 기대감을 갖고 있을 때 생긴다.

② 보편성은 한 개인의 관심사를 다른 사람들과 공유하면서 강력한 지지가 된다는
점을 발견하는 것이다. 심리극은 사람들이 일상적인 감정의 폭을 발견할 수 있

도록 도우며, 이것이 심리극의 효과를 자극한다.

③ 이타주의는 다른 사람들을 돌보는 태도와 기술을 말한다. 심리극은 역할바꾸기를 통해서 자신의 자기중심성의 습관에서 벗어나 다른 사람들의 욕구와 감정을 깊이 고려하도록 격려한다.

④ 정보 전달은 심리학적 역기능의 공통적 요소들, 심리학에 대한 수많은 사실이나 문제를 다루는 기술에 대한 부족한 지식을 개선한다.

⑤ 교정적 정서 경험의 가장 강력한 원천은 주인공이 과거에 어떤 사람으로부터 보다 지지적인 반응이 될 수 있었던 것을 상상하도록 도움을 받는 것이다. 또한 잉여현실을 이용하여 어린 시절의 경험이 더 긍정적인 방식으로 다루어질 수 있는 장면을 공동 창조하는 것이다.

⑥ 사회화 기술의 발달은 전통적인 언어적 집단치료 과정에서 시간이 지나면서 나타나지만 심리극에서는 완전한 경험적 학습을 풍부하게 한다.

⑦ 모델링은 집단 내 타인의 유익한 행동을 받아들이는 것으로 이전의 요인을 확장하는 중요한 요소다.

⑧ 대인관계 학습은 인간관계에 대한 더욱 건설적인 기준과 양식을 함께 만들어 내는 과정에 적극적으로 참여함으로써 얻어진다.

⑨ 집단응집력은 수용되고 있고 소속감을 느끼는 강력한 경험이다. 또한 집단원들이 순응하기 위해서 자신의 생각과 느낌을 억압하도록 강요받는 느낌 없이 소속할 수 있다는 것을 발견하도록 돕는다.

⑩ 정화는 자아의 확장과 통합을 동반하는 감정의 해방으로서 집단심리치료에서 중요한 치료 요인으로 간주된다.

⑪ 실존 문제는 확실하고 변화될 수 없는 삶의 현실들을 공유할 때 경험하게 된다. 즉, 인생이 불공평할 수 있고, 피할 수 없는 고통이 있고, 수용과 책임감에 대한 더 깊은 변화를 요구하는 다른 차원들이 있다는 것을 알게 된다.

6) 심리극의 구성 요소

심리극의 다섯 가지 주요 구성 요소는 극에서 자신의 문제를 드러낼 주인공(pro-tagonist), 극 전체를 이끌어 나갈 디렉터(director), 주인공의 상대역을 해 줄 보조자(auxiliary), 관객(audience), 그리고 무대 공간(stage)이다.

(1) 주인공

흔히 문제자, 선택자, 주인공 등으로 불리며 심리극 공연의 주체가 되는 사람이다. 이 주인공은 충분한 워밍업을 통해 자발적으로 선택되며 자신의 진실을 집단 앞에 제시하게 된다. 실연하는 동안에 주인공은 역할을 바꾸어 참만남을 하는 다른 사람의 역할을 하기도 하고, 이중자아의 역할을 하기도 하면서 내면에 감춰져 표출하지 못한 생각이나 느낌을 표현하기도 하며, 거울 기법을 통해 그 장면에서 벗어나 공동 디렉터나 공동 극작가가 되어 보기도 한다.

(2) 디렉터

감독 혹은 디렉터라고도 하며 심리극적인 방법을 적용하여 주인공으로 하여금 자신의 문제를 무대 위에서 자연스럽게 전개하도록 분위기를 조성해 주면서 극 전체를 총지휘하는 사람이다. 따라서 그는 극 속에서 연출자, 상담자, 분석자의 역할을 할 뿐만 아니라, 주인공을 돕고 감정을 자유롭게 표현하도록 촉진하는 촉진자로서의 기능을 한다. 켈러만(Kellermann)이 언급한 디렉터의 역할은 다음과 같다.

① 분석가

분석가로서의 디렉터는 개인적 · 대인관계적 현상들을 이해하고자 노력하는 공감적 경청자다. 유전적 · 지형적 · 역동적 · 경제적 · 구조적 · 적응적 · 심리사회적 관점들을 통해서 참가자의 감정, 사고, 행동 및 태도에 대해 세심한 이해를 가지는 것이다. 분석은 심리적 분석이나 사회적 분석보다는 행동분석으로서 전체 행동 영역의 분석이 된다.

② 연출자

연출자 또는 무대관리자로서 심리극이 예술적인 경험이 되도록 극적인 예술을 창조한다. 특별한 지도 기술, 주인공의 장면 설정 원조, 무대 위에서의 참가자들의 위치 통제, 보조자의 연기 교정, 워밍업과 행위화의 시간 조정, 조명과 물리적 도구들을 사용하여 적절한 무대 분위기 조성, 상징적으로 상황을 표현하는 구체화 방법 제시 등이 요구된다. 매 회기에 모험 정신으로 접근하려는 의지와 디렉터 자신의 열정과 상상력을 통하여 자발성을 끌어올리도록 기대된다.

③ 치료사

치료를 촉진하는 방식으로 주인공에게 영향을 미치는 변화의 촉진자로서 기능한다. 증상의 감소, 위기 개입, 갈등 해결, 인성 변화와 정서적 안정감, 인지적 이해, 대인관계 피드백 및 행동주의의 학습과 같은 다양한 치료적 성과가 일어날 수 있도록 디렉터는 일반심리학, 이상심리학, 정신의학, 상담 및 심리치료에 대한 광범위한 지식을 갖추어야 한다.

④ 집단치료사

건설적인 집단 분위기와 지지적인 사회적 관계를 촉진하는 집단 과정의 관리자 역할을 수행한다. 집단의 구조화(구성, 시간, 장소), 집단규범 설정, 집단응집력 형성, 집단의 긴장 수준 조절, 집단 목표에 대한 관심 증진, 집단구성원들의 적극적인 참여 격려, 집단구성원의 상호작용과 의사소통의 촉진, 집단 상호협력 분위기의 장애물 제거 등의 능력이 요구된다.

(3) 보조자

보조자는 주로 주인공의 중요한 타인 역할을 한다. 여기서 중요한 타인은 살아 있거나 죽었거나, 사실적이거나 환상적일 수 있다. 즉, 이들은 극 속에서 주인공이 무대에서 자기 생활 내용을 극화할 때 그 장면에서 나타난 상대역을 연기하거나 주인공의 초상이 되는 이중 구조를 갖는다. 효율적인 보조자는 심리극에 더 큰 힘과 강도를 줄 수 있다. 즉, 그들은 주인공이 워밍업하는 것을 돕고, 연기에 몰입하게 하며, 주인공의 거울이 될 뿐만 아니라, 주인공이 극에서 '지금 여기'에 더 깊이 몰두하도록 한다.

(4) 관객

관객은 심리극에서 주인공이나 보조자가 아니라 해도 여러 방법으로 이익을 얻을 수 있다. 즉, 그들은 주인공과 동일시할 수 있고 공감을 통해 자신의 감정을 완화시키며 대인관계 갈등에서의 어떤 통찰을 경험할 수 있다. 또한 주인공의 입장에서 볼 때, 관객이 다양하기 때문에 나누기 시간에 관객이 보이는 반응들은 주인공이 다른 사람에 대한 자신의 영향을 이해하는 데 큰 도움이 될 수 있다.

(5) 무대

무대는 연기가 행해지는 장소다. 모레노는 원형 무대와 발코니가 있는 무대에서 심리극을 진행하였는데, 이와 같은 건축 양식은 준비-행위-정화의 3단계와 천상을 의미하는 것이었다. 그러나 집단이 편하게 앉을 수 있고 행위할 수 있는 공간만 있으면 가능하다. 단, 높은 강단이나 극장 무대와 같이 의도적으로 꾸며진 설치 공간은 피하는 것이 좋다. 이는 관객과 무대가 단절되어 있어 집단의 나눔이 촉진되는 아늑함을 느끼기 어렵기 때문이다. 여기에는 소품(의자, 베개, 방망이, 천 등)이 있을 수 있다.

무대 위에 몇 가지 소도구가 있으면 편리하다. 가벼운 의자들과 단순한 디자인의 탁자, 베개, 침대 그리고 다른 다양한 소도구가 사용될 수 있다. 의자는 그저 앉기 위한 것이 아니며, 비어 있을 경우 투사된 인물로 여겨질 수도 있다. 또한 장애물로도 사용될 수 있고, 높이를 조절하여 상징적으로 지위를 나타낼 수도 있다. 탁자도 건물 꼭대기, 책상, 판사석, 식탁, 또는 무서울 때 움츠리거나 숨을 수 있는 동굴이 될 수 있다. 베개나 스펀지, 고무, 방망이는 싸우거나, 세게 치거나, 때리기 위해, 방어를 위해 또는 아기 대신으로 사용될 수도 있다.

조명이나 음향기기 같은 보조기구들은 필수적인 것은 아니지만 상당한 효과를 줄 수 있다. 예를 들어, 특수조명은 여러 분위기를 연출하는 데 도움이 된다. 붉은색 조명은 지옥, 작은 술집, 또는 강렬한 감정적 장면을 표현할 수 있으며, 푸른색은 죽음의 장면, 천국 또는 바다를, 완전한 암흑은 고립과 외로움을 연기하는 장면에서 효과적이고, 흐린 조명은 꿈속의 장면들을 표현할 때 독특한 분위기를 살려 준다. 잔잔히 흐르는 배경음악이라든지 의미 있는 감정을 유발하는 녹음된 노래 같은 음악도 심리극에 강력한 부속물이 될 수 있다.

7) 심리극 진행 과정

심리극의 진행에는 일정한 형식이 있을 수는 없으나 대체로 다음과 같이 진행된다.

(1) 웜업 단계

개인이나 집단의 자발성을 높이고 기꺼이 행위화하고자 하는 다음 작업에 대한 의지와 준비성을 유발하고 촉진하기 위한 단계다. 여기에 필요한 조건은 믿음과 안정감, 그리고 비이성적ㆍ본능적ㆍ감각적 요소가 있어야 하며, 놀이적 요소, 모험 정신 및 새로운 경험에 대한 탐구 정신이 있어야 한다. 이 단계에서 집단원의 자발성이 충분히 발휘되면 주인공을 선정하게 되는데, 주인공을 선정할 때에는 집단의 유형, 크기, 시간, 갈등의 유형 등을 고려해야 한다. 웜업 단계는 다음과 같은 내용이 포함된다.

① 디렉터 자신을 준비시킨다.
② 집단의 목표, 역할, 경비, 한계, 시간 배정 등에 관해 논의한다.
③ 서로 친숙해지도록 하고, 집단원들을 서로 소개한다.
④ 디렉터는 집단의 응집력과 자발성을 키우기 위해 행동 연습을 시킨다.
⑤ 이것은 흔히 참가자가 웜업 단계에서 경험하게 되는 것들에 대한 토론으로 이어지고, 여기에서 개인의 문제나 집단의 공통적인 주제가 나타나게 된다.
⑥ 집단원 중 한 사람이 자기 자신 또는 집단의 문제를 연기할 주인공으로 선택된다.

(2) 행위 단계

선발된 주인공이 자신의 생활 장면이나 갈등 상황을 제시하고 행동으로 표출하는 단계다. 또한 주인공의 심리적 문제를 완전히 묘사하기 위해 주인공의 갈등 상황을 무대 위에서 극으로 만든다. 이 단계에서 주인공은 실연을 통해 비로소 자신의 문제에 대한 통찰을 느끼게 되고 억압하던 감정들을 상징적으로 행위화함으로써 감정의 정화를 경험하게 된다. 행위 단계는 다음과 같은 내용들이 포함된다.

① 디렉터는 주인공을 무대로 데려온다. 거기서 문제들이 간략히 논의된다.

② 갈등은 연기될 수 있는 구체적인 사례로 재구성된다.

③ 디렉터는 주인공이 구체적인 행동이 발생한 상황을 묘사하게 하여 무대를 꾸며 나가도록 돕는다.

④ 주인공은 마치 '지금-여기'에서 그 일이 벌어지고 있는 것처럼 상황을 연기하도록 지시받는다.

⑤ 디렉터는 집단의 다른 성원들에게 주인공의 극에서 기타 중요한 인물들(보조자)의 역할을 맡게 한다.

⑥ 첫 장면이 묘사된다.

⑦ 디렉터는 주인공이 자신의 극에서 다른 인물들의 행동에 대해 역할바꾸기를 사용하게 하여 보조자들이 그들의 역할을 습득하도록 돕는다. 보조자들이 그들의 역할을 습득하는 과정에서 주인공이 자신의 마음속에서 상황을 묘사하는 방식과 연기되는 장면들이 본질적으로 유사하다고 느낄 때까지 주인공은 그들에게 피드백을 한다. 이 활동은 보조자들뿐 아니라 주인공 자신의 웜업 작업도 촉진해 준다.

⑧ 디렉터는 더욱 정교하게 감정을 표현하도록 하기 위해 다른 심리극의 기법들을 도입하면서 장면들을 진행시킨다.

⑨ 연기가 진행됨에 따라 디렉터는 주인공이 경험한 여러 국면을 탐구하게 하기 위해 다양한 기법을 사용한다.

⑩ 행위화는 주인공이 억압되어 온 행동들을 상징적으로 연기했다는 느낌(행위 갈망의 충족)을 경험하는 단계까지 이르게 될 것이다.

⑪ 주인공은 그의 상황에 대한 다른 적응 태도와 행동 반응들을 발전시키도록 도움을 받는다. 이것을 작업 수행이라 부른다. 역할 연기 상황에서 이 과정은 집단

의 중요한 과제가 될 것이다.

여기서 전반부에는 인터뷰를 통해 현재 문제의 원인들과 관련된 실마리를 찾는다. 그리고 중반부에는 극적 행위에서 진단과 교정을 지속하며 극적 정화를 유도한다. 후반부에는 새로운 반응양식을 탐구하며 훈련을 통해 극적 마무리를 한다.

(3) 통합 단계

그동안 주인공의 잘못된 생각이나 빗나간 행위를 통찰하게 하여 새로운 적응 행위를 연습시키는 단계다. 즉, 행위 단계를 통해 주인공은 자신의 갈등이나 억눌린 감정을 해소하고 이 단계에 들어오면 새로운 적응 행위를 해 보게 된다. 이 단계에서는 어떤 상황에서 여러 가능성의 새로운 행동을 실험해 보는 행동실습(behavioral practice)이 이루어지고, 또 관객들이 모여서 금방 했던 장면이나 주인공의 생활방식 등에 대해 자신의 느낌을 서로 나누는(sharing) 시간을 갖게 된다. 여기서 나누기의 요령을 살펴보면 다음의 몇 가지가 있다. 첫째, 주인공을 비판하지 않는다. 둘째, 주인공을 있는 그대로 받아들인다. 설령 마음에 들지 않아도 평가, 비교, 공격해서는 절대 안 된다. 셋째, 주인공의 느낌과 유사한, 같은, 비슷한 상황에 대해 자신이 경험한 것을 이야기해 준다. 통합 단계는 다음과 같은 내용들이 포함된다.

① 연기에 이어서 디렉터는 주인공이 집단의 다른 성원들로부터 고무적인 피드백을 받을 수 있도록 돕는다. 디렉터는 주인공의 문제에 관한 이성적인 분석보다는 집단원들이 연기에 참여하며 느낀 감정들을 주인공과 함께 나누도록 돕는다.

② 디렉터는 계속해서 다양한 지지적 심리극 기법을 사용할 것이다.

③ 집단에 의한 추가 토론이 뒤따른다.

④ 마지막으로 디렉터는 새로운 주인공의 심리극을 위한 웜업 과정으로 옮겨 가거나, 아니면 다양한 종결 기법을 사용하여 집단을 종결하는 방향으로 옮겨 간다.

8) 심리극의 기법

(1) 역할바꾸기(role reversal)

역할바꾸기 기법은 진행 중인 극의 상황에서 상대(보조자)와 서로 역을 맞바꾸어 그 장면을 다시 시도해 봄으로써 상대의 입장을 이해하게 하고, 따라서 자신이 어떤 행위를 취할 것인가를 생각하게 해 준다. 이는 정보의 제공, 지각상의 변화 유발, 사고와 행동의 교정과 확장, 주인공이 자신을 어떻게 보고 있는가를 확인, 내면의 또 다른 자아와의 불균형을 해소, 의문에 대한 해답과 행동 결정의 책임을 고취하며, 행동에 대한 즉각적인 피드백을 준다.

(2) 이중자아(double)

이중자아는 자기의 감정을 확실하게 표현하지 못하는 주인공에게 사용하는 기법으로 가장 깊숙한 심정을 밖으로 유도해 내는 기법이라는 점에서 심리극에서 핵심적인 기법이다. 보조자가 주인공의 내면세계를 묘사하는데, 이때 감정을 극대화하고, 비언어적인 요소들을 언어화하고, 주인공의 태도에 진실성을 묻고, 주인공의 감정에 반대하고, 독백하는 등의 방법으로 주인공이 자신이 미처 알아차리지 못하는 모순된 자아를 명확히 알 수 있게 하는 방법이다. 이 외에도 지지, 격려, 직면, 역설, 발달 등 다양한 방법이 있다. 즉, 타인의 심리적 쌍둥이가 되어 그의 내부 소리로 작용해서 숨겨진 생각, 관심, 감정 등을 드러내 그가 이를 다시 충분히 표현하도록 하는 방법이다.

(3) 거울보기(mirroring)

거울보기는 비디오 효과와 같은 피드백을 제공해 주는 기법으로 심리세계의 거울로써 자아를 직면하게 해 준다. 위축되어 있거나 워밍업이 불충분할 때, 자신의 행동에 대한 이해, 혹은 그 영향을 모를 때, 타인과 적절히 상호작용하지 못할 때, 특히 제삼자의 위치에서 자신을 객관화시킬 때 이 기법이 적절하다.

(4) 빈 의자 기법(empty chair)

이는 고통스러운 상황을 직면하기 어려울 때 완화 작용을 해 주고, 상황을 스스로 충분히 조절할 수 있게 해 준다. 주인공을 선정할 때에는 "이 빈 의자에 지금 누군가가 앉아 있어요. 여러분에게 아주 중요한 사람입니다. 그 사람을 눈으로 그려 보세요. 그 사람이 선명히 떠오르면, 지금 그가 무엇을 하고 있고 어떤 옷을 입고 있는지, 또 무엇을 생각하고 있는지를 상상해 보세요. 이런 것들을 완전히 떠올렸으면 손을 들어 보세요."라고 말한다. 빈 의자에 자신, 타인, 물건을 투사하여 이야기할 수 있다.

(5) 독백(soliloquy)

주인공 자신의 숨겨진 생각과 감정을 서술할 필요가 있을 때 사용한다. 주인공의 상대역(보조자)은 듣지 못하고 관객들만 들리는 것으로 하고 혼잣말을 하는 것이다.

(6) 미래투사 기법(future projection)

이는 주인공에게 특정한 미래 장면을 경험하도록 하여 불확실한 요소, 애매한 것들을 구체화하고 살아 있게 한다. 또한 예기불안을 감소시키고 자신감을 심어 주며 필요한 자질과 기술을 배우게 한다.

(7) 시간 퇴행 기법(time regression)

이는 실제로 지금-여기에서 일어나고 있는 일로 믿는 자세가 중요하다. 예컨대, 트라우마, 불쾌한 경험, 기타 과거의 경험으로 문제가 있을 때, 현재의 어려움이 과거의 경험과 관계가 있을 때, 우리는 과거로 돌아가 지금-여기에서 일어나는 일로 다시 다룬다.

이 밖에도 공간 기법으로 장애물(차기, 떼어 내기, 던지기 등), 힘(밀고 당기기, 밀어내기, 쓰러뜨리기), 거리(로코그램, 스펙트로그램, 소시오그램), 크기(앉고 서기) 등이 있다. 그리고 상황 기법으로 장애물 기법(억압된 분노, 욕구불만의 표현을 촉진), 편지 기법(타인에 대한 감정 탐구), 전화 기법(직접 대면을 회피하려 할 때), 모태 기법(인생을 다시 시작

하고 싶을 때, 이 세상에 대해 불확실하다고 느낄 때), 거꾸리와 장다리 기법(지배자, 자기비
하자), 집단선거 기법(집단의 저항, 긴장, 불안 시 대표자 선정), 법정 기법 등 다양하다.

참고문헌

박희석, 손정락, 조성희(2001). 모레노 사회원자 투사법 검사(MSAPT)의 한국판 표준화 및
　　임상적 유용성. 한국사이코드라마학회지, 4(1), 47-63.

박희석(2002). 대학생 우울집단에 대한 인지-행동치료와 사이코드라마의 치료 효과. 전북
　　대학교 대학원 박사학위 청구논문.

박희석(2010). 상담과 예술치료에서 역할극. 광주: 마음숲.

임형택, 박희석 외 공저(2013). 평생교육방법론. 경기: 공동체.

최헌진(2003). 사이코드라마 이론과 실제. 서울: 학지사.

Blatner, A. (2000). *Foundations of Psychodrama: History, Theory and Practice*.
　　N.Y: Springer. (박희석, 김광운, 이정희 공역. 심리극으로의 초대. 서울: 시그마프레
　　스. 2005).

Blatner, A., & Blatner, A. (1988). *Foundations of psychodraman: History, theory
　　and practice*. New York: Springer. (한국사이코드라마학회 역. 싸이코드라마의 토
　　대. 서울: 중앙문화사. 1997).

Dayton, T. (1994). *The Drama Within*. New York: Health Communications. (김광
　　운, 박희석, 이숙자 공역. 심리극과 경험치료를 활용한 집단상담. 서울: 학지사. 2008)

Edwards, J. (1996). Examining the Clinical Utility of the Moreno Social Atom
　　Projective Test. *Journal of Group Psychotherapy, Psychodrama & Sociom-
　　etry, 48*, 51-75.

Hale, A. E. (1981). *Conducting Clinical Sociometric Explorations*. Roanoke, VA:
　　Royal Publishing Co.

Holmes, P. (1992). *The inner world outside*. Routledge.

Karp, M., Holmes, P., & Tauvon, K. B. (1998). The Handbook of Psychodrama.
　　London: Routledge. (김광운, 박희석 외 공역. 심리극의 세계. 서울: 학지사. 2005).

Kellermann, P. F. (1987). A proposed definition of psychodrama. *Journal of
　　Group Psychotherapy, Psychodrama and Sociometry, 40*(3), 76-80.

Kipper, D. A. (1986). *Psychotherapy through clinical role playing*. NY: Bruner/
　　Mazel.

Kole, D. (1967). The spectrogram in psychodrama. *Group Psychotherapy, 20*(1-
　　2), 53-61.

Marineau, R. F. (1989). *Jacob Levy Moreno 1889-1974: Father of Psychodrama, So-
　　ciometry and Group Psychotherapy*. London: Routledge.

Moreno, J. L. (1971). *The Words of the Father*. Beacon, NY: Beacon House.

Moreno, J. L. (1989). The autobiography of J. L. Moreno, M. D. (Abridged). *Jour-
　　nal of Group Psychotherapy, Psychodrama & Sociometry, 42*(1-2), 15-125.

Violet Oaklander. (1978). *Windows to Our Children*. A publication of the Gestalt
　　Journal.

Yablonsky, L. (1992). *Psychodrama*. NY: Brunner/Mazel.

Yalom, I. D. (1985). *The Theory and Practice of Group Psychotherapy*(Third Edi-
　　tion). (최해림, 장성숙 공역. 집단정신치료의 이론과 실제. 서울: 하나의학사. 1993).

Yalom, I. D. (1995). *The theory and practice of group psychotherapy*(4th ed.). N.Y.:
　　Basic Books.

제14장

심리극치료 프로그램의 실제

개요

심리극은 매우 전문적인 기술이 요구된다. 그만큼 심리극 디렉터의 역할은 다양하다. 심리극에서 디렉터는 분석가, 제작자, 치료사, 집단 리더의 역할이 요구된다. 이 역할을 몇 가지 예시된 기법으로 배울 수는 없다. 다만, 사회측정법, 역할극이 중심 기법으로 적용되기 때문에 이 장에서 제시하는 몇 가지 기법을 응용한다면 아동 및 청소년들에게 적절히 심리극을 활용할 수 있을 것이다. 이 장에서는 매우 제한적이지만 실제 현장에서 적용 가능한 몇 가지 사회측정법과 심리극의 변형 기법을 안내한다.

학습 목표

심리극은 문학치료, 미술치료, 무용/동작치료, 음악치료 등과 통합적인 방식으로 진행하기 매우 쉽다. 몇 가지 기법을 통해 심리극의 응용력을 학습할 수 있을 것이다.

주요 용어			
사회원자	대립 다이아몬드	역할 연기	심상드라마
행위사회도해	이중자아	분광 기법	빈 의자 기법

1. 타인이 되어 소개하기

(1) 목표

이 방법은 두 사람의 대화 과정에서 타인의 이야기를 잘 경청하도록 하는 훈련을 하고, 대화가 끝난 다음 타인이 되어 타인으로서 소개하는 기법이다.

(2) 대상: 아동/청소년/성인, 개인/집단

(3) 과정

① 집단원들이 둘씩 짝을 짓게 한다.

② 둘씩 자신을 소개한 다음, 짝과 함께 다른 짝을 만나 네 명이 된다.

③ 네 명이 만나 서로 방금 소개한 짝이 되어 그 짝이 자신이라고 여기고 소개한다.

④ 수가 적을 때는 집단 전체에 자신의 짝이 되어 소개한다.

(4) 마무리

① 다른 사람이 되어 그를 소개할 때 어떤 느낌인지 소감을 나눈다.

② 둘씩 소감 나누기가 끝나면 전체적으로 소감을 나눈다.

2. 타인이 되어 인터뷰하기

(1) 목표

이 방법은 내담자의 삶에서 의미 있는 인물, 즉 긍정적이든 부정적이든 자신에게 영향을 미친 사람이 되어 봄으로써 온전히 역지사지의 기회를 갖도록 한다.

(2) 대상: 아동/청소년/성인, 개인/집단

(3) 과정

① 두 사람씩 짝을 이룬다.

A --------- B

② 우선 A가 중요한 인물(갑)을 떠올린다.

③ A가 갑이 되도록 하고 B가 인터뷰를 한다.

B --------- A(갑)

B가 인터뷰 : "당신은 어떤 분인가요? 당신을 설명해 주세요."

"당신의 성격은 어떤 특성이 있나요?"

"무엇 때문에 A가 당신(갑)을 만나려 할까요?"

"평소 당신이 생각하기에 A는 어떤 사람인가요?"

"당신은 A가 당신에게 어떻게 해 주길 원하나요?"

"당신이 A에게 한 문장으로 말을 한다면?"

④ A가 끝나면 B도 같은 방식으로 진행한다.

(4) 마무리

① 두 사람이 서로 타인이 되어 본 다음, 소감을 나눈다.

② 두 사람이 소감을 마치고 나면 전체가 함께 소감을 나눈다.

3. 타인과 소통하기

(1) 목표

이 방법은 내담자가 자신의 삶에서 의미 있는 인물, 즉 긍정적이든 부정적이든 자신에게 영향을 미친 사람에게 평소에 하지 못한 이야기를 하게 한다. 특히 감정적으로 억압되어 있는 사람이 감정을 표현하게 하거나 자신의 입장이 아닌 타인의 입장에 머물러 봄으로써 관점을 바꾸고 조망 능력을 확장하는 데 효과가 있다. 사회극 방식의 역할극에서도 다른 집단의 입장을 이해하는 데 효과가 있다.

(2) 대상: 아동/청소년/성인, 개인/집단

(3) 과정

① 두 사람씩 짝을 이룬다.

② 우선 A가 중요한 인물(갑)을 떠올린다.

③ A가 갑이 되고 B가 인터뷰를 한다. (자리 바꿈)

B --------- A(갑)

B가 인터뷰 : "당신은 어떤 분인가요? 당신을 설명해 주세요."

"당신의 성격은 어떤 특성이 있나요?"

"무엇 때문에 A가 당신(갑)을 만나려 할까요?"

"당신이 A에게 한 문장으로 말을 한다면?"

(예컨대, "제발 어린아이처럼 굴지 마라.")

④ (역할바꾸기)

A가 자신의 자리로 원위치하고, B가 갑이 된다.

A --------- B(갑)

◀--- 갑이 했던 말, "제발 어린아이처럼 굴지 마라."

---▶ 그런 다음 A는 갑에게 평소 하고 싶은 말을

마음껏 한다.

이 과정에서 갑의 역할을 하는 B는 애드립을 통해 A가 하고 싶은 말을 계속하도록 하는 것이 필요하다. A가 자신의 생각이나 감정을 충분히 표현하고 나면 역할을 바꾼다.

⑤ (역할바꾸기)

다시 역할을 바꾸어 A가 갑이 되고, B는 A가 된다. A가 된 B는 A가 마지막에 한 말을 그대로 되풀이한다.

$$B(A) \quad --------- \quad A(갑)$$

---➤ 먼저 B(A)가 A의 마지막 문장을 반복한다.

◄--- A가 갑이 되어 답변한다.

---➤ 다시 B(A)가 A(갑)에게 묻는다.

　　"당신은 내가 어떻게 해 주길 원하나요?"

◄--- A(갑) 그에 답변을 한다.

⑥ (원위치)

A가 갑이 되어 충분히 답변하면 다시 원위치해서 추가 대화를 한다.

$$A \quad \langle --------- \rangle \quad B(갑)$$

◄--- B(갑)가 먼저 답변을 그대로 재연한다.

---➤ A가 추가 대화를 한다.

(4) 마무리

① 타인의 역할에서 알게 된 것에 대해 소감을 나누도록 한다.

② 평소에 말하지 못하던 사람과 만나서 하고 싶은 이야기를 하고 난 이후의 느낌을 나누도록 한다.

4. 또 다른 나 만나기

(1) 목표

심리극에서 이중자아(double)는 자기의 감정을 확실하게 표현하지 못하는 주인공에게 사용하는 기법이다. 이는 가장 깊숙한 심정을 밖으로 유도해 낼 수 있기 때문에 심리극의 핵심 기법이다. 보조자가 주인공의 내면세계를 묘사하는데, 이때 감정을 극대화하고, 비언어적인 요소들을 언어화하고, 주인공의 태도에 진실성을 묻고, 주인공의 감정에 반대하고, 독백하는 등의 방법으로 주인공이 자신이 미처 알아차리지 못하는 모순된 자아를 명확히 알 수 있게 하는 방법이다. 즉, 타인의 심리적 쌍둥이가 되어 그의 내부 소리로 작용해서 숨겨진 생각, 관심, 감정 등을 드러내 그가 이를 다시 충분히 표현하도록 하는 방법이다.

다음 방법은 개인의 경우 자신의 내면에 있는 목소리, 혹은 집단의 경우에는 집단의 내부에 있는 또 다른 입장을 탐색하고 이해하는 방법이다.

(2) 대상: 아동/청소년/성인, 개인/집단

(3) 과정

① 둘씩 짝을 짓게 한다. A-B

② A가 독백을 한다. 그러면 B는 A의 또 다른 자아, 즉 이중자아가 되어 그 말에 대해 지지나 격려를 하고, 때로는 탐색과 직면을 한다. 여기서 지지와 격려는 주로 공감의 차원에서, 탐색은 마음의 세계를 알기 위해, 직면은 언어와 행동의 불일치를 안내하기 위해 활용한다.

A: "나는 정말 되는 게 없어. 정말 열심히 살고 있는데 왜 이렇게 일이 잘 안 풀리는지 몰라…. 난 정말 복이 없나 봐! 어휴, 정말 답답해!! (살짝 미소….)"

B(이중자아): "그러게 말이야…. 나도 열심히 산다고 살았는데, 정말 답답해…. 그래도 열심히 살아왔으니 언젠가는 좋은 일이 생길 거야….(지지/격려) 그래도 나쁜 일만 있던 건 아니잖아…. 잘 생각해 봐…. 내가 잘 해 온 게 있잖

아?(탐색) 그런데 정말 답답하다고 하면서 미소 짓는 것은 말과 표정이 다르거든? 이게 뭘 말해 주지?(직면)"

(4) 마무리
① 또 다른 자아가 자신의 마음을 읽어 줄 때 어떤 느낌이었는지 소감을 나눈다.
② 다른 사람의 자아가 되어 그를 지지하고 격려하고 탐색했을 때 무엇을 느꼈는지 소감을 나눈다.

5. 내면의 목소리

(1) 목표: 이 방법은 자신의 내면을 더욱 신속하게 알도록 하는 방법이다.
(2) 대상: 청소년/성인, 개인/집단
(3) 과정
① 내담자들에게 자신이 앉아 있던 의자 뒤에 서도록 한다.
② 집단 치료사는 내담자들에게 대답해야 할 질문을 한다.
 "집단에서 어떻게 느끼고 있습니까?" "이 순간 당신 자신에 대해 어떻게 느끼십니까?" "당신이 기대하는 것은 무엇입니까?" "당신이 이 집단에서 하고 싶은 말은 무엇입니까?"
③ 그런 다음, 내담자들이 그들의 의자 뒤에 서서 자신에 대해 이중자아가 되도록 한다. 즉, 자신의 내면의 소리를 밖으로 표현하게 하여 평상시 말하지 않던 것을 말하게 한다.
④ 이때 치료사는 다양한 방식의 질문을 추가할 수 있다.
 "자신에게 가장 하고 싶은 말은 무엇입니까?" "당신이 용기를 낼 수 있는 가장 절실한 말은?"
(4) 마무리
① 내면의 목소리가 되어 자신의 마음을 읽어 줄 때 어떤 느낌이었는지 소감을 나

눈다.

② 일상생활에서 평소에 하지 못하던 내면의 목소리가 무엇인지 함께 나눈다.

6. 빈 의자에 초대하기

(1) 목표

빈 의자 기법은 고통스러운 상황을 직면하기 어려울 때 완화 작용을 해 주고, 상황을 스스로 충분히 조절할 수 있게 해 준다.

(2) 대상: 아동/청소년/성인, 개인/집단

(3) 과정

① 내담자에게 자신의 삶에서 가장 소중한 사람이나 가장 힘들게 한 사람, 혹은 만나고 싶은 사람을 떠올리게 하고 빈 의자에 앉아 있다고 상상하게 한다.

"이 빈 의자에 지금 누군가가 앉아 있어요. 여러분에게 아주 중요한 사람입니다. 그 사람을 눈으로 그려 보세요. 그 사람이 선명히 떠오르면, 지금 그가 무엇을 하고 있고 어떤 옷을 입고 있는지, 또 무엇을 생각하고 있는지를 상상해 보세요."

② 내담자가 각자 빈 의자에 앉아 있는 인물에게 하고 싶은 말을 하도록 한다.

③ 또한 내담자는 빈 의자에 앉아 있는 사람이 되어 그 사람으로서 자신을 집단원들에게 소개할 수 있다.

(4) 마무리

① 빈 의자에 누군가를 앉혀 하고 싶은 말을 충분히 하고 난 후의 느낌을 나눈다.

② 빈 의자에 앉아 있는 사람이 왜 자신의 삶에서 중요한 사람인지 함께 나눈다.

7. 자문위원 위촉하기

(1) 목표

이 방법은 내담자가 위축되어 있거나 자기표현이 억제되어 있을 때 집단의 지지와 긍정적인 자문위원의 도움으로 자기표현을 하도록 한다.

(2) 대상: 아동/청소년/성인, 개인/집단

(3) 과정

① 집단을 원으로 만들고, 원 중앙에 의자를 두 개 놓고, 밖에도 의자를 두 개 배치한다.

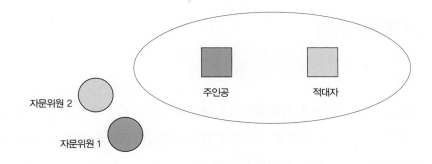

② 주인공을 선정하고 다루고 싶은 것을 탐색한다. 예컨대, 주인공이 학교폭력 피해자로 가해자에게 자기표현을 잘 못하는 경우라면 주인공으로서 적절하다.

③ 주인공의 삶에서 긍정자문위원(힘이 되는 사람, 응원해 줄 사람)을 두 사람 선정하도록 한다.

④ 주인공의 적대자(가해자) 역할을 할 사람을 집단에서 선정한다. 그리고 주인공이 자신을 지지해 줄 두 사람이 자신의 삶에서 누구인지 소개하도록 한다. 예컨대, 엄마일 수 있고, 친구나 선생님일 수 있다. 이때 자신을 지지해 줄 사람이 없다고 하면, 집단에서 지지해 줄 사람을 찾도록 한다.

⑤ 주인공이 적대자에게 하고 싶은 말을 하도록, 자문위원은 큰 소리로 주인공을 격려하고 지지한다. 적대자 역시 적절한 애드립을 통해 주인공의 감정을 고조시

킨다.

⑥ 주인공이 앞에 있는 적대자에게 하고 싶은 이야기를 마음껏 하도록 한다. 이때 자문위원뿐만 아니라 원으로 둘러앉은 집단원들도 응원을 한다.

⑦ 디렉터는 필요에 따라 대화를 더욱 깊고 명료하게 하도록 유도한다. 이때 주인 공은 돌아가면서 경험할 수 있다.

(4) 마무리

① 주인공의 역할을 한 사람이 각자의 소감을 나누도록 한다.

② 주인공의 적대자 역할을 한 사람의 경우 역할을 벗기 위해 그 역할에서의 느낌 을 나눈다.

8. 사회원자검사

(1) 목표

이 방법으로 한 개인의 사회적 관계망을 형성하고 있는 반발과 매력의 무의식 패턴 을 알아볼 수 있다. 이것은 또한 치료사와 집단원이 치료 과정을 통해 주목하게 되는 상호관계의 맵을 제공한다. 사회원자는 한 개인이 삶에서 중요한 관계를 맺고 있는 최소한의 인간관계 단위를 말한다.

(2) 대상: 아동/청소년/성인, 개인/집단

(3) 과정

① 참가자들에게 연필과 종이(A4)를 준비하도록 한다.

② 현재의 삶에서 자신의 사회원자를 그리도록 한다. "여자는 원으로, 남자는 네모 로 그리되, 먼저 종이의 적절한 곳에 여러분 자신을 표시하세요. 적절한 느낌이 든다면 어디에 그려도 좋습니다."

○ 여자　　　　　　　　　□ 남자

○ 사망한 여자　　　　　　□ 사망한 남자

△ 무성(문제, 장애물, 애완동물 등)

— 상호 매력　　　　　　--- 상호 거부

— 상호 무관심

③ 이어서, "이제는 여러분이 느끼기에 중요한 관계나 의미 있는 관계들을 자신과 가깝거나 멀게 표시하는데, 적절한 느낌이 들도록 크기나 비율을 조정해 보세요. 여러분은 애완동물, 친척, 조부모, 친구 등을 포함시킬 수 있습니다. 사망한 사람을 나타낼 때는 점선을 사용하거나 까맣게 그리세요. 그리고 기호 옆에 각 사람의 이름을 쓰세요."라고 한다.

④ 일단 모든 원자를 종이 위에 그려 넣고 그 원자들에 대한 느낌을 갖게 되면, 사람들이 대집단에서 발표하거나, 소집단으로 한 명씩 짝을 지어 혹은 치료사와 일대일로 그것을 나누도록 한다. 이러한 원자들은 단지 현재를 반영한 것이며, 이들은 항상 변화하는 주체라는 것을 잊지 말아야 한다.

⑤ 이렇게 원자들에 대해 함께 나누는 것은 원자로 제시한 그들에 대해, 그리고 상호관계, 매력, 반발, 그리고 상대적 크기와 중요도의 현실성을 명료화하는 것과 관련하여 많은 감정을 불러올 수 있다. 잠재해 있는 강한 감정들을 모두 공유하도록 충분한 시간을 준다.

⑥ 나누기를 하고 나면, 당신은 (a) 사회원자들을 행위로(다음에 나오는 행위사회도해 참고) 표현하게 할 수 있고, 혹은 (b) 이를 성장의 정도로 이야기해 줄 수 있다.

(4) 사회원자의 이해

많은 사람은 지금까지 5명에서 24명 정도의 원자를 갖고 살아간다. 이보다 적은 사람은 우울해질 수 있고, 25명이나 30명보다 많은 사람은 보다 피상적인 관계이며 그리 가깝지 않을 수 있다. 단순히 이러한 양은 자신의 현재 삶의 원자에 적용할 수 있다. 우리가 사회원자를 이해하려 할 때 고려해야 할 몇 가지는 다음과 같다.

- 삭제하거나 바꾼 것: 이는 드라마에서 탐색될 필요가 있는 미해결 과제나 불안이 있다는 것을 의미한다.
- 크고 거리가 먼 이미지: 이는 권위적 인물과 관련이 있다.
- 작고 거리가 먼 이미지: 이는 부정적인 전이나 경쟁적인 형제자매의 인물을 나타낸 것이다. 특히 그것이 아주 작다면 말이다.
- 겹쳐진 것: 이는 차별화의 욕구와 관계가 있을 수 있다. 특히 그것이 달리 설명되지 않는다면 말이다.
- 수평 혹은 수직으로 양분된 것: 기호가 수직선이나 수평선으로 양분되었다면, 내담자의 관점에서 왼쪽의 것과 오른쪽의 것 사이에 차이가 있는 것에 대해 주목해야 한다. 예컨대, 과거와 현재, 여자와 남자 같은 것 말이다.
- 생략: 생략이나 부재로 눈에 띄는 사람이 있는가?
- 여러 선: 여러 선으로 그려져 있다면 이와 관련이 있는 불안을 찾아야 한다.

9. 모레노 사회원자투사법 검사

(1) 목표

모레노 사회원자투사법 검사(Moreno Social Atom Projective Test: MSAPT)는 모레노가 만든 것을 에드워즈(Edwards, 1996)가 표준화한 것으로, 국내에서는 박희석, 손정락, 조성희(2001)가 번안하여 표준화하였다. 이는 다음 여섯 가지 점수를 이용하여 해석한다. 이제까지 모레노의 사회원자를 광범위하게 받아들이지 못한 것은 이 검사에 대한 표준화 연구가 부족했고 그것을 사용한 연구가 부족했기 때문이다. 이 검사는 개인이 관계 맺고 있는 주변 사회원자를 확인함으로써 개인을 이해할 수 있게 한다.

(2) 대상: 아동/청소년/성인, 개인/집단

(3) 준비물: A4용지 1장, 연필, 지우개

(4) 단계

이 검사는 다음과 같은 단계로 진행하며, 사전에 이 검사의 목적에 대해 충분히 설명해야 한다.

① "다음 A4 용지 한 곳에 자기 자신을 나타내는 상징을 그립니다. 자기가 남자라면 세모(△), 여자라면 동그라미(○)로 그립니다. 그런 다음, 그 상징에 '나'라고 표시합니다. 그리고 당신의 인생에서 중요한 역할을 하고 있는 사람들을 나타낼 것인데, 이때도 각각의 사람을 남자는 세모, 여자는 동그라미로 표시합니다. 당신이 느끼기에 그 관계가 얼마나 가까운가에 따라서 각각의 상징을 당신 자신의 상징과 멀게 혹은 가깝게 그릴 수 있습니다. 그런 다음, 당신이 쉽게 알아볼 수 있도록 각각의 상징에 이름이나 약자를 표기합니다. 사망한 사람일 경우에는 상징에다가 '사망'이라고 표시하고, 다음과 같이 줄을 긋습니다(△⊖)."

예)

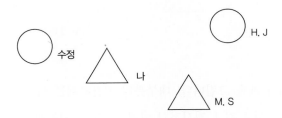

② "이번에는 그린 상징 중에서 가족성원인 경우 그 사람이 누군지, 당신과 어떤 관계인지를 표기합니다. 예컨대, 어머니, 아버지, 형, 누이, 이모, 고모, 삼촌, 사촌, 사위 등…."

예)

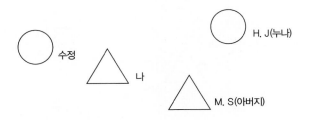

③ "이번에는 각각의 관계가 당신에게 끼친 영향을 생각해 봅니다. 각 개인과의 관계를 유지하기 위하여 요구되는 개인적 에너지의 양을 생각해 보는 것입니다. 당신이 느끼기에 그 관계가 당신에게 긍정적인 영향을 끼쳤다고 생각하면, 예컨대, 힘을 주고, 기운이 나게 하고, 자극을 주고, 혹은 당신이 함께 시간을 보내고 싶은 사람이라면, 해당하는 상징 안에 플러스(+)로 표시합니다. 그러나 당신이 느끼기에 그 관계가 당신에게 부정적인 영향을 주고 있다면, 예컨대, 맥 빠지게 하고, 갈등을 겪게 하고, 혹은 함께 시간을 보내고 싶지 않은 사람이라면, 해당하는 상징 안에 마이너스(−)로 표시합니다. 그 관계가 중립적이라면, 해당하는 상징에 기호를 표시하지 않습니다."

예)

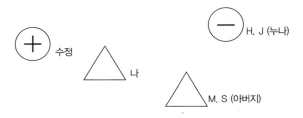

④ "같은 그림에다 계속 그립니다. 대부분의 인간관계는 서로 주고받는 것입니다. 이러한 거래는 서로 간에 정서적인 지지, 우정, 물질적인 것, 혹은 호감의 형태로 이루어집니다. 때로 이러한 거래는 불균형적일 수 있습니다. 현재 이 시점에서 당신이 상대방으로부터 받기보다는 주기를 더 많이 한다면, 당신의 상징에서 그 사람(들)의 상징(들) 쪽으로 화살표를 그리세요. 그런데 당신이 주는 것보다

예)

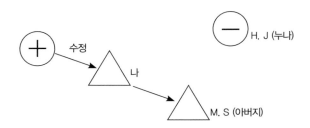

많이 받는다고 느끼면, 그 사람의 상징에서 당신 쪽으로 화살표를 그립니다. 불균형하게 느끼는 관계에 대해서는 이런 식으로 합니다. 그렇지만 현재 주고받는 것이 똑같이 균형을 이루는 관계라면, 화살표를 그리지 않습니다."

(5) 해석

① 크기(Size)는 살아 있든 죽어 있든 관계망 성원들의 전체 수로 계산되는데, 이는 MSAPT의 도해에 들어 있다. 모든 상징, 남성과 여성들이 계산에 포함되며 이 수를 모두 합친 것이 된다.

② 갈등(Conflict)은 사회적 관계망에서 반응자가 갈등으로 표시한(−) 관계의 백분율을 말한다. 이 백분율은 갈등적 관계의 관계망 성원들/전체 관계망 성원들로 계산된다.

③ 상호성(Reciprocity)은 MSAPT에서 불균형하거나 일방적 관계로 나타난 모든 관계의 백분율을 말한다. 이는 피험자들이 관계망 성원들에게 그리거나 그들(피험자)에게로 그려지는 화살표로 나타낸다. 피험자에게로 향하고 피험자에게서 나가는 불균형(주고받는)은 하나의 점수로 계산된다.

④ 가족(Family)은 다른 모든 관계망 성원들에 대하여, 피험자가 이름을 붙인 관계망 성원의 상징들에서 확인된 가족 성원들의 비율을 말한다.

⑤ 사망(Deceased)은 도해에서 사망한 사람의 수를 전체 크기의 점수로 나누어 표시한다.

⑥ 성(Gender)은 여성 상징(○)의 전체 수를 크기의 점수로 나누어 계산한다.

10. 행위 사회도해

(1) 목표

행위 사회도해(action sociogram)는 행위를 덧붙인 사회원자다. 주인공은 자신의 사회원자를 완성한 후, 그것을 실연하도록 무대에 초대된다. 필요한 보조자 역할을 하도록 집단성원을 선택함으로써 전체 사회원자의 일부가 선정될 수 있다. 주인공은 역할 훈련을 위하여 자신의 원자인 그 사람들이 실생활에서 혹은 자신에게 어떻게 보였는지를 보조자에게 보여 줄 수 있게 자신의 원자인 그 사람들과 역할을 바꾸어 시작하고 싶어 할 수 있다. 주인공은 느낌이 올라오는 어떤 장면에서든 상호작용할 수 있다. 이 시점에서 역할바꾸기와 이중자아가 적절히 적용될 수 있다.

이 원가족 사회원자는 치료사와 내담자가 치료 과정에서 필요할 때 이야기할 수 있는 것으로, 원가족의 특성들을 나타낸 지도를 제공한다. 집단 내에 강한 전이가 있다면, 치료사는 "당신의 원 사회원자 중에서 이러한 감정을 갖는 사람은 누구죠?"라고 묻고, 치료사와 내담자는 이것을 통해 전이 작업을 할 수 있다(예컨대, "그 사람과 하고 싶은 말은?"). 이 사회원자는 한 개인의 텔레 영역을 시각적으로 배치해 놓은 것으로 특정한 개인의 선택과 거부로 나온 대인관계 구조의 합을 말한다. 이는 사티어의 가족조각과 유사하다.

우선 사회원자를 구체화한다. 그리고 실제 인물과 상호작용할 기회를 제공한다.

(2) 대상: 청소년/성인, 개인/집단

(3) 과정

① 집단성원들에게 그들의 사회원자를 그리도록 한다. 대개 가족을 그리는 경우가 많다.

② 주인공을 선정하고, 이때 주인공에게 어떤 특정 역할이나 여러 역할을 할 사람들을 선택하도록 한다. 주인공이 사회원자와의 관계에 대해 거리와 방향을 고려하여 보조자를 무대에 배치시켜 진행하면 가족조각이 된다.

③ 만일 보조자의 역할들을 좀 더 알아야 한다면, 주인공에게 역할을 바꾸도록 하여 그 역할과 비슷한 것을 집단에게 약간 보여 줘야 한다.

④ 주인공에게 그와 상호작용한 장면으로 가도록 하거나, 특정한 인물에게 감정이 느껴질 때까지 전체 장면을 대략 만들어 간다. 이 시점에서 주인공은 그 사람과 이야기를 시작할 수 있다.

⑤ 주인공이 원한다면, 그 장면대로 나가도록 하고, 그 태도를 충분히 인식하고 그가 어떻게 느꼈는가를 보도록 해 준다. 그는 자신의 역할을 하도록 누군가를 선택하고 자신의 드라마를 보고 싶어 할 수 있고, 자신과 역할을 바꾸거나 동기화

된 장면에서 자신을 위해 이중자아를 하고 싶어 할 수 있다.

⑥ 실연을 통해 주인공으로 하여금 인물들에게 그의 감정을 자유롭게 표현하도록 해 주는데, 여기에는 역할바꾸기, 이중자아, 인터뷰 등과 같은 적절한 기법을 사용한다.

⑦ 원한다면, 그가 하고 싶은 대로 장면을 구성함으로써 장면을 '교정'하는 것을 포함해 어떤 식으로든 그가 원하는 장면으로 끝내도록 한다. 당신은 그가 가졌으면 하고 바라던 것을 갖도록 하기 위하여 '바뀐 보조자'를 선택하도록 제안할 수 있다. 즉, 그는 자신이 필요로 하고 받았으면 하는 것을 요구할 수 있다.

⑧ 집단성원들에게 제기된 것들과 보조자들이 여러 역할을 하면서 느낀 것들을 나누도록 충분한 시간을 할애한다.

(4) 변형

주인공들은 주변을 돌아다니면서 '조각'(가족조각)을 하고 그들이 경험한 감정을 독백하면서 웜업하고 싶어 할 수 있다. 종결을 할 때에는 그와 똑같은 방식으로, 즉 단순히 백업하고 특별한 목적 없이 조각에 대해 이야기하면서 마칠 수 있다.

11. 분광 기법

(1) 목표

분광 기법(spectrogram)은 무의식적 자료를 의식화하는 행위 사회측정법의 일차원 형태다(Kole, 1967). 집단에 토론의 주제가 되는 어떤 문제나 특성에 대해서, 집단은 자기들이 서 있는 위치나 자기 스스로 평가하는 바를 보여 주는데, 방(무대)에 보이지 않는 선을 긋고 그 선 위 어디엔가 올라서도록 한다. 이 기법은 문제를 객관화하고 명료화하기 때문에 토론의 여지가 많아진다.

(2) 대상: 아동/청소년, 개인/집단

(3) 과정

① 방(무대)에 가상의 선을 그린다.

② 방의 양쪽 끝은 극단적인 것을 나타내며, 방을 양분하는 가운데의 선은 그 사이의 중간 지점이라는 것을 집단원들에게 설명해 준다. 예컨대, 양 끝을 가리키면서 뜨겁고 차갑고, 편안하고 불편하고, 아주 많고 아주 적고, 좋고 나쁘고, 또는 1과 10 등.

③ 이제 특별한 주제의 기준을 적용할 수 있는 일련의 문제들로 질문을 하고 그 연속선상에서 이 질문에 그들의 반응을 가장 잘 기술하는 지점이 어떤 위치에 있는지를 묻는다. 예컨대, 선으로 제시한 중간 지점에서, 방의 한쪽 끝은 아주 좋은 것을 나타낸 것이고 다른 쪽 끝은 아주 나쁜 것이라고 말해 주고, "여러분은 자신의 직장 생활에 대해 어떻게 느끼십니까?"라고 질문한다. 최근에 해고당한 사람은 아주 나쁜 쪽 끝으로 갈 것이지만, 이러한 문제를 겪지 않은 사람은 중간 지점에 밀집해 있을 수 있다.

④ 이것을 하는 동안, 두 사람이 혹은 집단 전체가 그들에게 느껴지는 감정들을 자발적으로 나누도록 한다.

⑤ 계속해서 집단 전체가 감정들을 공유하도록 한다.

(4) 변형

집단에 도움이 될 수 있는 어떤 질문도 가능하다. 예컨대, "이 집단에서 당신은 어떤 느낌이 드세요?" "당신의 신체에 대한 느낌은 어때요?" "당신의 회복에 대해 어떤 느낌이 드나요?" "당신의 직업 생활, 개인 생활, 가족관계에 대한 느낌은요?" 등이다. 이러한 질문들은 프로세싱을 위한 정보를 제공해 주며 사람들에게 공유된 감정을 발견하도록 해 준다.

12. 대립 다아이몬드 도해

(1) 목표

대립 다이아몬드 도해(Diamond of Opposites)는 앤 헤일(Hale, 1981)에 의해 만들어진 것으로, 어떤 특성의 양가적인 면을 동시에 측정하는 사회측정법이다. 예컨대, 한 개인에 대한 매력과 반발을 양 축으로 나누어 매력에 대한 정도와 반발에 대한 정도를 동시에 고려해 측정하기 때문에 양가적인 측면을 이해하는 데 매우 효과적이다. 이는 2차원상에서 두 가지 측면을 동시에 고려하기 때문에 1차원상의 분광 기법에 비해 양가적인 측면을 동시에 이해할 수 있다.

(2) 대상: 아동/청소년/성인, 개인/집단

(3) 과정

① 이곳에 있는 동안 'a) 여러분 각자에게 가치 있고, b) 함께할 짝이 필요한 여가 활동'을 한 가지 생각한다.

② 지금 하려는 것과 이 활동이 부합하는지 짝과 이야기한다.

③ 짝과 등을 맞대고 앉는다. 지금 선택한 활동의 파트너로서 짝을 생각해 본다. 그런 다음 아래 다이아몬드 안에 점을 표시하는데, 이 활동에 짝을 선택하고자 하는 힘(+)과 선택하지 않고자 하는 힘(-)을 표시한다. 이때 양 극단을 10점 척도로 나누는 것도 가능하다. 즉 0에서 +10, 0에서 -10으로 나누어 정도를 체크할 수 있다.

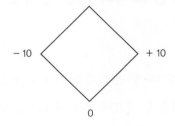

④ 그런 다음, 당신이 선택한 활동에 정말 짝을 파트너로 정할지를 결정한다. ○○ 짝을 선택한다, 또는 ○○ 짝을 선택하지 않는다, 또는 ○○를 중립적이기로 선택한다. 어떤 기준과 이유인지 적는다.

⑤ 짝은 어떠할지 지각된 바대로 짐작해 본다. 짝이 이 활동의 파트너로 당신을 선택하고자 하는 힘(+)과 선택하지 않고자 하는 힘(-)을 짐작해 본다. 다음 다이아몬드 안에 두 가지 힘을 상상한 대로 점으로 표시한다.

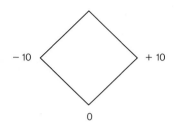

⑥ 짝이 당신을 파트너로 선택했을지를 짐작한다. ○○는 나를 선택했다, 또는 ○○는 나를 선택하지 않았다, 또는 ○○는 나에게 중립적이기로 선택했다.

⑦ 등을 돌려서 마주 보고 짝과 함께 서로의 데이터와 감지한 바를 이야기한다. 이제까지 한 것은 한 사람의 집단원에 대해 '대인관계 선호도에 대한 사회역동 테스트'를 실시한 것이다. 각 집단원에 대해 이와 같이 하고 나서 두 사람씩 정보를 나눈다.

13. 내가 바라는 소망 조각과 감정 연기 콘테스트

(1) 목표

소망 조각 소개를 통해 자기와 타인에 대한 이해를 돕고, 감정 연기 콘테스트를 통해 표정에 나타난 감정을 읽을 수 있으며, 자신의 감정을 다양하게 표현할 수 있다.

(2) 대상: 아동/청소년/성인, 집단

(3) 과정

A 내가 바라는 소망 조각

① 둘씩 짝을 지어 한 명이 자신이 원하는 모습을 짝을 통해 조각한다.

② 먼저 조각한 사람들이 모두 나와서 조각들을 둘러보고 한 명씩 자신의 조각 제목과 작품에 대해 설명을 해 준다.

B '감정 연기 콘테스트' 하기

① 한 사람씩 돌아가면서 자신이 생각해 낸 감정의 느낌이나 상황을 말하면 모두

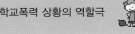

거기에 어울리는 표정을 만들어 낸다.

② 감정 형용사를 말한 사람은 감정 연기를 가장 잘한 친구가 누구인지를 말한다.

③ 모두 한 번씩 감정의 느낌을 말하고 나면, 전체 집단을 대상으로 가장 슬펐던 장면과 가장 기뻤던 장면을 떠올리게 한다.

④ 집단의 동의를 얻어 이 두 장면이 결정되면 집단이 두 장면을 즉흥극으로 표현하도록 한다.

(4) 마무리

① 소망 조각을 통해 알게 된 것을 나누도록 한다.

② 감정 연기 콘테스트에서 가장 슬픈 장면과 가장 기쁜 장면을 극화하는 과정에서 자신의 삶에서 가장 슬픈 기억과 가장 기쁜 기억에 대해 나누도록 한다.

14. 학교폭력 상황의 역할극

(1) 목표

① 학교폭력을 당했을 때 적절한 반응을 연습하도록 한다.

② 학교폭력을 당한 학생이 그 어려운 상황에서 좀 더 자발적이고 민첩하게 반응하도록 하여 폭력에 대한 불안을 감소시키도록 한다.

③ 학교폭력의 심각성을 일깨워 학교폭력을 예방하도록 한다.

(2) 대상: 아동/청소년, 집단

(3) 과정

① 몇 사람이 폭력 행동에 참여했는지에 따라 둘 이상의 지원자를 받는다.

② 되도록 그들의 선택에 따라 한 명(혹은 그 이상)은 피해자가 되고 한 명(혹은 그 이상)은 가해자가 된다.

③ 집단원들에게 상황을 정의하도록 한다. 예컨대, 학교에서 집으로 가는 길에, 쉬는 시간에, 점심시간 등이다. 그리고 이 상황에서 그들이 할 수 있는 것을 역할 연기자들이 실연하도록 한다.

④ 가해자가 피해자를 보고 상황을 체크한 다음, 피해자에게 뭔가를 원하도록 한다. 예를 들면, 공부를 하거나 화장실에 가거나 집에 가는 등이다.

⑤ 피해자에게 여러 방식으로 반응하도록 허용한다. 피해자가 여러 가지 반응을 연기할 수 있도록 격려한다.

⑥ 일단 행위를 정지시키고 집단원들에게 피해자의 (a) 가장 적절한 반응과 (b) 더욱 곤란하게 만드는 반응을 확인하도록 한다.

⑦ 피해자가 자신을 가장 안전하면서도 당당하게 폭력의 피해를 당하지 않도록 하기 위해 학생들이 그 장면의 역할연기를 하도록 한다. 원한다면 어떤 역할이든 이중자아를 초대해서 진행할 수 있다.

⑧ 적절한 방식으로 장면을 끝낸다.

(4) 마무리

가해자, 피해자, 이중자아 역할을 한 역할 연기자들에게 자신의 역할을 통해 느낀 소감을 나누도록 한다. 나누기를 할 시간은 충분히 준다.

(5) 변형

디렉터(상담자)는 어떤 시점에서 장면을 일시 정지시킬 수 있고 참여자가 어떤 인물 뒤에 서서 이중자아를 넣거나 어떻게 행위할 것인지 여러 가지 선택을 제시할 수 있다.

15. 우울에서 탈출하기

(1) 목표

① 우울의 내적 경험을 구체화하고 그것을 드러낼 방법을 제공한다.

② 우울에 대해 이야기하도록 어떤 형식을 제공한다.

(2) 대상: 아동/청소년, 집단

(3) 과정

① 우울과 역할 연기를 하고 싶은 지원자가 있는지 묻는다.

② 등장인물에게 우울의 역할을 연기할 누군가를 선택하도록 하거나 빈 의자를 사용하도록 한다.

③ 주인공에게 우울과 역할을 바꾸도록 하여 그 우울이 무엇처럼 보이는지 신체로 표현하도록, 즉 몸으로 보여 주도록 한다.

④ 역할을 바꾸고, 주인공이 우울에게 이야기하도록 함으로써 역할 연기를 시작한다. 예컨대, "난 너랑 사는 게 넌더리가 난다." "난 너를 느끼고 싶지 않아." 등으로 말이다.

⑤ 적절하다고 느껴지면 언제든지, 역할 연기를 하는 동안 역할을 바꾼다.

⑥ 디렉터는 주인공의 뒤에서 이중자아를 할 수 있고, 말로 나타나지는 않았지만 진실하다고 느끼는 것을 표현할 수 있으며, 또는 어느 한쪽의 역과 동일시하는 다른 집단의 성원을 초대하여 그들이 선택한 역에 대해 이중자아를 하도록 할 수 있다.

⑦ 이 장면을 끝낼 때가 됐다고 느끼면, 주인공에게 그가 우울에 대해 하고 싶은 마지막 말을 하도록 한다.

(4) 마무리

다른 집단의 성원들을 초대하여 극을 보면서 무슨 생각이 들었는지 나누도록 하고, 우울한 역할을 맡은 사람에게 그 역할을 하면서 어떻게 느꼈는지 묻는다.

(5) 변형

만약 일대일 상황에서 이 연습을 하고 싶다면, 우울을 나타내는 데 빈 의자를 사용할 수 있고 주인공과 역할을 바꾸도록 할 수 있는데, 이때 내담자의 경험을 다룬다. 과정분석(processing)은 이용 가능한 예술적인 양식이나 일지 쓰기(journaling)를 통해 지속할 수 있다. 어떤 기분, 걱정 또는 자기의 일부가 이런 방식으로 역할연기화될 수 있다. 이는 부끄럽고, 인기 없고, 인기 있다고 느끼는 자기의 일부이며, 행복, 화, 슬픔, 공포 등의 감정이 될 수 있다. 역할 연기는 원한다면 일지 쓰기, 글쓰기, 시 또는 다른 방법들과 함께 진행할 수 있다.

16. 내 안의 나 만나기

(1) 목표

① 숨겨진 사고와 감정을 의식 수준으로 가져오도록 돕는다.

② 주인공이 자기 자신의 감정 입구에 안전하게 도달하도록 한다.

(2) 대상: 아동/청소년/성인, 집단

(3) 과정

① 작업하고 싶어 하는 사람에게 자신의 역할을 할 사람을 선택하거나 빈 의자를
사용하도록 한다.

② 그런 다음 자신에 대하여 설명하도록 한다. 즉, 자신이 어떻게 서 있거나 앉아
있는지, 그리고 자신이 무엇을 느끼며 왜 그러는지 말이다. 빈 의자 대신 사람
이 선택되었다면, 그는 그 사람이 적절한 신체 자세를 취하도록 해야 한다. 먼
저 그가 의자에 앉아 자신의 역(이중자아)을 해야 한다. 이중자아 역을 하는 상
대에게 자기를 소개하고 자신에 대해 몇 가지 이야기하도록 한다.

③ 이제 주인공은 그 사람의 뒤에 서도록 하고 이중자아의 관점에서 그가 내부에서
느끼고 있는 실제적인 진실을 이야기하도록 한다.

④ 디렉터는 도움이 될 만한 어떤 부분에서든 그에게 역할을 바꿀 것을 제안할 수
있고, 또한 그는 이중자아의 입장에서 전체 드라마를 연기할 수 있다.

⑤ 극이 마무리되어 가고 있다고 느낄 때, 주인공에게 그가 원하는 방식으로 그 장
면을 마무리하도록 한다.

(4) 마무리

집단 내에서 그들이 바라보고 있는 동안 무엇이 떠올랐는지 나누도록 한다. 역할
을 연기하면서 어떻게 느꼈는지를 나누기 위해 어떤 역할 연기자들을 초대한다. 즉,
일대일 작업에서 감정과 사고를 계속해서 표현하게 한다.

(5) 변형

이러한 연습은 작업을 깊이 있게 하며 적절한 역할 연기자들이 나누기 단계 중에

그 역할의 일인칭 관점에서 나눌 수 있을 때에만 실시되어야 한다. 주인공은 일지 쓰기, 시, 미술, 음악 또는 그가 할 수 있는 모든 창조적인 형태를 통하여 떠오르는 것을 계속 다룰 수 있다. 일지 쓰기는 일인칭 혹은 삼인칭의 시점이 될 수 있다.

17. 인생의 파노라마

(1) 목표

① 지금까지의 삶에서 자신에게 가장 기억에 남는 일을 표현함으로써 자신에 대한 개인적인 통찰을 유도한다.

② 부정적인 사건과 감정에 대해 새로운 인식을 하도록 한다.

(2) 대상: 아동/청소년, 집단

(3) 준비물

필름 모양으로 길게 연결한 종이, 그림 도구(크레파스, 색연필, 파스텔, 색 사인펜 등)

(4) 과정

① 지금까지의 삶에 대해 생각하고 한 편의 영화를 만든다면 어떻게 표현할 수 있을지 생각해 본다.

② 필름 형태로 연결된 종이에 그림으로 지금까지의 삶을 그리도록 한다.

③ 작업이 끝나면 자신의 작품에 대해 돌아가면서 설명해 보도록 한다.

④ 집단으로 진행했다면, 몇 개의 집단으로 나누어 종이에 그린 삶의 이야기를 연극으로 표현하도록 한다.

(5) 마무리

① 표현하고 난 후의 느낌이나 소감을 나눈다.

② 이번 회기 활동을 정리한다.

18. 부정적 역할 뒤에 숨기

(1) 목표

① 학생들이 부정적인 역할을 하는 데 지나치게 열중할 필요가 없다는 것을 깨닫게 하는 데 도움을 준다.

② 부정적인 역할을 눈으로 확인할 수 있는 개방된 곳으로 이끌어 낸다.

(2) 대상: 아동/청소년, 집단

(3) 과정

① 집단원들에게 약한 자를 괴롭히는 학생, 비협조적이고 혼란을 일으키는 학생 등이 학교 주변에서 그러한 행동을 행하는 것을 목격하는 부정적인 역할을 떠올리도록 한다.

② 집단의 중앙에 의자를 갖다 놓는다.

③ 아이들에게 차례로 부정적인 역할의 의자에 앉도록 하는데, 여기서 목표는 부정적인 역할을 가능하면 과장하게 하는 것이다.

④ 다른 집단원들에게는 다음 두 가지 일을 하도록 한다.

(a) 의자의 뒤에 서서 그들이 느낌을 받을 때마다 부정적인 역할 연기자에게 감추어져 있다고 느끼는 감정에 대해 이중자아 역을 한다.

(b) 부정적인 역할을 하는 사람에게 질문을 한다.

⑤ 장면이 끝날 즈음에 부정적인 역할을 하는 인물에게 그가 어떻게 느끼고 있는지에 관해 몇 마디 소감을 이야기하게 하고 장면을 끝낸다.

(4) 마무리

먼저 역할 연기자로 참여하면서 느낀 소감을 나누도록 한다. 그리고 관객으로서 부정적 역할을 한 연기자들의 모습을 통해 인식하게 된 것을 나누도록 한다.

(5) 변형

당신이 이 연습을 일대일 상황에서 하고자 한다면 부정적인 역할을 대신할 빈 의자를 사용할 수 있다. 학생이 부정적 역할에게 말을 걸도록 하고 적절할 때마다 역할을 바꾸도록 한다. 당신은 그 학생이나 부정적 역할을 하는 빈 의자의 이중자아 역을 하고 싶을 수 있다. 당신이 빈 의자의 이중자아 역을 한다면, 지나치게 부정적인 투사를 하지 않도록 상당히 절제해야 한다. 이러한 접근은 또한 집단 상황에서 사용될 수 있으며 적절하다면 집단에 의해 진행될 수 있다.

19. 심상드라마

(1) 목표

심상은 백일몽, 기억, 회상, 내면적 대화 등을 포함한다. 게슈탈트치료에서는 내적 욕구, 충동, 갈등 등이 심상을 통해 투사될 수 있다고 보았고, 융은 적극적 심상(명상), 프로이트는 자유연상에서 심상을 치료에 활용하였다. 따라서 여기에서는 내면의 투사적 도구로 심상을 적극적으로 활용하여 내면의 문제를 해결하고자 한다.

(2) 대상: 아동/청소년, 집단

(3) 준비물: 헐렁한 옷, 도화지, 크레파스, 부드러운 음악

(4) 과정

① 집단원들에게 옷을 헐렁하게 입고 조용한 장소에 누운 후 눈을 부드럽게 감도록 한다. 그런 다음, "당신의 몸을 훑어 본 후 특정한 근육에 긴장이 있는지 찾아보세요."라고 하고 가능한 한 근육을 이완하도록 한다.

② 마음속으로 온갖 감각적인 심상을 떠올리게 한다. 시각, 청각, 후각, 미각, 촉각 등 온갖 감각을 모두 포함하게 한다. 예컨대, 소나무가 있고 푸른 하늘이 있으며 흰 구름이 있고 발밑에는 솔잎이 깔려 있는 푸른 숲속의 광경을 떠올린다. 이런 광경에 더하여 나무에 부딪히는 바람 소리, 계곡에서 들려오는 물 소리, 새들의 지저귐 등등…. 대지를 밟을 때의 상쾌한 느낌, 솔잎의 냄새, 그리고 깊은 산속 옹달샘에서 솟아오르는 물맛까지 포함한다.

이때 반복하여 짧게 '나는 지금 이완하고 있다.'고 다짐하게 한다. 그리고 현재 시제를 사용하고 '나는 긴장하지 않는다.'는 식의 부정적인 표현은 피하고

'나는 긴장을 내려놓고 있다.'와 같은 표현을 사용하도록 한다. 여기에 몇 가지 유사한 긍정적 표현이 있다.

- 긴장이 내 몸에서 빠져나간다.
- 나는 내 마음대로 이완할 수 있다.
- 나는 나의 삶을 조화롭게 살아 가고 있다.
- 평화가 내 마음속에 있다.

③ 이런 원리를 토대로 다음과 같은 유도된 환상(guided fantasy)을 제시할 수 있다.

"숲 사이로 걸어가고 있다고 상상하세요. 주변에 온통 나무들이 있고 새가 노래하고 있습니다. 태양이 나무 사이로 나오고, 그늘이 있습니다. 이런 나무들 사이로 걷는 것이 기분 좋습니다. 작은 꽃이, 야생화가 길가에 있습니다. 당신은 길을 따라 걷고 있습니다. 길가에 바위들이 있고 때때로 작은 동물들이 도망가는 것을 봅니다. 아마도 작은 토끼였을 것입니다. 계속 걸어가다가 머지않아 길이 올라가고 있고 당신이 오르막길에 있다는 것을 알게 됩니다. 주변을 둘러보세요. 태양이 반짝이고 새들이 날고 있습니다. 길을 건너면 마을을 사이에 두고 다른 산이 있습니다. 당신은 그 산에 동굴이 있는 것을 보고 그 산에 갈 수 있기를 바랍니다. 새들이 쉽게 저 편으로 날아가자 당신은 자신이 새이기를 희망합니다. 갑자기 당신이 새로 변했다는 것을 알게 됩니다. 이것은 환상이기 때문에 어떤 일이든 벌어질 수 있습니다. 당신은 날개를 시험해 본 후 날 수 있다고 확신합니다. 그래서 쉽게 비상하여 다른 곳으로 날아갑니다. (날아갈 시간을 위한 쉼)

　건너편에서 바위 위에 착지하고 잠시 후 당신 자신으로 돌아갑니다. 동굴의 입구를 찾기 위해 바위 주변을 올라가다가 작은 문을 봅니다. 몸을 구부리고 문을 열어 동굴 안으로 들어갑니다. 안으로 들어가자 많은 방이 있습니다. 주변의 벽을 둘러보다가 복도가 있다는 것을 알게 됩니다. 복도를 따라 내려가다가 곧 각각 이름이 쓰여 있는 문이 연달아 있는 것을 인식합니다. 갑자기 당신의 이름이 적힌 문 앞에 도달합니다. 문 앞에 서서 그것에 대해 생각합니다. 그 문을 열고 문의 반대편에 서게 될 거라는 것을 압니다. 그리고 그것이 당신의 공간이 될 것이라는 점도. 당신이 기억하고 꿈꾸고 알고 있던 공간일 수도 있고, 전에는 보지 못한, 또는 좋아하지 않는 곳일지도 모릅니다. 실내일 수도 있고 실외일 수도 있습니다. 문을 열고 나서야 알 수 있을 것입니다. 그러나 그것이 어떤 것이든 당신의 공간이 될 것입니다.

자, 이제 손잡이를 돌려 안으로 들어갑니다. 당신의 공간을 둘러보세요. 놀랐습니까? 좋은 것을 하나 고르세요. 보이지 않는다면 지금 하나를 만드세요. 무엇이 있는지, 어디에 있는지 보세요. 누가 있습니까? 아는 사람 또는 모르는 사람들이 있습니까? 동물이 있습니까? 아무것도 없습니까? 기분이 좋습니까? 아니면 좋지 않습니까? 주변을 돌아다니며 둘러보세요……. (쉼)

준비가 되면 눈을 뜨고 당신이 방으로 돌아왔다는 것을 알게 될 것입니다. 눈을 뜨면 종이와 크레용, 싸인펜, 또는 파스텔을 가져와 당신의 공간을 그리세요. 그리는 동안은 말을 하지 마세요. 반드시 뭔가를 말해야 할 때는 속삭이며 말하세요. 당신의 공간을 그릴 적당한 색깔이 없으면 조용히 와서 괜찮은 것을 가져가세요. 아니면 누군가에게 빌리세요. 할 수 있는 한 잘 그리세요. 또는 원한다면 색, 모양, 선을 이용해 당신의 공간에서 느낀 것을 그려도 됩니다. 그 공간에 당신 자신을 그릴지, 어디에 그릴지, 어떻게(선, 색, 또는 상징을 이용) 그릴지 결정하세요. 제가 그림을 보기만 하고 당신의 공간에 대해 전부 알게 할 필요는 없습니다. 당신이 그것에 대해 설명해 줄 수 있습니다. 그곳에 좋아하지 않는 것이 있을지라도 문을 열고 본 것을 믿으세요. 10분 정도 시간을 주겠습니다. 준비가 됐다고 느끼면 눈을 뜨시고 시작하세요."(Violet Oaklander, 1988, 『아이들을 위한 창에서』)

④ 동굴 속에서 본 장면이나 느낌을 그리도록 한다.

⑤ 그림을 다 그리고 난 후 그림을 소개하면서 이 그림이 자신의 삶에 어떤 의미가 있는지 파악하도록 한다.

⑥ 그 의미를 더 분명하게 알고 싶어 하는 집단원이 있다면, 주인공으로 초대하여 무대에 그림의 장면을 그대로 재연하도록 한다. 이때 무대는 그림의 상황을 그

대로 만드는 것이 중요하다.

⑦ 그런 다음, 주인공으로 하여금 그림에 등장한 중요한 사물 혹은 사람이 되게 하고, 디렉터가 그와 인터뷰를 한다. 이때 "당신은 주인공의 특별한 방에서 매우 중요한 존재 같은데 당신은 누구 혹은 무엇인가요? 어떤 의미가 있지요?"라고 질문한다.

그림 14-1 끝없이 들판을 걷고 있는 모습

⑧ 이때 중요한 의미를 통찰하게 되면 마무리할 수 있고, 이어 심리극으로 진행할 수 있다.

(5) 마무리

동굴에 들어가 떠올린 심상을 통해 발견하게 된 의미를 함께 나누도록 하고, 주인공이 선정되었을 경우에는 주인공을 통해 발견하게 된 소감을 나누도록 하고 마친다.

(6) 변형

음악을 들려준 상태에서 유도된 환상 없이 음악을 들으면서 떠오른 심상을 그리도록 하는 것도 가능하다. 이는 융의 적극적 심상(명상)에 해당하는 것으로 심상의 의미를 발견하는 것은 앞의 방법처럼 해도 좋다. 그리고 음악을 들려준 상태에서 깊게 이완시키고 어떤 심상이든 자유연상을 통해 자유롭게 떠올리도록 하고, 그중에 가장 강

그림 14-2 다양한 꿈의 이미지

력한 심상을 앞의 방법처럼 진행해도 좋다. 심상 대신에 꿈(dream)을 소재로 하는 것
도 좋은 방법이 될 수 있다.

심리극 웜업기법

심리극은 무엇보다 자발성이 중요하다. 따라서 자발성을 향상시킬 수 있는 다양한 웜업을 실시하는 것은 심리극의 필수사항이다. 따라서 여기에는 다양한 웜업기법들을 안내하고자 한다.

(1) 짝찾기

집단원들이 모두 방을 자연스럽게 돌아다니게 하면서, 다른 집단원을 스치고 지나가게 한다. 이때 한 사람 한 사람이 자신에게 어떻게 다가오는지, 어떻게 느껴지는지 느껴보게 한다. 어느 정도 익숙해지면 '함께 여행가고 싶은 사람, 함께 차를 마시고 싶은 사람, 함께 목욕탕 가고 싶은 사람, 내 얘기를 가장 잘 들어 줄 것 같은 사람' 등으로 이야기를 전해 주면 집단원들은 해당되는 사람과 둘씩 짝지어 디렉터가 전달해 준 내용에 대해 이야기를 나누도록 한다.

(2) 진돗개 박수

둘씩 짝을 지어 손을 맞잡고 박수를 치게 한다. 중요한 것은 두 사람이 양손을 잡고 좌우로 손을 흔들면서 "지나가는 진돗개가" 하다가 서로 마주칠 때 "멍, 멍멍, 멍멍멍, 멍멍멍, 멍멍, 멍, 멍, 멍멍, 멍멍멍…" 등으로 박수를 1, 2, 3, 3, 2, 1 식으로 계속 반복해서 친다. 처음엔 속도를 느리게 하다가 점점 빠르게 유도한다. 둘씩 짝지어 잘한다고 판단이 들 때, 넷 또는 여덟이서 혹은 그 이상의 인원이 옆 사람과 손뼉을 칠 수 있다. 대집단으로 운영되는 경우 자발성의 수준이 높고 잘하는 팀을 무대로 불러들여 활용할 수도 있으며, 몇 팀으로 나누어 경쟁하여도 집단의 에너지를 끌어올리는데 효과적이다. 소집단, 대집단 모두에게 상관없이 활용이 가능하다.

(3) 발 끝대고 일어서기

두 사람이 서로 마주보게 한 후 발끝을 대고 앉게 한다. 이때 두 사람이 서로의 손을 잡고 일어서게 한다. 넘어지거나 자세가 틀어지는 경우 다시 실시하도록 한다. 네 사람, 여섯 사람 등 인원을 점점 늘려가면서 유도할 수 있다. 이때 옆 사람의 손을 잡고 일어서게 되는데 한 팀의 인원이 다섯 사람을 초과하게 되면 일어서기 힘들게 된다. 이렇게 인원이 늘어날 경우엔 바로 옆 사람의 손을 잡지 않고 한 사람씩 건너 손을 잡게 되면 쉽게 일어날 수 있다.

변형: 바닥이 미끄럽지 않다면 등을 대고 앉았다 일어서는 방법도 사용할 수 있다. 소집단이건 대집단이건 상관없이 활용이 가능하며, 바닥이 깨끗한 곳에서 활용 가능하다. 두 사람 혹은 여러 사람이 한 팀을 이뤄 진행할 경우 자연스럽게 집단원들 간에 친밀함을 유도할 수 있다.

(4) 원뿔 돌리기

전체를 7~8명의 소집단으로 나눈 후, 각 집단은 원을 만들어 선다. 먼저 한 사람이 원 안으로 들어가서 눈을 감고 원의 중심에 두 발을 모으고 꼿꼿이 선 다음에 어느 쪽으로든지 쓰러진다. 뒷사람은 넘어지는 사람을 잘 받아서 옆 사람에게 넘긴다. 집단원이 돌아가면서 실시한다.

(5) 인간 실타래 풀기

이 방법은 집단원의 수에 관계없이 가능하며, 집단 초기에 문제를 해결할 수 있는 기회를 제공해 줌으로써 집단원들이 서로 친밀해 질 수 있도록 하는 매우 효과적인 방법이다. 집단원의 수가 많을 경우에는 몇 개의 소집단(5~8명)으로 나누어 실시할 수 있고, 진행하면서 인원수를 점차 늘려가면서 실시할 수 있는데(예, 처음에는 5~8명, 두 번째는 10~16명 등), 마지막에는 집단 전체 혹은 30~40명을 대상으로 할 수 있다.

집단원을 5명씩 짝을 지어 동그랗게 원을 만들게 한다. 그리고 왼손을 위로 하고 오른 손을 아래로 해서 양손을 교차시키게 한 후 옆 사람의 손을 잡도록 한다. 그 상태에서 손을 절대 놓지 말고 교차된 손을 풀도록 한다. 중요한 것은 밖을 보는 게 아니라 지금처럼 서로 안쪽으로 바라보고 있도록 유도한다. 이 실타래를 푸는 방법은 두 사람이 손을 위로 올리면 나머지 사람들이 차례로 그 안으로 들어가면서 한 바퀴 돌면 자연스럽게 풀리게 된다. 몇 개의 집단으로 할 경우 가장 늦게 풀거나 풀지 못한 집단은 가벼운 벌칙을 주는 것도 좋다. 그리고 집단이 인간 실타래를 다 풀고 나면 몇 개의 소집단으로 다시 묶어 조금 더 큰 집단을 만들어 실시하고, 최종적으로 집단 전체에 실시한다.

변형 1: 이 방법은 집단원이 많을 경우에는 어려우며, 10명 내외가 가장 적당하다. 이 방법은 두 가지 원칙이 있는데, 하나는 절대 옆에 있는 사람의 손을 잡아서는 안 된다는 것, 또 하나는 같은 사람의 두 손을 잡아서는 안 된다는 것이다. 이런 원칙을 갖고 앞 혹은 양쪽 건너 건너에 있는 사람들의 손을 잡는다. 아마 손이 교차되면서 손이 복잡하게 얽혀져 있게 될 것이다. 그 상태에서 모두 손을 놓지 않고 복잡하게 얽혀 있는 손을 푸는데, 몸을 이용해야 풀릴 수 있다. 이 방법은 집단원들에게 문제해결을 통해 자발성과 친밀감을 갖게 할 뿐만 아니라, 집단원들로 하여금 창조성을 발휘할 수 있도록 하는 장점이 있다.

변형 2: 집단을 하나의 원으로 만든다. 위의 방식과는 다르게 집단원들을 원 밖을 바라보게 하고 손을 교차시키지 않고 옆 사람의 손을 그대로 잡는다. 이 상태에서 집단원들의 몸이 원 안쪽으로 향하게 하면서도 손이 꼬이지 않고 그대로 옆 사람의 손을 잡고 있게 만든다. 해결방법 역시 '인간실타래 풀기'와 같은 방식으로 하면 된다.

변형 3: 집단원 전체가 서로 손을 잡고 한 줄로 선다. 그런 다음 집단원들은 모두 손을 잡고 신나는 노래를 부르면서 맨 앞에 있는 사람(대장)이 이끄는 대로 따라 다닌다. 맨 앞에 있는 사람은 집단 원들 사이사이로 돌아다니는데, 나중에는 집단이 엉켜 더 이상 움직일 수 없게 된다. 이때 리더는 정지시키고 머리와 꼬리를 잡게 한 다음, 엉켜진 인간실타래를 풀도록 한다. 이 실타래를 풀 수 있는 방법은 집단원 중에 한 명(맨 앞에 혹은 뒤에 있는 사람을 선정하는 게 좋다)을 선정해서 차근차근 풀도록 한다. 푸는 방법은 집단원들을 모두 앉게 한 다음, 차례로 한사람씩 일어나 이동해서 풀도록 하는 게 좋다.

(6) 원에서 탈출하기

이 방법은 소속감과 집단의식 및 협동의 중요성을 체험하게 하고, 적극적인 마음의 자세가 어려움을 극복해 낼 수 있음을 실감하게 한다. 8~12명 단위로 원을 만들고, 1명의 술래를 정하여 원 밖에 나가도록 한 다음 술래가 들어가지 못하도록 방어진을 친다. 술래가 밖에서 안으로 방어진을 뚫고 통과하면 성공한 것으로 한다. 술래가 성공했을 때 통과한 그 자리의 사람과 술래를 교체한다. 참가자 모두가 술래 경험을 한다. 술래를 원 안에서 원 밖으로 빠져나가게 하는 것도 가능하다.

변형: 한명은 고양이가 되고 다른 한 명은 쥐가 된다. 고양이가 된 사람은 둥그렇게 만들어진 원의 안과 밖을 다니며 쥐를 잡는다. 원을 만든 집단원은 고양이가 쥐를 잡지 못하도록 원 안으로 고양이를 못 들어 오게 한다든지, 반대로 고양이가 원 밖을 빠져 나가지 못하게 막는다.

이 방법은 다치기 쉽기 때문에 촉진자는 다음과 같은 유의사항을 사전에 집단원들에게 말해야 한다. ① 신체가 부자유스럽거나 건강이 좋지 않은 사람은 안전한 곳에서 참관한다. ② 안경, 명찰 등으로 상처가 생기지 않도록 사전에 준비한다. ③ 성공할 때까지 실시하되 재촉하지 않고 맡겨 둔다. ④ 돕는 이도 함께 활동하며 집단의 성숙을 도모한다. ⑤ 활동 중에 술래를 저지할 때에는 반드시 몸으로만 하도록 하고 발이나 머리를 사용하지 않도록 한다.

(7) 몸으로 표현하기

집단의 초반에 집단원들에게 현재 기분이나 느낌을 물어보는 경우가 있다. 이때 언어로 표현하기보다 자신의 몸을 이용해 표현해 보는 게 더욱 진실하고, 집단 참여도를 높일 수 있다.

지금 이 순간의 느낌을 자신의 몸 또는 집단원의 몸을 이용해서 표현하도록 한다. 집단원들은 표현된 느낌이 어떤 것인지 맞추도록 한다. 이때 집단원들이 생각을 표현하는 경우가 많기 때문에 촉진자는 느낌이나 정서가 무엇인지 설명하고, 직접 예를 들어 보인다. 자신의 몸을 통해 느낌이나 정서를 표현하는 것 보다 집단원 몇몇 또는 전체를 이용해 표현하도록 유도하는 것도 유용하다.

변형: 집단원들에게 '오늘 일어난 일' 혹은 '평소에 자주 일어나는 일'을 정해 이를 몸으로 일기를 쓰게 한다. 예컨대, 학생의 경우, 등교해서 하루를 어떻게 보내는지 하루의 일과를 4~5 장면으로 만들어 연기해 보게 한다. 한 조에 5~6명 정도가 되게 하여 집단원 전체가 경험하도록 한다.

(8) 이웃을 사랑하십니까?

이 방법은 집단의 분위기를 쇄신하고, 집단의 응집력을 높이는 매우 좋은 방법이다. 또한 집단원들이 서로 아는 사람들끼리 앉아 있을 때 자리를 새롭게 배치함으로써 다른 집단원들과 빨리 친숙해지게 하는 방법이다.

집단원들은 원을 만들어 의자 또는 방석에 앉는다. 이때 술래가 앉을 의자(방석)를 하나 빼고 술래를 정한다. 그다음, 술래는 원으로 앉아 있는 집단원 중의 한 사람을 정해 그 앞에 서서, '당신은 이웃을 사랑하십니까?'라고 묻는다. 이때 지목 받은 사람은 "예" "아니요"라고 할 수 있는데, "예"라고 답변하면, 지목 받은 사람 양 옆에 앉은 두 사람이 재빨리 서로 자리를 바꿔 앉아야 한다. 그 사이에 술래가 먼저 앉게 되면 앉지 못한 사람이 다음 술래가 된다. 그러나 지목 받은 사람이 "아니요"라고 대답하면, 술래는 "그럼 어떤 이웃을 사랑하십니까?"라고 다시 묻는다. 이때 술래가 어떤 특정한 인물(예컨대, "안경을 쓴 사람" "아침밥을 먹은 사람" "화장을 한 사람" 등)을 사랑한다고 이야기 하면 집단원들 가운데 그에 해당되는 사람은 모두 자리를 바꿔 앉아야 한다. 이때도 술래는 재빨리 자리에 앉아야 한다. 역시 자리에 앉지 못한 사람이 다음 술래가 된다. 몇 번 시도하여 술래가 4~5명 정도 잡히면, 그 사람들을 대상으로 가벼운 벌칙을 주는 것도 집단의 응집력과 참여 동기를 더 높일 수 있다.

변형 1: 집단원의 수가 비교적 적을 때(10~20명 내외). 위와 같은 방식으로 술래가 한 사람을 지목하여 "이웃을 사랑하십니까?"라고 묻고, 지목받은 사람이 "예"라고 하면, 양쪽 사람이 바꿔 앉는다. 그리고 "아니요"라고 했을 때 술래가 "그럼 어떤 이웃을 사랑하죠?"라고 묻고, 지목받은 사람이 "빨간 옷을 입은 사람요"라고 했다면, 술래는 빨간 옷을 입은 사람에게 가서 악수를 해 주고 그 자리에 앉는다. 물론 빨간 옷을 입은 사람이 여러 사람일 경우에는 술래는 그 중 한 사람을 선정해 악수를 하면 된다. 일단 악수를 받은 사람은 다음 술래가 되는 것이다.

변형 2: 둥그렇게 앉을 수 없는 상황일 때(극장식 의자) 자리 배치방법이다. ① 위와 같은 방식과 똑같이 술래는 관객석에 돌아다니면서 아무나 지목하여 "이웃을 사랑하십니까?"라는 질문한다. 위에서처럼 "예"하게 되면, 지목받은 사람 양 옆에 있는 사람이 서로 자리를 바꿔 앉는 사이에 술래가 앉으면 된다. 그러나 지목받은 사람이 "아니요"라고 대답하면, 같은 방식으로 "그럼 어떤 이웃을 사랑하십니까?"라고 질문한 다음, 특정한 인물을 이야기하면 그 사이에 술래가 앉으면 된다. 이때는 가장 늦게 앉는 사람이 다음 술래가 된다.

② 객석에 사람들이 밀집되지 않았거나 극장식 의자에 앉아 있는 경우, 술래 한 사람을 정해 술래가 어떤 특정한 사실(예컨대, "나는 오늘 이를 닦았습니다" "나는 너무 행복합니다" "나는 안경을 썼습니다")을 이야기하면 그에 해당되는 사람은 위와 같이 다른 자리에 앉는다. 이때는 가장 늦게 앉는 사람이 술래가 된다.

(9) 바닷속으로

집단원들을 2인 1조가 되게 하고, 각 조원들은 언제나 손을 잡고 있도록 한다. 그리고 놀이가 진행되는 방(무대)을 바다라고 가정한다. 각 조원들은 자신들의 이름을 바다 속에 사는 물고기로 정하게 한 뒤, 의자(방석)를 사람 수보다 2개 부족하게 준비하고 2개씩 쌍으로 방안에 흩어 놓는다.

술래조를 제외한 모든 조원들을 의자에 앉게 한 다음 술래는 바다를 돌아다니면서 각 물고기의 이름을 부른다. 호명 받은 조는 의자에서 일어나 술래조 뒤에 꼬리를 이어 꼬불꼬불 방안을 다니다가 꼬리가 어느 정도 길게 되었을 때 술래조가 갑자기 '바닷속으로'라고 외치면 조원들은 의자를 찾아서 자리에 앉는다. 이때 마지막까지 자리를 찾지 못한 조가 술래가 된다. 중요한 것은 조원들은 언제나 손을 잡고 다녀야 한다.

(10) 술래잡기

어렸을 적 놀던 기분을 되살리면서 신체활동을 유도하여 집단의 분위기를 활기차게 만든다. 또한 혹시 이제까지 만나지 못했던 집단원이 있다면, 자연스럽게 모든 집단원들과 한 번씩 만날 수 있는 기회를 제공하여 집단응집력을 높여 준다.

술래를 정한 후 술래에게 방석을 주고, 그 방석을 짝을 짓지 못한 사람에게 전달하면, 방석을 받게 된 사람이 술래가 된다. 짝을 지을 땐 술래가 정할 수 있도록 한다. 예를 들어, 남자 두 명에 여자 한명, 안경 쓴 사람 한 명에 안 쓴 사람 한 명 등. 술래는 짝을 짓지 못한 사람을 찾아다니면서 방석을 건네줘야 한다.

(11) 풍선 놀이

같은 계절이 생일인 집단원들끼리 팀을 만들어 팀원들끼리 대화하고 집단으로 더 깊이 몰입할 수 있도록 돕는 방법이다.

예를 들어

① 자, 요즘 날씨가 정말 추워요. 눈이 온 곳도 많고요. 추운날씨에 감기 걸리신 분도 있을 거예요. 겨울 좋아해요? 혹시 겨울이 생일인 사람 있으세요? 손들어 보세요. 자, 그러면 봄인 사람은요? (각 계절별로 물어본다) 이런 식으로 계절별로 팀을 나눈다. 촉진자는 각 계절에 맞는 노래를 각 팀이 돌아가면서 합창할 수 있도록 유도한다. 합창이 끝난 후 계절과 연관되는 것 또는 계절이 팀원들에게 갖는 의미가 어떤 것인지 나누게 하고, 그 내용을 조각하도록 한다. 조각한 내용을 다른 계절의 팀들이 맞추게 하고, 제일 많이 맞추는 팀에겐 상을 준다(다음에 이어질 풍선 놀이에 쓰일 풍선을 하나 더 주는 방식 등)

② 계절별로 둥글게 손을 잡게 한다. 각 계절에 맞는 풍선(과일 혹은 꽃으로 상징)을 나누어 준다. 서로 손을 잡고 둘러서서 풍선이 땅에 떨어지지 않게 한다. 풍선을 계속해서 공중에 떠 있게 하기 위해서는 머리로 헤딩을 하든지, 발로 차든지 입으로 불든지 해야 한다. 팀원들은 이 동작을 하면서 몸과 마음이 편안해진다. 풍선을 떨어드리지 않기 위해서 서로 협동하는 것도 배우게 된다.

③ 각 팀에 풍선을 하나만 남겨두고 집단원이 둥그렇게 앉게 한다. 풍선을 가진 사람이 팀원 중 한 사람에게 풍선을 건네주면서 자신이 궁금한 내용을 질문하도록 하고 풍선을 받은 사람은 그 질문에 대답하도록 한다. 풍선을 건넬 때는 사랑을

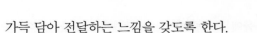

가득 담아 전달하는 느낌을 갖도록 한다.

풍선놀이에서는 풍선이 너무 많으면 오히려 질서 없이 이루어지고 참여하는 사람만 참여하기 때문에 풍선의 양이 너무 많지 않도록 유의해야 한다. 특히 ③번까지의 프로그램을 이어서 할 경우라면 ②번에서는 적은 양의 풍선을 이용하는 것이 유용하다.

(12) 볼링게임

풍선놀이 등과 같이 집단이 나뉘어져 있을 경우 자연스럽게 사용할 수 있다. 가장 적합한 방법은 두 집단으로 나누게 하고, 한 집단은 볼링핀, 다른 한 집단은 볼러가 되도록 한다. 볼러가 된 집단원들은 한 사람씩 돌아가면서 볼링핀이 되어 있는 집단을 향하여 볼링하는 폼을 내며 볼을 던진다. 볼을 던지면서 볼러는 자신이 맞춰서 넘어뜨릴 수 있는 볼링핀의 숫자를 외친다. 볼링핀이 된 집단은 볼러가 볼을 던지면서 숫자를 외칠 때 집단원 임의대로 쓰러지거나 서있거나를 선택할 수 있다. 볼러가 외치는 숫자와 쓰러진 핀의 숫자가 같으면, 볼러가 된 팀이 승리하고 다르면 볼링핀을 맡은 팀이 승리하게 된다. 이때 한 집단은 7~10명 정도가 적절하다.

변형: 줄다리기, 농구, 축구 등 각종 스포츠를 다양하게 활용할 수 있으며, 둘씩 짝지어서 가상으로 탁구, 배드민턴 등을 할 수도 있다. 이때도 마찬가지로 실제적인 행위에서 가상적인 행위로 이어가면 집단원들은 자발성이 높아져 집단에 더욱 몰입할 수 있다. 예를 들어, 줄다리기의 경우, 두 집단으로 나눠 앞 사람의 허리를 잡고 줄다리기를 하게 한 후, 지금 줄은 없지만 줄이 있다고 가정하고 줄다리기를 해 보게 하는 방법 또는 고무줄로 두 집단이 줄다리기를 하는 방법 등으로 이어갈 수 있다.

(13) 조각하기

현재의 기분을 "몸으로 표현하기"와 유사한 방법이지만 개인별 또는 팀으로 나눠 활용한다.

① 각 성원들이 돌아가면서 두 가지씩 장면을 만들어 표현하고 사진으로 찍는다 (예, 나이트클럽 안에서, 교통사고 장면, 수영 장면, 제사 지내는 장면, 결혼식 등). 이때 집단원들은 한 성원이 어떤 장면을 이야기 하면 그대로 실감 나게 활동해야

하며, 사진을 찍는 성원은 마음에 드는 장면이 연출될 때 사진을 '찰칵' 하며 찍 도록 한다.

② 조각하기: 2명이 한 조가 되어 한 사람은 조각가, 한 사람은 조각품이 되는데, 이는 서로 번갈아가며 하게 된다. 주제는 '프로그램에서의 나의 기대' '지금 나의 고민' '나의 소원' '나와 우리' '우리는 한마음' '기다림' '기도' '아이' '해' '불' '지난 한 주일동안 나의 삶' 등 다양하며, 이 주제에 대한 느낌을 조각으로 표현한다. 조각을 다 만들고 나면 집단원들은 그 조각품이 어떤 의미, 어떤 느낌 인지 이야기하게 한다. 그런 다음, 조각가는 자신의 조각품에 대한 생각과 느낌 을 설명해 준다. 이 방법은 집단원들이 서로를 이해하는 데 도움이 될 수 있다. 이때 조각의 주제를 미리 제시해 주지 않고 집단원 각자가 자신이 표현하고 싶 은 것을 마음대로 표현하도록 해도 좋다. 그렇지만 집단의 초반에는 주제를 정 해 주는 것이 더 나을 수 있다.

③ 집단 조각하기: 집단을 두 팀으로 나눈다. 각 집단에서 한 사람이 조각가 겸 관 찰자가 된다. 먼저 한 팀이 여러 자세를 통해서 재미있는 조각품을 제작한다. 끝 나면 그 상태에서 동작을 멈춘다. 이때 다른 팀이 그대로 모방해서 조각품을 만 든다. 이렇게 두 팀이 서로의 조각품을 감상하고 그대로 제작한다. 거울 기법과 유사하다. 집단의 응집력을 향상시키고자 한다면 집단 조각하기가 효과적이다.

찾아보기

내 용

저자 소개

홍은주(Hong Eunjoo; 1, 3, 4, 9, 10장)

숙명여자대학교 박사(아동상담 및 치료 전공)
을지대학교(성남 캠퍼스) 교수
을지대학교 부속 을지아동발달지원센터 소장
수원지방법원 소년재판 상담위원
수원지방법원 성남지원 가사상담위원
스위스 융연구소 Intensive course 수료
국제모래놀이치료학회 모래놀이치료 교육과정 수료

(경력) 대구대학교, 원광대학교, 동국대학교 겸임교수
　　　한국아동문제연구소 / 해수소아정신과 / 한국아동문제연구소 /
　　　마라아동상담센터 / 성남아동학대상담센터 상담원
(자격) 발달심리사(한국심리학회)
　　　예술치료전문가 / 수련감독전문가(한국예술치료학회)
　　　미술치료전문가(한국미술치료학회)
　　　모래놀이치료전문가 및 수퍼바이저(한국임상모래놀이치료학회)
　　　아동심리놀이치료전문가 및 수퍼바이저(한국임상모래놀이치료학회)
　　　아동상담전문가(한국아동학회)
　　　사회복지사 1급 / 유치원 정교사 자격
(저서) 활동 중심 아동미술(공저, 창지사, 2013)
　　　놀이치료-기법과 실제(공저, 창지사, 2010)
(역서) 미술치료와 분노(공역, 시그마프레스, 2013)
　　　융의 분석심리학과 신화(공역, 시그마프레스, 2012)
　　　인간중심 미술치료의 실제(공역, 시그마프레스, 2012)
　　　모래놀이치료 수퍼비젼(한국임상모래놀이치료학회, 2011)
　　　아동미술심리 이해(공역, 학지사, 2010)
　　　미술치료 작업노트(시그마프레스, 2009)
　　　그림 속에 숨겨진 마음의 세계(공역, 학지사, 2008)
　　　학대받은 아동을 위한 미술치료(공역, 학지사, 2006)
(기타) EBS 기획프라임 〈아이의 사생활〉 자문 및 출연 다수,
　　　KBS 라디오 〈자녀교육상담〉 / KTedu 인터넷방송 /
　　　MBC, SBS, KBS TV 등 출연

박희석(Park Heeseok; 2, 7, 8, 11, 12, 13, 14장)

전북대학교 박사(심리학 전공)
마음숲심리상담센터 소장
한울심리극연극치료연구소장
한국심리극역할극상담학회장
조선대학교, 남부대학교 외래교수

(경력) 원광대학교 동서보완의학대학원 예술치료학과 초빙교수
　　　조선대학교 상담심리학과 겸임교수
　　　전북대학교, 한양대학교, 명지대학교, 동신대학교 외래교수
　　　동방문화대학원대학교 자연치유학과 초빙교수
　　　한국상담학회 산하 초월영성상담학회장
(자격) 수련감독급 전문상담사(한국상담학회)
　　　수련감독급 심리극역할극전문상담사(한국심리극역할극상담학회)
　　　수련감독급 가족상담전문가(한국가족상담학회)
　　　수련감독급 예술치료전문가(한국예술치료학회)
(저서) 마음의 감옥에서 벗어나기(마음숲, 2014)
　　　평화로운 학교 만들기(마음숲, 2014)
(역서) 창조적 예술치료기법(공역, 학지사, 2011)
　　　심리극과 경험치료를 활용한 집단상담(공역, 학지사, 2008)
　　　심리극으로의 초대(공역, 시그마프레스, 2007)
　　　심리극의 세계(공역, 학지사, 2005)
(기타) SBS 〈부부솔루션〉〈우리아이가 달라졌어요〉〈긴급출동 SOS〉〈터닝포인트〉/ MBC 〈생방
　　　송아침〉〈사주후애〉/ KBS 〈수요기획〉〈병원24시〉〈위기의 아이들〉/ EBS 〈부모가 달라졌
　　　어요〉〈가족이 달라졌어요〉〈부부가 달라졌어요〉 외 KTV, MBN 등 출연

김영숙(Kim Youngsook; 5, 6장)

진주교육대학교 학사
원광대학교 석사 및 박사 수료(예술치료학과 음악치료 전공)
원광예술심리연구소 느티나무 소장
(사)한국예술치료학회 부학회장, 학술위원장, 법인이사

(경력) 원광대학교, 대전대학교, 주성대학교, 백석문화대학교 외래교수
　　　(사)전국음악치료사협회 편집위원, 교육위원, 전라제주지부장
　　　(사)아이들과 미래 / '2010 High 공부방', 'Posco 예술마루' 예술치료 프로그램 자문위원
　　　정가악회 아동/노인 음악치료 프로그램 자문위원
　　　수원시여성의쉼터 / 안산가정폭력쉼터 / 화성미래하우스 음악치료 프로그램 강사
(자격) 음악중재전문가(전국음악치료사협회)
　　　예술치료전문가 / 수련감독 전문가(한국예술치료학회)
　　　Music & Imagery 음악치료전문가
　　　초등학교 1급 정교사 자격
(기타) 국군방송 라디오 〈Story Jobs〉 출연

아동 · 청소년을 위한
예술치료의 이론과 실제

2017년 6월 15일 1판 1쇄 발행
2023년 9월 20일 1판 5쇄 발행

지은이 • 홍은주 · 박희석 · 김영숙
펴낸이 • 김 진 환
펴낸곳 • (주) **학 지사**

04031 서울특별시 마포구 양화로 15길 20 마인드월드빌딩 5층
대표전화 • 02) 330-5114   팩스 • 02) 324-2345
등록번호 • 제313-2006-000265호
홈페이지 • http://www.hakjisa.co.kr
인스타그램 • https://www.instagram.com/hakjisabook

ISBN 978-89-997-0578-6 93180

정가 **22,000원**

출판미디어기업 **학 지사**

간호보건의학출판 **학지사메디컬** www.hakjisamd.co.kr
심리검사연구소 **인싸이트** www.inpsyt.co.kr
학술논문서비스 **뉴논문** www.newnonmun.com
원격교육연수원 **카운피아** www.counpia.com